LA REVISION

DES

LOIS SUR LES MINES

EN FRANCE

Par M. FRANCIS LAUR,

INGÉNIEUR CIVIL DES MINES, DÉPUTÉ DE LA LOIRE

PARIS

LIBRAIRIE MARESCQ AÎNÉ

CHEVALIER MARESCQ ET Cⁱᵉ, ÉDITEURS

20, RUE SOUFFLOT, 20

—

1886

LA REVISION

DES

LOIS SUR LES MINES

EN FRANCE

DU MÊME AUTEUR

LA REVISION

DES

LOIS SUR LES MINES

EN FRANCE

Par M. FRANCIS LAUR,

INGÉNIEUR CIVIL DES MINES, DÉPUTÉ DE LA LOIRE

————>>>·•·‹‹‹————

PARIS

LIBRAIRIE MARESCQ AÎNÉ

CHEVALIER MARESCQ ET Cⁱᵉ, ÉDITEURS

20, RUE SOUFFLOT, 20

1886

AVANT-PROPOS

DE L'ÉDITEUR

L'auteur de la proposition de loi sur la revision du Code minier s'est préparé depuis de longues années au travail qu'il vient de soumettre à la sanction du Parlement. Nous avions déjà, en 1875, édité sa *Revision de la Législation des Mines*. Aujourd'hui, tout en restant fidèle au principe essentiel qui a présidé à la constitution de la propriété minière, l'auteur a cru devoir pénétrer dans un plus grand nombre de détails et bénéficier des discussions qui ont eu lieu depuis dix années sur ce point important de notre législation.

Le travail qu'il a présenté au Parlement et que nous reproduisons, forme maintenant un tout homogène, une refonte de toutes les lois sur la matière, tout en restant pour ainsi dire moulé dans le cadre de la loi de 1810 à tel point que le numérotage des 50 premiers articles est resté le même et qu'aucune des grandes lignes n'a été détruite. C'est qu'en effet, M. Laur a raison de le dire dans son exposé des motifs : « la loi du 21 avril 1810 est une des œuvres fortes de cette École législative qui a fait l'honneur de la première Révolution. On ne se rend bien compte du pouvoir créateur que cette loi a possédé qu'en considérant le petit nombre de mines existant en France avant 1810 et la quantité d'exploitations créées, immédiatement après sa promulgation. »

En outre, comme toutes les lois vraiment puissantes, elle a rayonné sur l'Europe en un clin d'œil et toutes les nations, sauf l'Angleterre, l'ont copiée et appliquée. Elle a donc en réalité créé les mines du monde civilisé.

Il faut relire la discussion mémorable du Conseil d'État, ressaisir les arguments si élevés, si lumineux de Saint-Jean-d'Angély, se rappeler les quatre années de discussion et de travaux assidus, les sept rédactions différentes proposées, et enfin l'intervention despotique, continue, mais singulièrement décisive de Napoléon Ier, pour comprendre, comme le dit M. E. Delecroix (1), qu'on avait « formulé là un corps de doctrine complet dans son ensemble et dont on ne sait ce qu'il faut le plus admirer, ou la science profonde qui l'a dicté, ou les résultats merveilleux auxquels cette loi nous a conduits. »

Au fond cependant, au milieu de ce tout si homogène, on distingue l'idée maîtresse, l'idée autour de laquelle, avec ce qu'on pourrait appeler un art législatif consommé, nos pères avaient su grouper les corollaires les plus ingénieux et les plus savants.

Cette idée maîtresse, c'était ce système, inconnu jusqu'alors, qui consistait à constituer la propriété minière comme une propriété distincte et complètement indépendante des propriétés de la surface, à partir du moment précis où un acte gouvernemental accordait une concession désormais incommutable et transmissible comme les autres propriétés. (La loi du 27 avril 1838, relative au *retrait des concessions*, n'a en rien détruit les effets de cette disposition fondamentale.)

Toute revision qui serait basée sur un autre principe nous semblerait condamnée d'avance. Il ne faut pas songer à porter la main sur une pareille assise sous peine de voir crouler l'édifice des soixante-dix dernières années.

Ce principe de la propriété minière a, en effet, subi victorieusement l'épreuve du temps, c'est un point de départ, une fondation solide qu'il faut bien se garder d'ébranler.

----

(1) *Commentaire de la loi du 27 juillet* 1880.

Tel est le premier point qu'il était utile d'établir immédiatement en matière de revision de la loi de 1810.

Mais, et c'est là un des enseignements de cette étude, une loi qui a soixante-dix ans d'existence (même éminemment remarquable à son origine) est une loi nécessairement vieillie dans beaucoup de ses parties, surtout si elle touche par un côté quelconque aux choses de la science. Il suffit de relire l'article 2 et tout ce qui a trait aux mines pour s'en convaincre. Il y a là des indications qui sont devenues des naïvetés scientifiques.

Et puis, enfin, une législation ayant un grand caractère de nouveauté est obligée d'emprunter, au début, un certain caractère transactionnel qui doit disparaître un jour. C'est ce qui a conduit l'auteur à la suppression des minières, sorte de compromis entre les mines et les carrières.

La loi de 1810 a donc besoin absolument, au point de **vue** technique, d'une revision sérieuse.

Le côté scientifique n'est pas le seul en progrès dans le monde, la science sociale a marché aussi depuis 1810; notre régime démocratique nous a imposé de nouveaux devoirs, de nouvelles aspirations, et c'est l'œuvre précisément de notre République d'introduire dans toutes les lois monarchiques un élément nouveau, l'élément social.

A ce point de vue, notre démocratie a procédé avec plus de méthode qu'on ne le suppose généralement. Au lieu de prendre la question sociale *en bloc* et de chercher à la résoudre ainsi, ce qui est impossible, elle a *fractionné* les problèmes. C'est dans ce but qu'elle s'est mise à étudier avec ardeur *la question sociale du mineur en particulier*, c'est-à-dire qu'elle a commencé logiquement par le travailleur le plus déshérité. (Les autres viendront ensuite, nous l'espérons.)

Or, pour résoudre complètement cette question sociale, outre les lois spéciales sur les mineurs, qui vont être promulguées, il est nécessaire de reviser la loi de 1810, au point de vue démocratique. C'est ce que la Chambre actuelle a paru désirer dans la séance où a été discutée l'interpellation

Basly, lorsqu'elle a bien voulu voter l'ordre du jour de M. Laur sur les affaires de Decazeville et accueillir la promesse faite par lui à la tribune d'apporter à bref délai une revision de la loi de 1810.

Un dernier point de vue devait enfin guider dans la voie des réformes de la législation minière, et il nous touche profondément, car il vise la prospérité nationale.

Il est un fait connu de tous les ingénieurs et de tous les métallurgistes, c'est que si l'industrie houillère a pris un certain développement sous l'empire de la loi de 1810, l'industrie des mines métalliques est encore absolument dans l'enfance, parce qu'on a méconnu ou mal défini en 1810 les droits du premier pionnier de la mine, du chercheur, de l'ouvrier qui court la montagne, de l'inventeur enfin.

Et la France est cependant un pays bien riche en mines métalliques, ainsi que l'a si bien prouvé M. Caillaux dans un magistral travail.

La nouvelle loi devra donc avoir pour but aussi de *créer*, pour ainsi dire, l'industrie des mines de plomb, de cuivre, de zinc, de nickel, d'argent, d'or, etc., et c'est pour cela que nous avons cherché à augmenter les prérogatives de l'inventeur, et à codifier le *retrait* des *concessions* si nombreuses parmi les mines métalliques abandonnées.

On l'a dit avec raison, les matières premières venant du sol constituent la véritable, on pourrait dire la seule richesse d'une nation.

C'est à faire jaillir cette richesse que nous devons nous appliquer; l'unification de notre code minier, en offre une importante occasion. Nous espérons avec M. Laur que le Parlement voudra la saisir dans l'intérêt de la France et de la République.

La revision proposée par M. Laur est basée sur cinq ordres d'idées suivants:

1° Maintien de la base actuelle sur laquelle repose la propriété minière;

2° Modification de la loi au point de vue scientifique;

3° Modifications donnant à la loi un caractère définitif par la suppression des dispositions transitoires sur les minières ;

4° Modification au point de vue social par la reconnaisnaissance de certains droits du travailleur ;

5° Modification au point de vue du plus grand développement des mines métalliques par la réglementation des droits de l'inventeur et la remise en activité des concessions abandonnées.

Son étude comprendra sept parties :

1° Historique de la question ;
2° Discussion des modifications aux articles ;
3° Législations étrangères ;
4° Dispositif comparé ;
5° Résumé et conclusions ;
6° Dispositif proposé ;
7° Annexes.

L'Éditeur.

HISTORIQUE DE LA QUESTION

Loi du 21 avril 1810. Quand on promulgua la loi du 21 avril 1810, les esprits éclairés purent affirmer qu'à dater de ce jour, l'industrie minière avait pris naissance. Les précédents législatifs étaient peu nombreux. Nous avions sur les mines un édit de Charles VI du 30 mai 1413, un édit de Louis XI en 1471, un autre de Henri II du 30 septembre 1548, un troisième de Henri IV en 1601 et une loi du 12 juillet 1791.

Suppléant aux lacunes et aux contradictions forcées de cette dernière loi, les législateurs de 1810 avaient commencé par déblayer le terrain en posant pour base de tout l'édifice quelques principes féconds et sobrement exprimés : « L'acte « de concession donne la propriété perpétuelle de la mine... « Du moment où une mine sera concédée *même au pro-* « *priétaire de la surface*, cette propriété sera distincte de « celle de la surface et considérée désormais comme une « propriété nouvelle, sur laquelle de nouvelles hypothèques « pourront être assises. »

Une chose qui n'existait pas auparavant venait d'être créée par cette simple déclaration. L'activité nationale n'attendait que ce moment pour tirer parti de cette « *propriété nou-velle* » que l'État constituait et protégeait en même temps.

Adoption de la loi
par
les nations voisines. A l'envi, les nations voisines nous empruntèrent les principales dispositions de la loi de 1810 et bientôt presque tout

le continent européen bénéficiait de notre travail législatif.

Mais à partir de ce moment un phénomène trop fréquent dans nos annales, se produisit en France et à l'étranger. La loi de 1810 prise comme base, servit partout ailleurs de point de départ à des modifications nombreuses et la plupart excellentes. Notre pays resta inactif.

La Belgique la première, par la loi organique du 2 mai 1837, perfectionna sa législation. Le 8 juin 1865 une autre loi modifia notre article 11 sur l'éloignement réglementaire que doivent observer les exploitations par rapport aux maisons d'habitation. Actuellement un projet de réforme est à l'étude au Conseil des mines.

L'Autriche suivit la Belgique le 23 mai 1857 en profitant de toutes les innovations faites.

L'Italie, par décret royal du 20 novembre 1859, se mit également à l'œuvre.

La Prusse, par sa loi du 24 juin 1865, créa une législation minière très complète et qui passe pour la meilleure jusqu'à ce jour.

La Turquie, par un règlement du 3 avril 1869, voulut elle-même se mettre au niveau du droit moderne.

Enfin *l'Angleterre*, régie par une législation minière toute de tradition, vient cependant le 10 août 1882, de la modifier plus ou moins profondément par deux lois.

Perfectionnements introduits à l'étranger.

Pendant ce temps, que faisait la France?

Par la loi du 27 avril 1838, on prit certaines dispositions qui n'ont jamais été suivies d'exécution relativement à l'assèchement des mines. En même temps on y posait le principe du *retrait des concessions* auquel Napoléon Ier s'était personnellement opposé et que la loi de 1810 semblait réprouver.

Le 17 juin 1840, une nouvelle loi sans importance réparait un oubli en ce qui concerne le sel.

Le 23 octobre 1852, un décret impérial d'une légalité sus-

Modifications introduites en France de 1810 à 1886.

pecte, *défendait* la réunion des concessions, permise par l'article 31 de la loi de 1810.

Enfin la loi du 9 mai 1866 s'est occupée spécialement des minerais de fer et des usines métallurgiques, elle est sans importance.

Ainsi, dans l'espace de 75 années, la France n'avait apporté aucune amélioration à la loi de 1810.

Les projets de réforme n'avaient pas manqué pourtant.

C'est en 1847 que l'on trouve pour la première fois la trace d'une réforme complète.

On avait élaboré, à ce moment, un travail qui fut soumis à une Commission spéciale, composée d'ingénieurs. Elle conçut un contre-projet spécial. Le Conseil général formula un troisième plan de réforme. 1848 arriva et le projet ne vint pas en discussion.

Pendant cette même année, une autre Commission, présidée par M. J. Raynaud, élabora un autre projet en 134 articles qui portait les plus graves atteintes à la loi de 1810.

Il y était dit que les concessions de mines seraient, à l'avenir, mises en adjudication publique.

L'État avait la latitude d'exploiter lui-même de façon, croyait-on, à procurer des produits minéraux à bon marché à de grandes entreprises d'intérêt général, à remédier aux inconvénients résultant du défaut de concurrence entre les concessions déjà instituées, à développer des moyens de travail dans les localités dépourvues de ressources agricoles et de toute industrie.

Si la mine était concédée, le concessionnaire pouvait être astreint à ne jamais vendre les produits de son exploitation au-dessus d'un prix déterminé par l'administration elle-même.

Ce projet fut communiqué au Conseil général des mines, et cette assemblée, après l'avoir modifié, le transmit au Conseil d'État. La section de législation en admit une par-

Marginal note: Projet de réforme en 1847.

tie mais l'Assemblée l'ayant repoussé, il n'en fut plus question.

En 1860, M. E. Dalloz réclama de nouveau la revision de la loi de 1810. Il demanda la réduction du délai nécessaire pour arriver à la concession, l'abrogation du décret de 1852 qui prohibait la réunion de plusieurs concessions et la modification des articles 11, 43, 44. Il demandait, pour faciliter le recrutement du personnel des mines, que les mines fussent exemptées de la cote mobilière et de la conscription avec des subventions pour caisses de secours.

Projet de réforme en 1860.

M. E. Dalloz ne fut point écouté.

En 1861, un nouveau projet de réforme est présenté par le Ministre des Travaux publics, au seul point de vue de l'abréviation des lenteurs éprouvées par les demandes en concession. Le Conseil d'État repoussa le projet et prépara la loi du 9 mai 1866 rétablissant le principe de la liberté du commerce et de l'industrie dans les rapports des maîtres de forges avec les exploitants des mines de fer.

La question a été remise à l'ordre du jour et s'est imposée véritablement à l'opinion publique en 1873.

Le 13 février 1873, MM. des Rotours, J. Brame, Baucarne-Leroux, baron de Janzé, Vente, Descat, Maurice, Testelin et Leurent, déposèrent une proposition de loi ayant pour objet d'ordonner une enquête parlementaire, à l'effet de constater l'état de l'industrie houillère et de rechercher les mesures à prendre pour la mettre à même de pourvoir aux besoins de la consommation.

Origines de la réforme actuelle.

Cette proposition était motivée par « la rareté et le prix croissant de la houille, jetant la perturbation dans un grand nombre d'industries et imposant en même temps, aux populations qui utilisent ce combustible pour leur consommation domestique, un renchérissement sensible des conditions de la vie. »

Nomination d'une commission parlementaire.

Le 20 mars 1873, la 18ᵉ Commission d'initiative parlementaire concluait, à l'unanimité, à la prise en considération de la proposition formulée par M. des Rotours et ses collègues.

L'Assemblée nationale adoptait, et dans la séance du 5 juillet, nommait une Commission de quinze membres. Le 26 juillet cette Commission se constituait et formulait un questionnaire en 22 articles, adressé aux concessionnaires de mines, négociants en houilles, manufacturiers, industriels, chambres de commerce, ingénieurs des mines et des ponts et chaussées, etc.

Question n° 15
de l'enquête
parlementaire
sur
l'industrie
des houillères.

La question n° 15 était ainsi conçue :

Avez-vous des observations à faire sur la législation qui régit les mines? Quels seraient les changements utiles à apporter aux lois sur la matière?

C'est de cette question subsidiaire que sont nés les nouveaux projets de réforme.

M. de Marcère, secrétaire de la sous-commission chargée de la législation, déposa son rapport dans la séance du 21 janvier 1874. Dix articles seulement de la loi de 1810 étaient visés et modifiés.

Néanmoins les réponses des déposants avaient signalé de nombreux *desiderata* portant à peu près sur tout l'ensemble de la loi. L'enquête parlementaire sur la crise houillère tombait d'elle-même avec les causes qui avaient provoqué la hausse du charbon. L'industrie minière en sortait justifiée. Il ne restait donc plus que la question législative à traiter.

Nomination
d'une commission
ministérielle.

Le Ministre des travaux publics prit l'initiative d'instituer une Commission dite *de Revision de la Législation des Mines*, composée de MM. Grüner, de Fourcy, Callon, Guillebot de Nerville, inspecteurs généraux des mines; Dupont, ingénieur en chef des mines ; Heurteau, ingénieur des mines, secrétaire. Elle devait être présidée par le Ministre, ou en son absence par le secrétaire général du Ministère.

Cette Commission chargea M. Dupont de rédiger un travail d'ensemble que ce dernier fournit le 3 avril 1875, sous le titre de *Développements à l'appui des propositions de modifications à la loi de* 1810.

Nomination
d'une sous-commission
du conseil général
des mines.

Concurremment, on nommait une sous-commission composée de MM. Grüner, Lefébure de Fourcy, Dupont et Heurteau, secrétaire. Elle était chargée par la Commission ministérielle, en vertu d'une délibération du 26 février 1875, de rechercher « dans quelle mesure il convient de modifier aujourd'hui les lois qui régissent l'exploitation des mines en France, d'indiquer les points sur lesquels devraient porter ces modifications et d'en formuler la teneur. »

Cette sous-commission prit connaissance : 1° du travail de M. Dupont et 2° d'un exposé rédigé par M. le secrétaire de la Commission et destiné à faire connaître l'historique des diverses tentatives antérieures de revision de la loi du 21 avril 1810. Elle déposa son rapport le 15 avril 1875.

A mesure que le débat était porté devant des Commissions nouvelles, on remarquait qu'il s'élargissait. Ainsi, M. de Marcère ne modifiait que 10 articles sur 96 qui composent l'effectif de la loi de 1810.

M. Dupont, dans son rapport, proposait la modification de 17 articles.

Le Conseil général des mines, dans le rapport de sa sous-commission proposait la revision de trente articles, soit 35 0/0 environ du total de ceux que contient la loi de 1810.

En même temps que se produisait le mouvement officiel que nous venons d'indiquer et qui aboutissait à d'aussi importants résultats, l'industrie privée ne restait pas inactive. Trois documents sérieux émanaient successivement :

1° Du comité central des houillères françaises, dont M. Amédée Burat est le secrétaire ;

2° Le 18 février, du comité des houillères du Nord et du Pas-de-Calais, présidé par MM. Bigo, Vuiltemin, et composé de tous les directeurs et administrateurs des charbonnages du Nord et du Pas-de-Calais ;

3° Enfin, en mars 1875, le comité des houillères de la Loire soumettait au Congrès de l'Industrie minérale des *Observations relatives aux modifications de la loi du* 21 *avril* 1810, observations particulièrement et savamment bien motivées.

Comme on le voit, rarement une question fut étudiée avec autant de passion et d'activité. Les intérêts opposés à de certaines modifications furent également représentés par les chambres de commerce, le comité des propriétaires de la Loire, etc.

L'article 11 de la loi de 1810 fut particulièrement attaqué, on demandait de réduire à 40 mètres la surtaxe à laquelle le concessionnaire ne pourrait, sans le consentement du propriétaire, établir des machines ou appareils extérieurs d'exploitation. Les articles 43 et 44 étaient également fortement amendés afin de faciliter l'établissement de voies nouvelles de communications.

M. de Marcère chargé de la rédaction du rapport se borna à analyser les modifications et à opérer dans les articles 7, 11, 31 et 44 de la loi quelques modifications.

Mais, outre le travail beaucoup plus important des commissions et des sous-commissions, d'autres projets dus à l'initiative parlementaire donnèrent tous les jours plus d'ampleur à la question.

Dépôt des propositions de MM. Brossard et Bousquet.

Le 5 février 1877, M. Brossard, député de la Loire, déposait une proposition de loi portant modification des articles 7, 8, 11, 31, 35, 43, 44, 68, 69, 70 de la loi de 1810.

Le même jour, M. Bousquet, député du Gard, déposait

aussi un autre projet de loi en 4 articles concernant seulement les mines de fer.

Le Gouvernement, de son côté, par l'organe de MM. Paris et Caillaux présentait au Sénat un troisième projet de loi dans la séance du 17 novembre 1877.

Projet de loi du gouvernement au Sénat.

C'est une revision complète des 96 articles de la loi de 1810 qui ne conservait que 49 articles seulement; on en supprimait 47; tout en respectant les principes fondamentaux de la loi organique!

Tout semblait donc prêt pour une discussion ou une revision sérieuse, approfondie, il n'en fut rien.

Le conseil d'État émit à ce moment l'opinion que l'avantage de présenter sous une forme plus correcte les dispositions fondamentales d'une législation pratiquée depuis près de soixante-dix ans, et qui n'étaient l'objet d'aucune contestation, ne pouvaient entrer en balance avec l'inconvénient de la soumettre à la discussion et de fournir ainsi l'occasion de soulever des difficultés nouvelles. En conséquence, il lui paraissait préférable de ne modifier que les articles à l'occasion desquels des réformes d'une véritable importance avaient été réclamées à juste titre, que, restreignant ainsi le projet, on pourrait obtenir, dans un délai beaucoup plus court, les réformes qui sont de nature à donner satisfaction à l'industrie des mines et à l'intérêt public, sans compromettre les droits des propriétaires de la surface (1).

La revision, dans le vrai sens du mot, avait échoué après un effort considérable et un travail d'ensemble remarquable.

En conséquence, une rédaction restreinte fut présentée au Sénat par M. de Freycinet, ministre des Travaux publics, dans la séance du 21 mai 1878, et immédiatement renvoyée à la Commission déjà nommée.

Projet restreint présenté au Sénat par M. de Freycinet en 1880.

Ces dispositions passèrent dans la loi du 27 juillet 1880.

Les modifications portèrent uniquement sur dix articles

_____

(1) *Annales des Mines*, 3e livraison de 1878.

inscrits sous les numéros 11, 23, 26, 42, 43, 44, 50, 70, 81 et 82.

Nous proposons aujourd'hui une revision complète portant sur près de la moitié des articles.

La Chambre voudra bien accueillir des modifications réclamées déjà cinq fois par les divers parlements depuis 1810, et que des revendications ouvrières nouvelles nous forcent à étudier sans retard. Elle voudra peut-être examiner avec bienveillance certaines innovations qu'après une étude, que nous croyons approfondie, nous avons voulu lui présenter.

C'est une loi organique à refaire ; nous espérons que le Parlement voudra bien s'inspirer des grandes traditions dont nous retrouvons la trace dans la législation de 1810 et mener à bonne fin une œuvre aussi considérable.

DISCUSSION

MODIFICATIONS AUX ARTICLES

Nous allons maintenant étudier les modifications que nous voulons apporter à la loi, et discuter les opinions les plus accréditées, en même temps que nous ferons nos propositions définitives. De la sorte, le Parlement aura pour ainsi dire sous les yeux tous les éléments du débat. Il pourra juger en connaissance de cause et constater que notre travail est une sorte de transaction entre toutes les opinions émises depuis de longues années par les hommes les plus compétents en la matière. C'est la partie motivée de notre travail. Quant aux innovations démocratiques (touchant les ouvriers et les inventeurs) que nous avons cru devoir introduire dans cette loi, nous les soumettons à la discussion de nos collègues, convaincu qu'ils sauront trouver des formules meilleures que les nôtres, et désireux surtout de mériter leur bienveillante indulgence (1).

Article premier.

Les masses de substances minérales ou fossiles renfermées dans le sein de la terre ou existant à la surface, sont classées relativement aux règles de l'exploitation de chacune d'elles, sous les trois qualifications de mines, minières et carrières.

Loi de 1810.

---

(1) Les textes de la loi de 1810 sont imprimés en grosses italiques; nos propositions en caractères plus petits que le texte à la fin de chacun des articles discutés.

M. Dupont inspecteur des mines, pense que l'article premier qui établit la base de la classification fondamentale des substances minérales en mines, *minières* et carrières, ne saurait évidemment être modifié en quoi que ce soit, sans ébranler toute l'économie de la loi.

La sous-commission des mines de 1877 y introduit pourtant une légère modification destinée à remplacer les expressions de *règles de l'exploitation* des substances minérales par *régime légal de l'exploitation*. En effet, les règles de l'exploitation sont conventionnelles et fixées par la loi.

Nous sommes d'avis au contraire que l'article doit être profondément modifié, et que la suppression des *minières* s'impose. Nous exposerons longuement nos vues à ce propos à l'article 3.

Le projet de loi présenté en 1877 au Sénat par le Gouvernement, proposait également la suppression des minières. Tout le monde paraît donc d'accord sur ce point.

En conséquence, nous proposons de modifier l'article premier comme suit :

Article premier.

Les masses de substances minérales renfermées dans le sein de la terre, ou existant à la surface, sont classées relativement au régime légal de l'exploitation de chacune d'elles, sous les deux qualifications de mines et carrières.

ARTICLE. 2.

Seront considérées comme mines celles connues pour contenir en filons, en couches ou en amas, de l'or, de l'argent, du platine, du mercure, du plomb, du fer en filons ou couches, du cuivre, de l'étain, du zinc, de la calamine, du bismuth, du cobalt, de l'arsenic, du manganèse, de l'anti-

moine, *du molybdène, de la plombagine ou autres matières métalliques, du souffre* (sic) *du charbon de terre ou de pierre du bois fossile, des bitumes, de l'alun et des sulfates à base métallique.*

M. Dupont considère qu'on ne saurait non plus toucher à l'article 2. Cet article, dit-il, est simplement *énonciatif* et non point *limitatif;* cela résulte de ces mots génériques « *ou autres matières métalliques.* »

Opinion de M. Dupont.

Cela résulte aussi de la concession du Wolfram, par décret du 25 novembre 1867, aux mines de Vaulry.

La sous-commission des mines n'est pas du même avis. Les expressions *mines* CONNUES *pour contenir en filons etc...,* LA CALAMINE énumérée comme un pléonasme à côté du zinc dont elle est un minerai...; LA PLOMBAGINE (qui n'est pas un nom scientifique) classée dans les SUBSTANCES MÉTALLIQUES! LE SEL GEMME ET LES ROCHES QUI L'ACCOMPAGNENT oubliés, le souffre avec une faute d'orthographe soigneusement conservée, toutes ces imperfections méritent d'être signalées et rectifiées.

Opinion de la sous-commission du conseil des mines.

Nous avons, pour l'honneur de la chimie actuelle, pensé au contraire, qu'il était indispensable de faire disparaître les expressions contraires à la science et de prévoir même ses progrès en ne précisant pas trop.

On remarquera, en outre, que les sources minérales avaient été oubliées en général comme autrefois les sources d'eau salée en particulier. Or, il faut prévoir le cas où des sources pourraient contenir une richesse en autres sels, richesse telle qu'elles pourraient être considérées comme de véritables mines (*Sources de chlorure de potassium, par exemple*).

En outre, nous avons ajouté que « seraient considérées comme mines toutes les substances, même comprises dans les carrières, pour lesquelles les progrès de la science et les découvertes futures réclameraient une exploitation rationnelle et la surveillance administrative au double point de vue de la sécurité publique et du bon aménagement des richesses minérales. »

Un exemple fera mieux comprendre notre pensée. Supposons, ce qui est sur le point de se réaliser, que la métallurgie de l'aluminium vienne à faire des progrès tels, que ce métal qui a la densité du verre et la ténacité du fer, puisse entrer dans les usages. C'est la révolution la plus complète de toutes les industries du globe. Il est clair que le devoir de tous les gouvernements sera d'empêcher le gaspillage de certains minerais argileux riches en alumine et compris actuellement dans les carrières. Il en est de même du magnésium et le carbonate de magnésie pourra être un jour concessible. Il faut donc laisser à la nation la faculté de concéder certains gites nouveaux pris même dans les carrières, et cela au nom de l'intérêt public. Nous attachons à cette disposition beaucoup d'importance.

Projet de 1877.

Le projet du Gouvernement en 1877 se borne à nomenclaturer les carrières et à dire que tout le reste est *mines*. Nous ne pouvions accepter cette formule puisque nous voulons pouvoir, au nom de l'intérêt public, concéder un jour, même certaines substances comprises dans les carrières.

En résumé voici comment nous proposons de modifier l'article 2 (quoique nous ayions une préférence marquée pour une autre rédaction préconisée page 22 à propos de l'article 3) :

Article 2.

Texte proposé

Seront considérés comme mines *les gites minéraux* d'or, d'argent, de platine, de mercure, de plomb, de fer de cuivre, d'étain, de zinc, de bismuth, de nickel, de cobalt, d'arsenic, de manganèse, d'antimoine, de molybène, ou autres matières métallique, *de soufre, de combustibles minéraux* (*anthracite, houille, lignite, etc.*), *de graphite, de bitume et roches bitumineuses de toutes sortes, de sel gemme et des roches qui l'accompagnent,* d'alun, de terres pyriteuses et alumineuses, d'aluminium, de magnésium, et de sulfates métalliques, de sources minérales et autres substances non métalliques et en général de toutes les substances pour lesquelles les progrès de la science et les découvertes futures réclameraient une exploitation rationnelle et la surveillance administrative au double point de vue de la sécurité publique et du bon aménagement des richesses minérales.

Article 3.

Les minières comprennent les minerais de fer dits d'alluvion, les terres pyriteuses propres à être converties en sulfate de fer, les terres alumineuses et les tourbes.

Loi de 1810.

On sait que nous proposons la suppression des minières, étudions les diverses opinions.

M. Dupont pense que *tous les minerais de fer susceptibles d'être exploités à ciel ouvert, sans que ce mode d'exploitation doive rendre ensuite impossible l'exploitation par puits et galeries,* sont des *minières.*

Modification de M. Dupont.

Il y a trois raisons pour cela, argue-t-il :

1° Le rapporteur de la loi de 1810 disait que si les minerais dits d'alluvion ont été classés parmi les minières pour « *rester à la disposition du propriétaire de la superficie,* c'est uniquement parce que ce sont des *mines superficielles, placées ou à la surface du sol ou presque immédiatement au-dessous de la terre végétale, pouvant être exploitées sans de grands travaux et sans compromettre en rien les ressources de l'avenir* (1).

2° L'article 68 de la loi de 1810 admet que les minerais d'alluvion sont des minières lorsqu'ils sont exploitables à ciel

(1) Locré, p. 370.

ouvert, mais qu'ils deviennent des mines lorsqu'il faut, pour leur exploitation, « *pousser des travaux réguliers par des galeries souterraines* ».

3° L'article 69 corrélatif, dit explicitement « que les minerais de fer d'alluvion et les mines de fer en filons ou en couches ne pourront être concédés « *que si l'exploitation à ciel ouvert cesse d'être possible et si l'établissement des puits, galeries et travaux d'art est nécessaire, ou bien si l'exploitation, quoique possible encore, doit durer peu d'années et rendre ensuite impossible l'exploitation avec puits et galeries.*

Cet article admet implicitement que la partie superficielle des gîtes de fer en filons ou couches exploitables à ciel ouvert est une *minière* à la disposition des propriétaires de la surface, comme le minerai d'alluvion.

Avis de la sous-commission du Conseil des mines. Le Conseil des mines n'a pas approuvé cette manière de voir, ou du moins il a pensé que la jurisprudence était suffisamment établie sur ce point.

Inutilité des minières. Quant à nous, nous sommes de ceux qui pensent que la distinction établie par les *minières* a été un grand embarras pour tout le monde, mineurs et législateurs. Ces derniers ont obéi à des scrupules exagérés quoique légitimes en créant cette division, mais elle avait sa raison d'être à l'origine seulement.

La distinction faite est d'abord subtile et artificielle en ce sens que beaucoup de minéraux classés dans les mines affectent la forme de gisements superficiels, comme la calamine, par exemple. Et alors on se demande pourquoi le propriétaire de la surface n'en jouit pas de droit et *pourquoi tout ce qui est superficiel et métallique n'est pas minière.*

La distinction est inutile, car la loi classe bien exactement le fer en filons ou en couches dans les mines et les minerais de fer dits d'alluvion seuls, dans les minières. On n'a cependant rien eu de plus pressé au Conseil d'État, par le décret au contentieux du 6 décembre 1866, que d'admettre le droit du propriétaire de la surface sur tous les minerais de fer superficiels. L'arrêt de la Cour de cassation de Belgique du 19 janvier 1856 a également consacré cette manière de voir. Enfin, chose plus grave, depuis longtemps l'administration fait insérer dans les décrets de concession de mines de fer une réserve formelle des droits des propriétaires de la surface sur les minerais de fer dits d'alluvion et sur les minerais de fer en filons ou couches situés près de la surface.

Il est nécessaire de revenir à la logique. Ou les minières ont été créées pour reconnaitre certains droits du propriétaire de la surface, et alors ces droits existent, quel que soit le métal ; ou les minières sont inutiles, et l'acte de concession règlera un peu plus fortement les droits du propriétaire du sol, voilà tout.

C'est avec ce système mixte, né subrepticement des scrupules du législateur pour les droits de la surface, système essentiellement contraire aux principes de la loi de 1810, qu'on est arrivé aux combinaisons de redevances proportionnelles selon la profondeur, qui ont compromis à jamais la grande prospérité du bassin de la Loire par les ordonnances de 1824.

Du reste, en principe, la loi de 1810 a eu le tort d'éliminer des mines certaines substances *non métalliques*, tout en faisant le contraire pour certaines autres, qu'elle énonce d'une façon *limitative*, inversement à ce qu'elle fait deux lignes plus haut à propos des substances métalliques dont l'énonciation est suivie des mots et *autres matières métalliques*. Il y a donc lieu d'ajouter, à la fin de l'article 2... *et autres substances non métalliques*. C'est ce que nous avons fait.

En résumé, la loi ne ferait que gagner en éliminant cette pomme de discorde qu'on appelle *les minières*. Que de procès sont nés de cette malheureuse disposition de l'article 69 ! Quand est-il arrivé le moment où l'*exploitation à ciel ouvert cesse d'être possible* et où le gîte est *concessible ?* Qui peut juger exactement *si l'exploitation, quoique possible encore,*

L'énumération des substances non métalliques est limitative dans la catégorie des mines.

doit durer peu d'années et rendre ensuite impossible l'exploitation par puits et galeries?

Nous estimons donc avec beaucoup de bons esprits que la suppression des minières s'impose. Ce régime transitoire pouvait être bon pour amortir dans une certaine mesure les premiers effets de la loi de 1810; maintenant cette loi est passée dans nos mœurs. Nous pouvons donc aujourd'hui jeter ce lest et supprimer plus de 26 articles de la loi de 1810 ainsi que toute la loi du 9 mai 1866.

Classification rationnelle des mines et carrières. — La classification rationnelle, qui pourrait guider les législateurs, ne devrait être que la suivante pour l'article 2 :

« Sont considérés comme *mines* tous les gîtes minéraux ou autres en filons, en couches ou en amas, qui nécessitent une exploitation rationnelle et la surveillance administrative au double point de vue de la sécurité publique et du bon aménagement des richesses minérales. » Tout le reste est carrières. Un règlement administratif ou mieux un décret indiquerait les substances concessibles et d'autres décisions feraient connaître successivement les mines concessibles prises dans les carrières au fur et à mesure des besoins nationaux. »

« *Art.* 3. Les carrières comprennent toutes les substances non concessibles. »

Avec cette classification, qui permet de comprendre toutes les substances utiles qu'on peut découvrir (1) et que l'État a pour *devoir* de faire bien exploiter, on éviterait le gaspillage des gîtes puissants, mais non encore concessibles, comme le remarquable bassin de Bollène (2). L'administration pourrait toujours sauver de la ruine telle partie de la richesse minérale qui lui paraîtrait susceptible de prendre un développe-

---

(1) On découvre encore souvent des substances nouvelles. Cela est arrivé tout récemment au Groënland avec la cryolithe.

(2) Gîte en couches de terre réfractaire ayant une grande importance au point de vue de l'avenir de la métallurgie, industrie à laquelle les terres réfractaires sont *indispensables* et qu'il faudra sauvegarder un jour.

ment utile, grâce à sa valeur, à son utilité générale et à son mode de gisement. Et puis enfin, raison plus forte : qui nous dit que ces distinctions de substances métalliques et non métalliques vont subsister dans la science? Il y a entre les éléments des transitions insensibles et l'on commence à professer que tous les corps sont les anneaux imperceptibles d'une seule et même chaîne continue. Impossible donc de faire des séparations arbitraires. On ne doit pas légiférer, du reste, en matière scientifique.

Nous n'avons pas osé proposer la rédaction qui précède, comme froissant beaucoup d'idées reçues; mais nous la reproduirons devant la Commission.

En terminant, nous dirons que l'Autriche et la Prusse n'ont admis qu'une seule classe de mines à savoir les mines *concessibles.* Elles ont supprimé radicalement les *minières.* Suppression des minières en Autriche et en Prusse.

En conséquence, nous proposons la suppression de l'article 3 des minières.

ARTICLE. 4.

Les carrières renferment les ardoises, les grès, pierre à bâtir et autres, les marbres, granits, pierre à chaux, pierre à plâtre, les pouzzolanes, le trapp, les basaltes, les marnes, craies, sables, pierres à fusil, argiles, kaolin, terres à foulon, terres à poterie, les substances terreuses et les cailloux de toute nature, les terres pyriteuses regardées comme engrais, le tout exploité à ciel ouvert ou avec des galeries souterraines. Loi de 1810.

M. Dupont ne fait qu'ajouter le mot *et autres substances minérales ou fossiles regardées comme engrais.* C'est évidemment pour prévoir le cas du phosphate de chaux qui a été déclaré non concessible, *malheureusement*, par décret du président de la République en date du 6 février 1874. Opinion de M. Dupont.

Opinion
de la sous-commission
des mines.

La sous-Commission des mines a fort sagement adopté l'addition de M. Dupont, mais retranché les mots inutiles ou dangereux, *le tout exploité à ciel ouvert ou avec des galeries souterraines.*

Nous adoptons ces modifications car il n'y aurait nul inconvénient, en supprimant radicalement les minières, à laisser subsister l'article 4 qui n'est pas *limitatif* et dans lequel l'administration peut ne pas comprendre des substances nouvelles, ou les considérer comme mines et par conséquent les concéder en considération de leur importance, de leur utilité et de leur mode de gisement, ainsi que nous le disons à l'article 2.

Les tourbières régies par les articles spéciaux 81 et 82 rentrent évidemment dans les carrières.

En conséquence nous libellons l'article 4 comme suit :

Article 4.

Texte proposé.

Les carrières renferment les ardoises, les grés, pierres à bâtir et autres, les marbres, granits, pierre à chaux, pierre à plâtre, les pouzzolanes, le trapp, les basaltes, les laves, les marnes, craies, sables, pierres à fusils, argiles, kaolin, terres à foulon, terres à poterie, les substances terreuses et les cailloux de toute nature, les *tourbes, les terres pyriteuses et autres substances minérales regardées comme engrais.*

ARTICLE ADDITIONNEL.

Un article additionnel très nécessaire a été proposé par M. Dupont. Il est ainsi conçu :

Avis de M. Dupont.

Si une substance classée comme carrière dans le présent article ou assimilable par sa nature à celles qui y sont dénommées, vient à être extraite d'une exploitation de mines sans être employée par le concessionnaire pour maté-

riaux de construction, soit dans les travaux de la mine, soit pour les dépendances de l'exploitation, le propriétaire aura la faculté de la réclamer, sauf à payer au concessionnaire une indemnité pour frais d'exploitation et d'extraction, à régler par experts.

Faute par le propriétaire de la surface d'avoir fait cette revendication dans le délai de SIX MOIS, *les matières minérales appartiendront désormais au concessionnaire, qui pourra en disposer librement et sans avoir aucune indemnité à payer au propriétaire, pas plus qu'il ne doit en payer pour les matières employées dans les travaux et les dépendances de l'exploitation.*

Sous-commission des mines.

La sous-commission des mines a adopté l'article additionnel en supprimant la fin comme inutile ou superflue à partir de *qui pourra en disposer librement*, etc. C'est ce que nous avons fait.

Pour faire correspondre les numéros de l'ancienne et de la nouvelle loi, on pourrait avec cet article additionnel combler le vide laissé par la suppression de l'article 3.

En conséquence, celui qui prendra au dispositif le n° 4, est libellé comme suit :

Article additionnel.

Texte proposé.

Si une substance classée comme carrière dans le précèdent article ou assimilable par sa nature à celles qui y sont dénommées, vient à être extraite d'une exploitation de mines sans être employée par le concessionnaire pour matériaux de construction, soit dans les travaux de la mine, soit pour les dépendances de l'exploitation, le propriétaire aura la faculté de la réclamer, sauf à payer au concessionnaire une indemnité pour frais d'exploitation et d'extraction, à régler par experts.

Faute par le propriétaire de la surface d'avoir fait cette reven-

4

dication dans le délai de six mois, les matières minérales appartiendront désormais au concessionnaire.

ARTICLE 5.

Loi de 1810.

Les mines ne peuvent être exploitées qu'en vertu d'un acte de concession délibéré en Conseil d'État.

Ici le débat s'engage sérieusement.

Proposition de M. Marguerie de mettre les mines en adjudication.

Cet article contient une des dispositions fondamentales de la loi de 1810. — Un inspecteur général des finances, M. Marguerie, n'a pas craint de faire la proposition, dans un travail intitulé *Études financières sur la législation des mines*, de donner la concession par adjudication publique. Le grand-duché du Luxembourg est entré dans cette voie le 19 mai 1873. — Une convention intervenue entre le gouvernement et les maîtres des forges du pays, porte qu'il est fait concession à ces derniers (au nombre de 8 groupes) de 333 hectares de terrains miniers, pour le prix total de 250.000 *francs de rente* pendant 50 ans (750 francs de rente par hectare).

La solution de M. Marguerie bouleverse complètement l'économie de la loi de 1810; aussi est-elle vivement combattue par M. Dupont. En effet, l'État accorde les concessions, non pas parce qu'il possède les mines, mais parce qu'il s'est attribué le droit de les concéder. — Dans le premier cas, il y a *propriété domaniale;* dans le second, *droit régalien seulement.* L'article premier de la loi de 1791 portait magistralement *« que les mines sont à la disposition de la nation, en ce sens que ces substances ne pourront être exploitées que de son consentement et sous sa surveillance. »*

Définition du droit régalien par Migneron.

Le droit régalien en matière de mines, c'est d'après la belle définition de Migneron, en 1810, « la triple attribution pour l'État de *concéder* les mines, d'en *surveiller* l'exploitation et de *percevoir* sur elles un impôt. »

Quant à nous, nous ne saurions admettre le principe de l'adjudication que pour des cas tout à fait exceptionnels, pour les mines situées au loin dans certaines colonies nouvelles, le Tonkin par exemple, et comme l'admet la loi du 27 avril 1838 pour liquider les déchéances. Il faut aussi pouvoir apurer certaines situations de vieilles concessions encore riches revenant à l'État par voie de cession ou de legs.

Mais une pareille latitude de mettre en adjudication certaines mines laissée au pouvoir exécutif, pourrait avoir des inconvénients. Nous sommes de l'école de ceux qui estiment que tous les actes de souveraineté doivent émaner du pouvoir législatif.

Puisqu'il s'agit, en la matière, d'exercer le droit régalien par excellence, la nécessité d'une autorisation spéciale du Parlement nous paraît tout indiquée. Du reste, nous n'admettons pas en vertu du même principe comme on le verra à l'article 28 que la concession des mines ait lieu par décret. Nous demandons une loi.

Quand donc, la nécessité d'une mise en adjudication se fera sentir pour un pays récemment conquis pour un besoin d'utilité publique, *comme mesure transitoire*, l'autorisation devra en être demandée au Parlement.

L'article 5 de la loi de 1810 doit donc être ainsi rédigé :

« Les mines ne peuvent être exploitées qu'en vertu d'une concession instituée comme il sera dit ci-après. »

ARTICLE 6.

Cet acte règle les droits du propriétaire de la surface sur le produit des mines concédées.

Cet article est absolument incomplet. — D'abord il ne parle pas de l'*inventeur*. Or, depuis longtemps déjà, l'acte de concession règle les droits de l'inventeur du gîte. Nous

Cet article oublie l'inventeur.

allons même plus loin, nous mettons ce dernier avant le
le propriétaire du sol car le véritable créateur de la richesse
est celui qui la découvre et non celui qui la détient incon-
sciemment. Il a donc par la force même des choses un droit
de priorité auquel nous ne prétendons pas astreindre le ré-
dacteur de l'acte de concession, mais que nous lui livrons à
titre d'indication.

C'est du reste au moment même où l'on concède gratuitement une mine, que l'État est véritablement en droit de
dicter les conditions du contrat. Il doit peser mûrement les
charges qu'il impose à l'exploitant de façon à ne pas lui
donner une occasion de perdre ses capitaux, mais bien plutôt
une occasion de les faire prospérer dans un intérêt national.
L'État doit avoir toujours en vue l'exploitation rationnelle
des richesses minérales, mais il a le devoir spécial également
de ne pas oublier ceux qui contribuent à créer ces richesses
en exposant leur santé et leur vie. Ce devoir social doit être
envisagé à deux points de vue : Le point de vue de la sécurité
de la vie humaine et celui de la rémunération de ce travail du
mineur, qui a lieu dans des conditions si spéciales et si
dangereuses.

La participation des ouvriers aux bénéfices est possible. Si une participation à des bénéfices s'impose en effet
c'est bien dans le cas des mineurs. Il est presque inutile
d'insister sur ce point. Si un essai loyal doit et peut être fait
dans ce sens, c'est bien en matière de mines : 1° puisque l'État
peut en vertu de son droit régalien imposer aux concessionnaires futurs toutes les obligations compatibles, bien entendu, avec l'intérêt général ; qu'il est le maître en un mot ;
2° puisqu'une base est déjà trouvée pour asseoir cette participation au moyen de la redevance proportionnelle prélevée
et établie par des agents impartiaux.

Il restera donc à fixer cette participation à tant pour cent,
un, deux, trois, peu importe. L'État peut même sacrifier une
partie de sa redevance proportionnelle si cela lui plait. L'essentiel est que cette participation aux bénéfices soit pratique,
possible, et surtout rendue obligatoire par l'acte de concession.

Nous laissons à penser quels excellents ouvriers aura cette mine, combien ils seront stables, combien il prendront les intérêts de l'affaire, combien ils éviteront la grève et quelle sécurité ils auront pour leurs intérêts en sachant qu'ils sont réglés sur la même base que ceux de l'État.

Quand commencera la participation? est-ce tout de suite, est-ce quand l'exploitation sera en pleine marche, dans cinq ou dix ans? Garantira-t-on un certain intérêt au capital avant prélèvement de la participation? Toutes ces questions de détail seront peut-être réglées par l'acte de concession. Nous aimerions mieux que ce fût par un règlement d'administration.

L'essentiel est que le principe de la participation soit inscrit dans la loi ainsi que ce que j'appellerai certains droits sociaux.

Ce n'est pas du socialisme d'État que nous préconisons : c'est mieux que cela, c'est du socialisme fait par des tiers et surveillé par le Gouvernement.

Et nous sommes d'avis que ce principe devra être étendu à toutes les concessions faites par l'État, les départements ou les communes à un titre régalien quelconque.

C'est encore lors de la signature du contrat de concession, que doivent être inscrites les prescriptions particulières pour la sécurité que la mine comporte, grisoumètres, avertisseurs de pression, de grisou, cube d'air à extraire par cube d'excavation, etc. (s'il s'agit d'une mine de houille, de lignite ou autre). On dira que ces obligations existent de par certains décrets. Il vaut mieux, suivant nous, que l'acte de concession les mentionne, c'est un engagement pris, et duquel le concessionnaire se souvient mieux de la sorte. C'est le droit reconnu de l'ouvrier, à une certaine sécurité dans son travail.

C'est encore à ce moment, si l'État croit devoir entrer dans cette voie, qu'il peut fixer les droits des travailleurs futurs, le minimum de salaire et le maximum des heures de travail, les questions d'accidents, de caisses de prévoyance, tout ce qui constitue en un mot le droit social nouveau. Car il n'y a pas en effet que l'inventeur ou le propriétaire du sol qui contribuent à la création de la mine, il y a ceux aussi qui la créent pour ainsi dire tous les jours, c'est-à-dire les mineurs. Il est donc hors de doute que l'État peut lier la Compagnie par avance au moyen d'un cahier des charges librement consenti entre les deux parties, entre l'ouvrier représenté par l'État et le patron concessionnaire.

En conséquence, nous proposons de rédiger comme suit l'article 6 :

Article 6.

Texte proposé.

Cet acte règle les droits des *inventeurs du gîte* des propriétaires de la surface et des ouvriers mineurs sur le produit des mines concédées *et, si l'exploitation le comporte : 1° la participation aux bénéfices du personnel ouvrier et employé de l'exploitation, en prenant pour base les chiffres établis pour la redevance proportionnelle ; 2° les prescriptions particulières en vue de la sécurité des travailleurs ; 3° les conditions spéciales du travail, des salaires et des caisses de prévoyance.*

Article 7.

Il donne (l'acte de concession) *la propriété perpétuelle de la mine, laquelle est dès lors disponible et transmissible comme tous les autres biens et dont on ne peut être exproprié que dans le cas et selon les formes prescrites pour les autres propriétés, conformément au Code civil et au Code de procédure civile. Toutefois une mine ne peut être vendue par lots ou partagée sans une autorisation préalable du gouvernement, donnée dans les mêmes formes que la concession.*

Avis de la commission parlementaire.

La Commission parlementaire de 1877 ajoute en conservant le texte précédent à partir de *Toutefois une mine ne peut être vendue par lots ou partagée* OU TRANSMISE DE TOUTE AUTRE MANIÈRE AUTREMENT QUE PAR HÉRITAGE *sans une autorisation,* etc.

On comprend difficilement comment la commission parlementaire a laissé porter une atteinte aussi directe à la loi
de 1810. M. Dupont s'en émeut vivement ainsi que tous les
comités. C'est un *tolle* général; on a voulu évidemment empêcher un concessionnaire de céder sa mine à un acquéreur qui
n'aurait pas les facultés que la loi exige ou qui manque des
garanties suffisantes. Mais les termes sont trop formels et la
propriété minière est trop protégée par la loi commune
pour qu'on puisse tenter une action rétroactive à cet
égard.

M. Dupont soulève les très graves objections suivantes :   Avis de M. Dupont.
En présence des termes si formels de l'article 7 qui déclarent
la propriété de la mine *disponible et transmissible comme
tous autres biens,* en présence de la jurisprudence du Conseil d'État, établie dès le 21 août 1810 (cession des mines de
plomb d'Elenbach); alors que l'exposé des motifs de la loi
de 1810 contient les passages suivants : *la vente, la donation,
la succession de cette partie considérable de la richesse terri-
toriale et commerciale à la fois... soumise à des règles communes à toutes les propriétés... à compter d'aujourd'hui les
mines deviennent des biens patrimoniaux héréditaires pro-
tégés par la loi commune*; en présence enfin des inconvénients énormes qui résulteraient d'une sorte d'interdit jeté
sur la vente des mines, il y a lieu de rejeter toute modification
à l'article 7.

M. Dupont ne nie pas les inconvénients attachés à l'achat
d'une mine, par un acquéreur, sans facultés pécuniaires,
mais c'est un mal bien moins grand que celui qu'on cause-
rait en tuant la propriété des mines elles-mêmes. Il faut donc
appliquer résolûment le grand principe économique de la
liberté, base des échanges des valeurs de toute espèce.

Le morcellement même est-il à craindre? C'est un besoin
inhérent à l'industrie minière que celui de réunir et non de
diviser. Mais cependant nous comprenons qu'on évite le
morcellement d'une sorte d'unité créée par l'État, nous ne

comprenons pas qu'on prohibe le groupement si favorable aux intérêts miniers.

M. Dupont a donc cru devoir modifier l'article 7 comme suit :

Art. 7. — Il donne la propriété perpétuelle de la mine, laquelle est dès lors disponible et transmissible comme tous autres biens SAUF L'EXCEPTION MENTIONNÉE A L'ARTICLE 31 POUR LES RÉUNIONS DE CONCESSIONS *et dont on ne peut être exproprié que dans les cas et selon les formes prescrites pour les autres propriétés, conformément au Code civil et au Code de procédure civile,* SOUS LA RÉSERVE RÉSULTANT DE L'ARTICLE 49 ET DES DISPOSITIONS DE LA LOI DU 27 AVRIL 1838. *Toutefois..... etc.* (comme dans la loi).

La sous-commission des mines laisse de côté, comme M. Dupont, la rédaction de M. de Marcère, qui empêcherait la vente et la donation des concessions. Elle transporte à la fin de l'article 7 les dispositions de l'article 31 qui parle des réunions de concessions. La rédaction est conforme à celle de M. Dupont, sauf le rappel à l'article 31 et le dernier paragraphe qui est ainsi conçu :

Toutefois UNE CONCESSION *ne peut être vendue par lots ou partagée* NI RÉUNIE A D'AUTRES CONCESSIONS DE MÊME NATURE *sans une autorisation préalable du Gouvernement,* DEMANDÉE *et donnée dans les mêmes formes que la concession,* AINSI QU'IL RÉSULTE DE L'ARTICLE 31.

A ce point de vue, le décret du 23 octobre 1852 qui ne permet pas les réunions de concession sans autorisation du Gouvernement est une atteinte à la liberté tant réclamée par M. Dupont.

Y a-t-il
un danger public
à la réunion
des concessions?

Nous nous sommes toujours demandé quel était le danger public qui s'opposait à la réunion des concessions. S'il est une industrie qui réclame la forme par groupements, c'est bien l'industrie minière si misérable et si compromise entre les mains des individualités souvent impuissantes. Pour ne citer qu'un exemple, quel avantage a-t-on retiré, au point de vue général, du morcellement en quatre groupes de la compagnie de la Loire? On a jeté la pomme de discorde au milieu de quatre sociétés, condamné certains groupes à lutter contre toutes les difficultés, d'autres à prospérer quand même, et cela, en n'imposant la solidarité (une solidarité mal établie) que vis-à-vis les créanciers obligataires! Encore si on avait voulu éviter la trop grande extension des périmètres, mais les quatre groupes que Napoléon III a formés par un décret spécial ne constituent qu'une surface concédée de 5,662 hectares, et, à côté, dans le bassin de la Loire même, la seule concession de Firminy et Roche a 5,856 hectares. La concession d'Anzin comprend 11.851 hectares, et la compagnie entière possède 28,000 hectares! (1); Aniche, 11,850; Nœux, 8,028. On ne s'aperçoit donc nullement que ces concentrations entre les mains de sociétés nuisent à l'intérêt général, et dans tous les cas cela est favorable au sage aménagement des mines. Du reste, il est nécessaire d'être logique, et si la propriété des mines est proclamée par la loi une propriété transmissible et soumise au droit commun, à quoi bon lui créer des entraves dans la pratique par des restrictions calculées?

Avis
du comité houiller
de la Loire.

Le Comité houiller de la Loire a seul émis un avis sur l'article 7 tel que l'entend M. de Marcère. Sa protestation est remarquablement bien motivée.

« Quoi! un concessionnaire aura mis en valeur, à grands frais, la mine qui lui a été donnée et fatigué de ses longs ef-

---

(1) Plus de la surface totale du bassin de la Loire.

forts, ou appauvri par eux, il ne pourra ni *vendre* sa concession, ni *l'apporter en société*, sans l'autorisation du gouvernement! Il devra subir les lenteurs de l'instruction administrative que l'on sait! il lui faudra discuter les oppositions,
produire son marché à l'ingénieur des mines, au préfet, au
ministre, au Conseil d'État, défendre devant eux les conditions de la Société ou de la vente qu'il aura projetée, et si,
après avoir attendu six mois, probablement un an, plus peut-
être, il éprouve un refus nécessairement arbitraire, il lui faudra, s'il n'est pas mort ou ruiné, commencer à nouveau!

« Encore supposons-nous qu'il ait trouvé un acquéreur
ou des associés ayant bien bien voulu, dans de telles conditions, traiter avec lui: mais qui donc sera tenté de passer par
les épreuves que nous venons de rappeller et dans lesquelles
il jouera le premier rôle? Qui consentira à subir successivement, devant plusieurs juges, le contrôle de sa personne et
l'inventaire de ses biens et s'exposera à recevoir, en définitive, un brevet d'insolvabilité ou d'indignité?

« Et si un père de famille veut *doter* son enfant en lui
transmettant la concession qu'il possède, ou si, près de mou-
rir, il croit devoir la *léguer* à l'un de ses héritiers (nous
ajouterions volontiers : « *ou à l'État* »), la loi lui interdira de
tels actes! car c'est les interdire que de les tenir en suspens
et de les subordonner à une autorisation dont le refus rom-
prait l'équilibre du testament ou du contrat. »

Et en terminant : « Personne ne soutiendra qu'une loi
nouvelle pourrait arbitrairement enlever au concessionnaire
la propriété de la mine; il en est de même des attributs qui la
composent. Aucun législateur n'oserait supprimer le caractère perpétuel de la concession pour la rendre précaire ou
temporaire. Le droit à la libre transmission découle de la
même source, est aussi précieux et participe à la même in-
violabilité. *Une loi qui méconnaîtrait ces vérités évidentes
serait entachée du vice de la rétroactivité et consacrerait
une confiscation d'un dangereux exemple.* »

Projet de 1877.

Le Gouvernement en 1877, au Sénat, proposait de ne pas changer l'esprit de l'article 7 et admettait comme nous le principe de la faculté de réunion des concessions.

A notre avis, le texte de la loi doit donc être conservé sans modification au nom de la liberté de la propriété et de l'association ; c'est pourquoi nous proposons de rapporter le décret de Napoléon III du 3 octobre 1852 qui était un véritable abus de pouvoir et un acte de légalité suspecte.

Enfin, pour faire concorder la loi de 1810 avec la loi du 27 avril 1838, nous avons renvoyé à sa disposition spéciale en matière de retrait de concession.

Droit de rachat
par l'État.

Peut-être, devant la Commission proposerons-nous d'introduire ici une clause comportant faculté de rachat par l'État « au double de la valeur » pour cause d'utilité publique, mais auparavant nous voulons faire les recherches nécessaires pour appuyer notre opinion.

L'article 7 est donc ainsi conçu :

Article 7.

Texte proposé.

Il donne la propriété perpétuelle de la mine, laquelle est dès lors disponible et transmissible comme tous les autres biens, et dont on ne peut être exproprié que dans les cas et selon les formes prescrites pour les autres propriétés conformément au Code civil et au Code de procédure civile, *sous la réserve résultant de l'article 49 et des dispositions de la loi du 27 avril 1838.*

ARTICLE 10

Loi de 1810.

Nul ne peut faire des recherches pour découvrir des mines, enfoncer des sondes ou tarières, sur un terrain qui ne lui appartient pas, que du consentement du propriétaire du sol ou avec l'autorisation du gouvernement donnée, après avoir consulté l'administration des mines, à la charge d'une préalable indemnité envers le propriétaire et après qu'il aura été entendu.

On a proposé de modifier dans une très large mesure l'article 10. Il faut reconnaître que c'est le côté de la législation qui avait peut-être le plus besoin de réforme. Nous étions restés de ce chef complètement en arrière. On sait que, dans l'état présent des choses, il y a deux permis, l'un de *recherches* émanant du chef du gouvernement, l'autre *de vente ou d'utilisation des produits* délivré par le ministre.

Permis de recherches et permis de vente.

Une grande simplification résulterait donc de la réunion en un seul de ces deux permis qui ne vont guère l'un sans l'autre dans la pratique.

Réunion des deux permis.

Cette réunion aurait comme heureux résultat, celui de simplifier les formalités administratives, et d'encourager les explorateurs. L'idée de réunir les deux permis a été suggérée par la loi prussienne où il est dit « *que l'auteur des recherches peut librement disposer des minerais produits par ses travaux, en tant que des tiers n'ont pas déjà acquis des droits sur ces produits.* »

Loi prussienne où le permissionnaire peut disposer des produits extraits.

Le choix de l'autorité compétente destinée à délivrer le permis de recherches a aussi son importance. En France on sait que c'est le chef du gouvernement et le ministre qui donnent la permission.

Choix de l'autorité compétente pour délivrer les permis.

En AUTRICHE c'est *l'autorité minière* (parag. 14 de la loi du 23 mai 1854) et dans ce pays le consentement de *l'autorité minière* est même nécessaire au propriétaire, pour l'exécution de fouilles dans son propre fonds. (C'est ce que nous demanderons aussi plus loin.)

En PRUSSE c'est *l'administration supérieure des mines* (*Oberbergamt*) qui accorde la permission de fouiller, lorsque l'auteur des recherches ne peut s'arranger à l'amiable

Législation étrangère.

avec le possesseur du terrain (paragraphe 8 de la loi du 24 juin 1865).

En ITALIE c'est le gouverneur de la province qui accorde ou refuse la permission des recherches (art. 22, décret royal, 20 nov. 1859).

On ne veut pas créer en France *d'autorité supérieure des mines* parce que tout vient habituellement de l'État, mais pour supprimer l'intervention toujours longue du chef du gouvernement, c'est le ministre compétent qui accorderait la permission. Il faudrait nécessairement une disposition législative nouvelle pour conférer régulièrement cette attribution au ministre.

La durée du permis de recherches en France est ordi- **Durée du permis.** nairement de deux ans, tandis que celle des permissions de vente des produits des recherches est habituellement d'une année seulement.

En *Autriche*, la durée des permissions de fouilles (lesquelles sont renouvelables) est d'une année seulement (paragraphe 16, loi du 23 mai 1854).

M. Dupont estime qu'il y a lieu de limiter la durée à un an seulement, en admettant en principe que le permis pourra être renouvelé. Nous ne sommes pas de cet avis. Il faut au moins deux ans pour faire une recherche de mines sérieuse.

Il faut introduire également une disposition nouvelle **Caution.** dans la loi, par le dépôt d'une caution préalable destinée à servir de provision pour les indemnités de terrain dues ou à devoir au propriétaire.

Dans l'état actuel de la législation française, le jurisconsulte Proudhon pense que le propriétaire peut exiger que la somme fixée par aperçu par les experts « soit déposée entre des mains tierces ou chez *le receveur des consignations* pour la sûreté du paiement. »

En Prusse, il est dit expressément que le possesseur du terrain peut réclamer de l'auteur des recherches le dépôt d'une caution suffisante. La loi ajoute encore qu'en cas de désaccord, c'est l'*administration supérieure des mines* qui fixe, sans recours, l'indemnité et la caution.

M. Dupont voit, au système de la caution, l'avantage d'écarter les explorateurs qui ne sont pas sérieux et d'assurer le payement préalable de l'indemnité de terrain. Il dépasse par exemple complétement le but, à notre avis, quand il fixe à 6.000 francs la caution à fournir pour un permis de recherches d'une surface de 200 mètres sur 100 mètres, soit deux hectares. Le Conseil des mines a été plus modéré et a fixé la caution à 500 francs l'hectare, valeur approximative des terrains de mines.

Enfin M. Dupont, empruntant à la législation espagnole le système des *périmètres fixes* « pertenencias », fixe l'étendue du permis à une mesure rectangulaire de 200 mètres sur 100 mètres.

Nous croyons qu'il y a des inconvénients à ce que cette mesure soit fixe, aussi bien pour les permis que pour les concessions ; la richesse des mines, leurs allures, leur direction et les circonstances de gîte, en peuvent restreindre l'étendue.

Voici l'article 10 tel que le rédige M. Dupont :

Article 10.

1° (Comme la loi de 1810.)

2° L'indemnité d'occupation de terrains sera réglée par les tribunaux sur le pied du double droit comme pour les mines concédées.

3° Le permis de recherches émanant du gouvernement sera délivré par le ministre des travaux publics.

4° Il spécifiera la faculté, pour le permissionnaire de vendre ou utiliser les produits des recherches et fixera les droits du propriétaire de la surface sur les produits extraits.

5° Il ne sera valable que pour un an ; il pourra être renouvelé.

6° Il ne s'appliquera qu'à une seule mesure rectangulaire de terrain de 200 mètres sur 100 mètres.

7° La demande en permis de recherches sera adressée au préfet ; à cette demande il sera joint un plan en triple expédition, à l'échelle cadastrale de 1/2.500 indiquant la place de la mesure rectangulaire sollicitée pour champ de recherches.

8° Le demandeur devra également joindre à sa pétition un reçu régulier du receveur des consignations, attestant le versement d'une somme de six mille francs à titre de caution préalable, pour le payement des indemnités dues au propriétaire de la surface et les frais de bornage.

9° Dans le délai d'un mois le préfet notifiera cette pétition au propriétaire de la surface et la transmettra au Ministre avec son avis, après avoir consulté l'Ingénieur des mines.

10° Il devra être statué ensuite dans un sens ou dans l'autre par le Ministre des Travaux publics, dans le délai d'un deuxième mois.

11° Il ne pourra être accordé deux permis de recherches au même demandeur, à moins qu'il ne s'agisse de mesures rectangulaires espacées de plus de 1 kilomètre.

12° Le bornage de la mesure de recherches afférente à chaque permis, sera effectué aux frais du permissionnaire, en présence de l'Ingénieur des mines, ou du garde-mines, dans le délai de quinze jours, à dater de la délivrance du permis.

13. La durée du permis datera de l'époque du bornage.

14. Le permis de recherches sera affiché, pendant un mois, dans la commune où doivent s'étendre les travaux, à la diligence du maire et aux frais du permissionnaire.

15. Tous les permis de recherches seront insérés dans les *Annales des mines*, à la partie administrative.

Au sujet de l'article 10, il est dit dans le rapport de la sous-commission des mines « qu'on accepte une partie des dispositions présentées par M. Dupont, qui ont pour but d'encourager les recherches de mines, en réglant les formes dans lesquelles pourront être demandés et obtenus les permis de

Avis
de la sous-commission
des mines.

recherches et les permis de vente des produits extraits, lesquels pourront se confondre avec les premiers. Les intérêts des propriétaires du sol seront sauvegardés par le dépôt préalable d'un cautionnement de 500 *francs par hectare*. A la majorité de deux voix contre une, la sous-commission a repoussé les propositions de M. Dupont tendant à régler législativement la forme et l'étendue du maximum du terrain auxquels peut s'appliquer le permis de recherches. »

Il suffit de comparer les textes des deux propositions que nous venons d'exposer pour voir qu'il existe d'assez notables divergences d'opinions entre M. Dupont et la sous-commission des mines, surtout au point de vue des détails. L'affichage n'est pas prescrit. Le Ministre n'est pas enjoint de statuer dans le delai d'un mois, enfin, en principe, le permis de recherches n'est pas limité en surface et en nombre.

Nous acceptons pour notre compte une transaction entre les deux opinions ci-dessus, mais nous ferons remarquer qu'il n'a pas été du tout question de l'inventeur. N'est-il pas regrettable que les législateurs de 1810 et ceux qui veulent modifier la loi, n'aient pas songé à favoriser un peu plus celui sans lequel le plus souvent la mine n'existerait pas? Étudions cette question.

Le projet du Gouvernement en 1877 est muet sur tout cela, même sur les permis de recherches.

Nouvelle définition du titre d'inventeur de la mine.

A l'article 16, le Conseil des mines a cru devoir définir seulement le mot : « *L'inventeur* est celui qui a fait connaître, non seulement le lieu où se trouve une substance minérale, mais encore la possibilité de son utile exploitation. » Mais, nulle part, pas plus en matière de recherches qu'en matière de concession, on ne se montre favorable à ce premier pionnier de la richesse minérale. Son rôle est toujours obscur parce qu'en général celui qui parcourt les montagnes est pauvre et peu instruit des choses de la législation. En général aussi, il apporte sa trouvaille à quelqu'un de plus avisé que lui, qui en tire parti et l'élimine moyennant une indemnité dérisoire et les espérances vagues que lui donne la loi en cas de concession. Il serait plus équitable et plus libéral d'établir une *certaine préférence* en faveur de l'inventeur présumé dans le cas où il voudrait faire les recherches lui-même. L'ingénieur des mines constaterait s'il y a réellement commencement d'*invention*, s'il existe un gîte, une substance concessible, et, sur simple déclaration à la préfecture et à l'administration des mines, à la charge d'une préalable indemnité envers le propriétaire, l'inventeur devrait pouvoir commencer ses recherches.

Pourquoi ne favorise-t-on pas l'inventeur ?

C'est ainsi que cela se pratique, en Prusse, notamment.

Les droits de l'inventeur en Prusse.

« *Le droit de préférence* accordé à l'inventeur d'un minéral par lui découvert s'éteint, lorsqu'il n'a pas fait de demande dans le délai d'une semaine après la fin du jour de la découverte (§ 24). »

On ne saurait croire combien une simple disposition législative analogue favoriserait le développement de l'industrie minière et ferait explorer avec ardeur le sol français si peu connu au point de vue de ses ressources minérales. Nous avons pu constater à propos de la recherche des calamines (1) dans le midi de la France à quels résultats le hasard même pouvait conduire. Que serait-ce s'il était secondé par les recherches patientes d'*inventeurs* sûrs d'être récompensés en cas de réussite.

Il ne faut pas se dissimuler que l'inventeur a en effet un rôle tout à fait exceptionnel et que nos codes n'ont pu prévoir. Ses droits sont distincts de ceux du propriétaire du sol, de l'explorateur, du futur concessionnaire et même de ceux de l'État. Il *crée* pour ainsi dire une propriété nouvelle jus-

---

(1) Les calamines sont des minerais de zinc très difficiles à reconnaître et entièrement négligés en France avant ces dernières années. On a fait des découvertes importantes dans le Gard, en encourageant des inventeurs.

que là à l'état latent et qui n'est l'objet de revendications de la part des quatre parties susdites qu'à dater du jour de sa *découverte* à lui.

En un mot, l'inventeur est dans la position de celui qui découvre un trésor dans la propriété d'autrui. La loi, plus libérale cette fois, accorde la moitié du trésor à l'*inventeur* et ne le paie pas comme en matière de mines d'une simple indemnité... à fixer plus tard.

L'inventeur
doit avoir
un droit de préférence
pour
les recherches.

Nous réclamons donc pour l'inventeur de mines *le droit* de pouvoir constater l'importance de sa découverte, en étant autorisé *dans tous les cas* à faire les recherches nécessaires. Nous comprenons peut-être que pour la concession, beaucoup de raisons s'opposent à ce qu'il ait un *droit de préférence*, mais on doit le lui accorder sans conteste pour les recherches, résultats immédiats de son intelligence.

En résumé la rédaction que nous proposons est une transaction entre l'opinion de M. Dupont et celle de la sous-commission des mines. Nous n'admettons pas les petits périmètres fixes basés sur les *pertenencias* d'Espagne ni l'affichage du permis. La caution au propriétaire nous semble suffisante à 500 francs par hectare.

Enfin, nous tenons essentiellement à ce que le droit de préférence de l'inventeur soit inscrit dans la loi. Mais huit jours, comme en Prusse, pour exercer ce droit, cela nous semble un peu court et nous accordons un mois.

Enfin, pour que l'inventeur puisse profiter de sa découverte, il faut que lorsqu'il aura reconnu l'orientation et la valeur de son filon, par exemple, c'est-à-dire la réalité même de sa découverte il puisse en profiter et exercer à nouveau son droit de préférence en rectifiant son périmètre de recherches par une nouvelle demande.

En conséquence nous avons rédigé comme suit le nouvel article.

Article 10.

Texte proposé.

§ 1er. Nul ne peut faire des recherches pour découvrir des minés, enfoncer des sondes ou tarières sur un terrain qui ne lui appartient pas, que du consentement du propriétaire de la surface, ou avec l'autorisation du Gouvernement, donnée après avoir consulté l'administration des mines, à la charge d'une préalable indemnité envers le propriétaire et après qu'il aura été entendu.

§ 2. L'indemnité d'occupation de terrain sera réglée par les tribunaux sur le pied du double droit comme pour les mines concédées.

§ 3. Le permis de recherches, émanant du Gouvernement, sera délivré par le Ministre des Travaux publics.

§ 4. Il spécifiera la faculté, pour le permissionnaire, de vendre ou utiliser les produits des recherches et fixera les droits du propriétaire de la surface sur les produits extraits.

§ 5. Il ne sera valable que pour deux ans ; il pourra être renouvelé.

§ 6. La demande en permis de recherches sera adressée au Préfet ; à cette demande, il sera joint un plan en triple expédition, à l'échelle cadastrale de 1/2500, indiquant la place de la surface sollicitée pour champ de recherches.

§ 7. Le demandeur devra également joindre à sa pétition un reçu régulier du receveur des consignations, attestant le versement d'une somme de 500 francs par hectare demandée, à titre de caution préalable pour le paiement des indemnités dues au propriétaire de la surface et des frais de bornage.

§ 8. Dans le délai d'un mois, le préfet notifiera cette pétition au propriétaire de la surface et la transmettra au Ministre avec son avis, après avoir consulté l'Ingénieur des mines.

§ 9. Il devra être statué ensuite dans un sens ou dans l'autre par le Ministre des Travaux publics, dans le délai d'un deuxième mois.

§ 10. Il ne pourra être accordé deux permis de recherches

au même demandeur, à moins qu'il ne s'agisse de périmètres espacés de plus d'un kilomètre.

§ 11. Le bornage du périmètre de recherches, afférent à chaque permis, sera effectué aux frais du permissionnaire, en présence de l'Ingénieur des mines, ou du garde-mines, dans le délai de quinze jours, à dater de la délivrance du permis.

§ 12. La durée du permis datera de l'époque du bornage.

§ 13. L'inventeur aura un droit de préférence sur tout autre pour les recherches à effectuer sur le gîte par lui découvert. Il devra faire constater après sa déclaration de découverte à la préfecture, son droit d'invention présumé par l'Ingénieur des mines et faire sa demande de permis de recherches dans le délai d'un mois après la fin du jour de la découverte.

L'inventeur sera également privilégié dans les mêmes formes pour les recherches à effectuer sur la continuation du gîte par lui découvert.

ARTICLE 12.

Loi de 1810.

Le propriétaire pourra faire des recherches sans formalité préalable dans les lieux réservés par le précédent article, comme dans les autres parties de sa propriété, mais il sera obligé d'obtenir une concession avant d'établir une exploitation. Dans aucun cas les recherches ne pourront être autorisées dans un terrain déjà concédé.

Avis de M. Dupont.

M. Dupont propose de ne rien changer à l'article 12 ; la jurisprudence la plus récente (Nancy, le 27 juin 1868) interprète très justement, dit-il, cet article, en ce sens que ces mots « *le propriétaire pourra faire des recherches dans les lieux réservés par le précédent article, comme dans les autres parties de sa propriété,* » s'appliquent exceptionnellement au possesseur des habitations et clôtures murées qui possède en même temps les terrains extérieurs. On pourrait être tenté d'homologuer en quelque sorte cette jurisprudence en modifiant en conséquence les termes de l'article 12, mais la chose n'est pas nécessaire.

La sous-commission des mines a été d'un avis différent; elle a pensé que cette latitude laissée au propriétaire résultait surabondamment du texte de l'article 10 qui dit qu'on ne peut faire de recherches que du consentement du propriétaire de la surface. En conséquence, l'article 12 est réduit à l'unique disposition suivante :

Avis de la sous-commission des mines.

Aucune recherche de substance concessible ne pourra être autorisée dans un terrain où cette substance est déjà concédée.

Nous trouvons cependant que l'article 12 de la loi de 1810 donne au propriétaire un droit excessif en lui permettant de faire des recherches, sans un simple avis préalable à l'autorité.

Pourquoi le propriétaire n'est-il astreint à aucun avis de recherches?

S'il ne s'agissait que de travaux superficiels nous ne songerions nullement à enlever au propriétaire du sol une parcelle quelque légère qu'elle fut, de ses prérogatives.

Mais il s'agit de travaux de mines exigeant la surveillance à tous les points de vue, surtout s'ils sont entrepris par des personnes peu expérimentées. Il faut donc que l'administration des mines soit prévenue.

Enfin, nous estimons qu'aucun travail de mines ne doit être fait sans que l'administration compétente n'ait été mise à même de lever les plans ou d'en prescrire l'exécution.

De nombreux accidents arrivent parfois lors de la reprise de nouveaux travaux au contact des travaux antérieurs, parceque l'on est sans plans anciens.

Enfin, la richesse minérale est ainsi signalée pour les demandeurs futurs si les premiers explorateurs n'ont pas eu la patience ou les moyens de continuer leurs recherches; nous croyons donc très important d'imposer au propriétaire du sol une simple déclaration préalable de son intention de faire des recherches, de leur but et de la matière explorée, avec d'autant plus de raison, que de la sorte, il ne pourra pas léser le droit que nous concédons à l'inventeur, dont la déclaration sera également déposée à la préfecture.

Nous demandons du reste la même déclaration plus loin pour les carrières. En conséquence l'article 12 sera rédigé comme suit :

Article 12.

Texte proposé

Le propriétaire qui voudra faire des recherches dans sa propriété devra en faire la déclaration préalable au Préfet qui aussitôt en donne acte.

Aucune recherche de substance concessible ne pourra être autorisée dans un terrain où cette substance est déjà concédée.

ARTICLES 13 ET 14.

Loi de 1810.

Art. 13. — *Tout Français ou tout étranger naturalisé ou non en France, agissant isolément ou en société (a) a le droit de demander et peut obtenir, s'il y a lieu, une concession de mines.*

Art. 14. — *L'individu ou la société (b) doit justifier des facultés nécessaires pour entreprendre et conduire les travaux, et des moyens de satisfaire aux redevances, indemnités qui lui seront imposées par l'acte de concession.*

Il nous a semblé utile d'introduire nommément les syndicats ouvriers comme pouvant obtenir une concession.

Cette addition n'a pas besoin de justification, ainsi dans l'article de la loi de 1810, nous nous bornons à introduire en *a* les mots « *ou en syndicats ouvriers* » et en *b* d'ajouter *ou le syndicat ouvrier*. Le reste de la rédaction est le même.

ARTICLE 16.

Le gouvernement juge des motifs ou considérations Loi de 1810.
d'après lesquels la préférence doit être accordée aux divers
demandeurs en concession, qu'ils soient propriétaires de la
surface, inventeurs ou autres.
En cas que l'inventeur n'obtienne pas la concession
d'une mine il aura droit à une indemnité de la part
du concessionnaire, elle sera réglée par l'acte de con-
cession.

M. Dupont défend énergiquement l'article 16, que personne n'attaque bien directement.

« Modifier cet article, dit-il, soit en donnant un droit Avis de M. Dupont.
de préférence aux inventeurs ou bien aux propriétaires, ce
serait, d'une part, ébranler dans l'opinion publique la justice
originelle des concessions accordées précédemment à des
demandeurs qui n'étaient ni propriétaires ni inventeurs,
mais qui ont paru au Gouvernement posséder les facultés
nécessaires pour exploiter les mines au mieux de l'intérêt
général, et rien ne doit être fait pour ébranler le droit de
propriété des mines en quoi que ce soit.

« D'autre part, la loi de 1810 est, au point de vue de l'obtention des concessions, une *loi de conciliation, une loi de*
transaction, en quelque sorte, entre les titres des divers
demandeurs, propriétaires de la surface, inventeurs ou
autres, et parmi *ces autres*, il faut comprendre les demandeurs qui présentent les facultés et les moyens d'exploiter
les mines *au mieux de l'intérêt général*, alors que les propriétaires ou inventeurs ne produisent aucune justification
à cet égard.

« L'auteur de l'exposé des motifs de la loi de 1810 s'ex-
primait ainsi sur ce point:

« Juge entre les prétendants, estimateur impartial de
« leurs droits comme de leurs moyens, le Gouvernement pro-
« nonce entre TOUS LES concurrents et assure à l'inventeur, s'il
« ne l'emporte pas, l'indemnité *qui lui est due*. »

Le rapporteur au Corps législatif disait encore :

« Le Gouvernement, en se réservant le pouvoir de statuer entre *les concurrents*, loin d'exclure aucun des motifs
de préférence qui viennent d'être développés, se réserve au
contraire de les *peser tous* et de ne l'accorder qu'à celui qui
en réunira le plus en sa faveur.

« Il y a, en effet, dans ces sortes de demandes un concours si varié de circonstances, qu'il paraît préférable de laisser à l'autorité le soin de l'apprécier. »

« Ces citations suffisent à démontrer que, dans l'esprit
des législateurs, le droit absolu du Gouvernement de choisir
entre les demandeurs, nettement exprimé à l'article 16, forme
la base fondamentale de la loi de 1810. »

Le Gouvernement a *la responsabilité* en matière d'institution de concession, il faut qu'il ait *la liberté* corrélative et,
à cet égard, on peut dire sans flatterie, ajoute M. Dupont, que
tous les Gouvernements qui se sont succédé en France depuis la promulgation de la loi de 1810, aussi bien que leurs
aides naturels et nécessaires en matière de concession de
mines, les membres du Conseil d'État et les ingénieurs des
mines, ont été toujours à la hauteur de leur mission dans
l'œuvre délicate du choix des concessionnaires.

Il y aurait bien quelques observations à faire à ce pané-
gyrique flatteur de tous les Gouvernements en matière de
mines : on pourrait rappeler encore notamment l'institution
des concessions de la Loire. L'administration, pour n'avoir
pas su choisir, a condamné le bassin houiller au morcellement et à la ruine pendant trente années.

Mais sans louer outre mesure l'œuvre des Gouverne-

ments qui, bien souvent, se sont trompés et qui sont susceptibles d'obéir à des influences ou à des courants d'opinion
étrangers aux intérêts miniers, nous concédons que la tâche
est délicate et que l'État peut seul la remplir. Encore faut-il
que le pouvoir *dispensateur* soit entouré de garanties de
contrôle suffisantes. Ces garanties, nous les trouverions dans
une augmentation des attributions de l'administration des
mines, si compétente et si impartiale.

La sous-commission du Conseil des mines a vu un inci-
dent singulier se produire en son sein à propos de cet article.
Un membre s'est déclaré partisan d'un système par lequel le
Gouvernement se réserverait la faculté de recourir, dans certains cas, à la mise en adjudication pour l'institution des concessions. A la majorité de deux voix contre une, la sous-
commission a voté le maintien de l'article 16 dans sa forme
actuelle.

Elle a proposé ensuite d'insérer à la fin de cet article un
paragraphe additionnel contenant la définition légale de l'inventeur. Cette définition est importante.

> *L'inventeur est celui qui a fait connaître, non seule-*
> *ment le lieu où se trouve une substance minérale, mais*
> *encore la possibilité de son utile exploitation.*

Définition
de la
qualité d'inventeur.

Cette définition est en grande partie celle que donnait
l'instruction ministérielle relative à l'exécution de la nouvelle loi, le 3 août 1810. (Recherches et découvertes des
mines.)

> *On ne doit considérer comme découvertes, en fait de*
> *mines, que celles qui font connaître non-seulement le lieu*
> *où se trouve une substance minérale, mais aussi la disposi-*
> *tion des amas, couches ou filons, de manière à démontrer la*
> *possibilité de leur utile exploitation.*

Instruction
ministérielle
du 3 août 1810
relative
à la découverte
des mines.

Si l'inventeur doit démontrer la possibilité de l'utile
exploitation du gîte qu'il a découvert, il faut qu'il exécute
des travaux. Or, pour exécuter des travaux, il lui faut une

Impossibilité
où se trouve l'inventeur
de faire des travaux.

permission de recherches, mais le propriétaire du sol peut, sans autorisation, commencer des fouilles, quitte à demander plus tard le permis d'exploiter. Ce ne sera donc pas l'inventeur réel qui aura démontré « la possibilité de l'utile exploitation » et alors à qui faudra-t-il attribuer le titre? A celui qui a signalé la substance minérale et ses affleurements, ou à celui qui, en vertu de son droit de propriétaire du sol, a mis en relief par ses travaux l'exploitabilité, la disposition des amas, couches ou filons? Ni à l'un, ni à l'autre, repondra-t-on? Mais, il y a là une injustice, car si celui qui signale un gîte était armé du *droit de préférence,* que nous réclamons à l'article 10 et que les législations étrangères lui concèdent, il aurait pu peut-être faire les travaux nécessaires et acquérir définitivement son titre d'inventeur en satisfaisant pleine ment à la double définition de la loi.

Le propriétaire peut frustrer l'inventeur. L'acte parfaitement légal du propriétaire vient donc lui causer un double dommage : 1° il l'empêche de profiter de sa découverte en l'exploitant ultérieurement; 2° il lui enlève même son titre d'inventeur et le bénéfice des revendications accordées par la loi.

Si nous insistons de nouveau sur ce point délicat, c'est qu'il y a là une question de justice. Celui qui signale un gîte est la cause première, indispensable, de l'exploitation future. Comme on ne peut connaître les allures de ce gîte que par des travaux et acquérir ainsi la certitude absolue de son existence, l'inventeur doit avoir le droit de compléter sa démonstration et de suivre sa découverte afin de l'apporter entière et incontestable à la société qui en bénéficie.

Notre législation rappelle à s'y méprendre l'histoire de cet homme apportant à un puissant seigneur une cassette trop bien fermée et remplie d'or. — « C'est bien, répondit le tyran, je l'ouvrirai moi-même et nous compterons après. »

C'est par ces nouvelles raisons que nous légitimons le droit de préférence que nous avons institué à l'article 10.

L'article 16 modifié est en conséquence ainsi conçu :

Article 16.

Texte proposé.

Le Gouvernement juge des motifs ou considérations d'après lesquels la préférence doit être accordée aux divers demandeurs en concession, qu'ils soient inventeurs, propriétaires de la surface ou autres.

L'inventeur est celui qui a fait connaître, d'abord, le lieu où se trouve une substance minérale, et ensuite, la possibilité de son utile exploitation.

En cas que l'inventeur n'obtienne pas la concession d'une mine, il aura droit à une indemnité de la part du concessionnaire, elle sera réglée par l'acte de concession.

Article 28.

Loi de 1810.

Il sera définitivement statué sur la demande en concession, par un décret impérial, délibéré en conseil d'Etat.

Jusqu'à l'émission du décret, toute opposition sera admissible devant le Ministre de l'Intérieur ou le secrétaire général du Conseil d'Etat; dans ce dernier cas, elle aura lieu par une requête signée et présentée par un avocat au Conseil comme il a été pratiqué pour les affaires contentieuses et dans tous les cas elle sera notifiée aux parties intéressées. Si l'opposition est motivée sur la propriété de la mine acquise par concession ou autrement les parties seront renvoyées devant les tribunaux et cours.

Modification de M. de Marcère.

Le rapporteur de la Commission parlementaire voudrait que le décret fût *motivé* et mentionnât l'avis du Conseil général des mines. Les concurrents évincés trouveraient dans cette formalité des garanties qui, peut-être, ne sont pas aujourd'hui suffisantes. Le décret devrait être également rendu dans les six mois, à partir du jour où le Ministre aura été saisi de la demande. Voici le texte modifié qui mérite d'être cité, car il prouve, de la part du rapporteur, un désir sincère d'être impartial et d'abréger les formalités.

« *Art.* 28. — Il sera définitivement statué sur la demande en concession, par un décret délibéré en conseil d'Etat. Ce décret sera motivé et fera mention de l'avis du Conseil général des mines. Il devra être rendu dans les six mois, à partir du jour où le Ministre aura été saisi de la demande. »

(Le reste comme dans la loi de 1810, en substituant « Ministre des travaux publics » à Ministre de l'Intérieur).

2ᵐᵉ objection de M. Dupont. « Le rapporteur de la commission parlementaire, dit M. Dupont, propose d'indiquer que le décret de concession sera motivé : mais ici encore, je dois observer que les décrets *au contentieux* se motivent, mais qu'un décret de concession n'étant pas un acte de nature contentieuse, ne doit pas être motivé. »

« Le *contentieux* peut naître à l'occasion d'un acte de concession, si cet acte n'a pas été rendu après accomplissement des formalités légales, par exemple, ou s'il y a lieu de l'interpréter ; mais, je le répète, un décret de concession de mine n'étant point, par lui-même, de nature contentieuse, ne doit pas être motivé comme le sont *les décrets au contentieux.* »

L'argumentation n'est pas des plus serrées et tout repose sur l'affirmation « qu'un acte de nature non contentieuse ne *doit* pas être motivé. » Qui a posé cette règle ?

Contentieux veut dire, d'après Littré, « sur lequel on dispute ». Or, quoi de plus contentieux qu'une demande en concession. On dispute, il est vrai, devant un dispensateur souverain, l'Etat, qui juge, non pas selon le droit mais selon ses préférences, ce qui le dispense des formalités ordinaires de la justice ; mais n'a-t-il pas le devoir de montrer que malgré le pouvoir exorbitant dont il est investi (en vertu d'une nécessité que nous reconnaissons), il a été impartial et gardien sévère des in-

térêts généraux? Le Gouvernement, ne serait-ce que par dignité,
devrait réclamer la rédaction de M. Marcère. Il y a assez
longtemps que cette formalité sèche et hautaine du décret de
concession, désignant un concurrent entre tous, sans un
mot, sans une explication, est mal interprétée et soulève l'o-
pinion publique à laquelle on doit au moins les apparences
de la justice.

« Le rapporteur, poursuit M. Dupont, propose de dire que
le décret fera mention de l'avis du Conseil général des mines,
mais la chose me paraît surabondante, en présence de l'article 46 du décret du 18 novembre 1820, portant organisation
du corps des mines, lequel dit que le Conseil général des
mines, donnera son avis sur les demandes en concessions. »

3ᵐᵉ objection
de M. Dupont.

Là encore, croyons-nous, la contradiction n'est pas très
juste. Le rapporteur a certainement voulu dire « par faire
mention de l'avis du Conseil des mines » que le décret étant
motivé, devait rappeler brièvement les termes de l'avis du
Conseil.

En outre, le décret de 18 novembre 1820 porte bien, que
l'avis de ce corps sera donné sur les demandes en concession, mais ne dit pas qu'il doit en être fait mention dans les
décrets.

Enfin, en dernier lieu M. Dupont s'oppose à ce que le
décret de concession soit rendu dans les six mois, à dater du
jour où le Ministre aura été saisi de la demande.

En effet, dit-il, pour que le Gouvernement puisse user,
au mieux de l'intérêt général, du droit de préférence qui lui
est conféré par l'article 16, il faut qu'il ait la faculté d'admettre, s'il y a lieu, et dans une certaine mesure, *les demandes
en concurrence tardives,* car c'est souvent parmi les auteurs
de ces demandes tardives qu'il rencontrera le meilleur concessionnaire, et parfois, celui qui a le plus de titres sérieux;
il faut, enfin, conformément à l'avis très sage du Conseil
d'État, en date du 3 mai 1837 :

« Qui d'une part, le Gouvernement puisse accorder la concession, nonobstant une nouvelle demande qui serait présentée après les délais déterminés par la loi,

« Et que, d'autre part, le Gouvernement puisse toujours aussi accepter si ces demandes en concurrence sont présentées après les délais et, s'il le juge convenable, surseoir à la concession et faire afficher ces demandes tardives. »

Or la prescription de rendre le décret de concession dans le délai de six mois ne permettrait pas d'appliquer les règles précieuses et consacrées par l'expérience, qui résultent de l'avis du Conseil d'État précité.

Comme on le voit, l'objection est sérieuse, surtout pour M. le rapporteur qui maintient le délai de quatre mois pour l'affichage.

Si l'on adopte la rédaction de la Commission du Conseil des mines, qui propose deux mois pour l'affichage, l'objection perd toute sa valeur, et la rédaction du rapport à l'Assemblée peut être conservée au grand avantage de l'expédition des affaires et de l'industrie minière.

En résumé, l'article 28 de la loi de 1810 est un de ceux qui donnent les garanties les plus sérieuses au demandeur en concession.

L'intervention du Conseil d'État est un gage d'impartialité et de contrôle. Nous voudrions que l'avis du conseil des mines fût pourtant plus prépondérant et que des hommes aussi compétents eussent voix délibérative quand il s'agit des intérêts miniers dont l'étude constante a fait leur spécialité.

Il y aurait un juste milieu à trouver entre l'établissement d'une autorité supérieure des mines (Oberbergamt) tranchant et décrétant, et l'attitude passive et platonique de notre Conseil général des mines dont on a trop voulu faire une espèce de bureau consultant. Nous désirons son intervention plus complète dans l'acte de concession.

Nous voulons plus encore.

En effet, nous sommes, en principe, ennemis des concessions accordées par le pouvoir exécutif. Il y a là un droit *ré-galien*, un droit de souveraineté. Ce droit ne peut être exercé que par le Parlement.

C'est rentrer dans la vérité et la logique des choses.

De même qu'on discute devant les Chambres les conventions à intervenir avec des grandes compagnies de chemins de fer, concessions véritables, de même tous les cahiers des charges aliénant tout ou partie du domaine ou des droits de l'État, doivent passer par le législatif. Nous croyons cette thèse inattaquable.

Nous croyons même que si cette doctrine avait toujours été suivie, beaucoup de contrats sur lesquels nous gémissons auraient aujourd'hui un tout autre caractère.

En matière de mines, surtout avec la modification démocratique introduite à l'article 6, c'est évidemment la Chambre et le Sénat qui doivent régler une fois pour toutes dans l'acte de concession, ces questions de sécurité, de salaire, de répartition dans les bénéfices et modifier ces clauses à chaque institution de concession. En effet, nous ne sommes plus dès lors en présence d'une formule unique de concession que l'État applique; chaque concession a ses *variables* comme nous disons en mathématiques et il faut pouvoir les apprécier et les déterminer par la discussion.

C'est pour ce motif que nous désirons vivement l'appréciation motivée du Conseil général des mines inscrit dans l'acte de concession et traçant au Parlement les grandes lignes imposées par l'article 6. Ce corps technique dirait: si c'est une houillère qu'il s'agit de concéder, on prendra telles ou telles précautions, on fera partir la participation de telle époque, on la règlera comme suit, etc., etc. Il n'y a que ce corps délibérant, que cette sorte de Conseil d'État technique qui puisse bien rédiger l'acte de concession.

En cas de refus de concéder, il faut un délai pour faire connaître ce refus à l'intéressé qui a souvent de grands capitaux engagés. C'est une lacune qu'il faut combler.

En outre, il n'est indiqué nulle part que si la concession

était refusée, une demande pourrait être faite à nouveau dans le cas de travaux plus sérieux à accomplir ou de découvertes nouvelles faites. Cela empêchera le découragement des explorateurs.

En conséquence nous proposons de rédiger comme suit l'article 28.

Article 28.

Texte proposé.

Il sera définitivement statué sur la demande en concession par une loi présentée aux Chambres par le Président de la République sur le rapport du Ministre des Travaux publics, sur avis motivé et inséré du Conseil d'État et du Conseil général des mines.

En cas de refus, le demandeur en sera avisé immédiatement par décision ministérielle.

La demande pourra être reproduite.

Jusqu'au vote de la loi toute opposition sera admissible devant le Ministre des Travaux publics ou le secrétaire général du Conseil d'Etat; dans ce dernier cas, elle aura lieu par une requête signée et présentée par un avocat au Conseil comme il a été pratiqué pour les affaires contentieuses et dans tous les cas elle sera notifiée aux parties intéressées. Si l'opposition est motivée sur la propriété de la mine acquise par concession ou autrement les parties seront renvoyées devant les tribunaux et cours.

ARTICLE 29.

Loi de 1810.

L'étendue de la concession sera déterminée par l'acte de concession; elle sera limitée par des points fixes, pris à la surface du sol, et passant par des plans verticaux, menés de cette surface dans l'intérieur de la terre à une profondeur indéfinie, à moins que les circonstances et les localités nécessitent un autre mode de limitation.

La Commission du Conseil général des mines modifie, seule, cet article et d'une façon très opportune, car, l'expression de « points fixes passant par des plans verticaux » n'est pas très géométrique. C'est juste l'inverse qu'il faut dire. La dernière restriction « à moins que les circonstances et les localités nécessitent un autre mode de limitation », pouvait donner lieu à des interprétations diverses. On a reconnu que dans la pratique, il était toujours possible de limiter les concessions, comme il est indiqué au commencement de l'article. Ce dernier gagne donc beaucoup en clarté et en précision à être libellé comme suit :

Modification de la sous-commisssion du Conseil des mines.

Art. 29.

L'étendue de la concession sera déterminée par l'acte de concession ; elle sera limitée par des plans verticaux, passant par des points fixes pris à la surface du sol et menés de cette surface à l'intérieur de la terre, à une profondeur indéfinie.

Texte proposé.

ARTICLE 30.

Un plan régulier de la surface, en triple expédition et sur une échelle de dix millimètres pour cent mètres, sera annexé à la demande. Ce plan devra être dressé ou vérifié par l'ingénieur des mines et certifié par le Préfet du département.

Loi de 1810.

C'est encore la Commission du Conseil des mines seule, qui demande une addition très heureuse à l'article 30.

Ce paragraphe additionnel a pour but d'éclairer les explorateurs et les demandeurs en concession, en donnant au public la faculté de se renseigner à chaque instant, au bureau de l'ingénieur des mines, sur les limites des terrains déjà concédés. Tout le monde applaudira certainement à cette dis-

Modification de la sous-commission du Conseil des mines.

position, qui ne peut que favoriser le développement de l'industrie minière.

Plan permanent
et public des permis
de recherches.

Les recherches pourraient être singulièrement facilitées aussi par un plan analogue, indiquant les permis accordés ou déchus. Le plan des concessions est une chose importante et qui fait toujours tôt ou tard l'objet de publications privées, tandis que les périmètres des permis de recherches sont parfaitement ignorés et difficiles à se procurer.

Il faudrait bien se pénétrer de cette idée que, dans la révision de la loi de 1810, on doit surtout avoir pour but de faciliter *les explorations*, de façon à mieux mettre en valeur le sous-sol français.

En conséquence, nous proposons de rédiger l'article 30 comme suit :

Art. 30.

Texte proposé.

Un plan régulier de la surface, en triple expédition, et sur une échelle de 10 millimètres pour 100 mètres, sera annexé à la demande.

Ce plan devra être dressé ou vérifié par l'ingénieur des mines et certifié par le préfet du département.

Le périmètre des concessions est, immédiatement après la loi d'institution, reporté par les soins de l'ingénieur des mines sur une carte générale des concessions à l'échelle de 1/10000. Cette carte restera déposée dans le bureau de l'ingénieur et le public pourra en prendre connaissance.

ARTICLE 31.

L'article 31 consacre le principe de la réunion de plusieurs concessions dans la même main.

Plusieurs concessions pourront être réunies entre les mains du même concessionnaire, soit comme individu, soit comme représentant une compagnie, mais à la charge de tenir en activité l'exploitation de chaque concession.

Un décret du 23 octobre 1852 restreint cette faculté.

Défense est faite à tout concessionnaire de mines, de quelque nature qu'elles soient, de réunir sa ou ses concessions à d'autres concessions de même nature, par association ou acquisition ou de toute autre manière, sans l'autorisation du gouvernement.

Décret de 1852.

Ce décret d'une légalité suspecte a constitué une *spoliation* à l'égard de l'ancienne compagnie des mines de la Loire, qui avait réussi à rassembler entre ses mains un périmètre cependant fort restreint de 5.662 hectares et qui a été coupée en quatre tronçons par une mesure arbitraire.

La commission parlementaire n'a pas d'ambition plus haute que de faire entrer définitivement ce décret dans la loi ; le rapport constate cependant que la *Belgique* possède la liberté la plus entière de réunion des concessions, qu'en *Prusse* la réunion ne peut être refusée par l'administration que dans un intérêt public.

Avis de la commission parlementaire.

M. de Ruoltz cite des exemples de l'incontestable avantage des réunions de concessions. C'est ainsi, dit-il, qu'en 1845, 27 concessions du bassin de la Loire se fusionnèrent *au grand profit de l'industrie.*

Le groupement, d'après lui, offre des avantages sérieux. *Diminution des frais généraux, accroissement du crédit des compagnies, facilités plus grandes et économie notables pour les recherches et surtout pour les travaux de premier établissement ; garanties enfin données au bien-être des ouvriers par des institutions que les grandes compagnies peuvent seules créer et soutenir.*

Néanmoins, malgré cet examen impartial le rapporteur

Opinion de M. Ruoltz sur le groupement des concessions.

conclut, comme à regret, à la suppression de l'article 31 et à son remplacement par le texte du décret d'octobre 1852.

M. Dupont met une ardeur toute particulière à défendre le décret impérial. Son argumentation mérite d'être suivie.

« L'insertion de cet article dans une section de la loi portant ce titre : « *de l'obtention de la concession* » conduit à cette conséquence que l'article 31 veut dire, qu'un concessionnaire de mines *pourra* obtenir du Gouvernement *une nouvelle concession de mine de même nature*, sous la condition de tenir en activité l'exploitation de chacune des deux concessions.

« Mais, même avec cette interprétation que tout le monde n'adopte pas, l'article 31, dit-il, est *superflu*, d'abord à cause du droit de préférence donné au Gouvernement par l'article 16, en termes généraux, et ensuite, à cause des prescriptions de l'article 49 qui attaquent tous les concessionnaires sans exception; enfin il a le *tort* d'être en contradiction *apparente* avec le décret du 23 octobre 1852, *lequel est dans la logique même de l'esprit de la loi de* 1810 et pleinement conforme à l'intérêt général. J'estime donc, dit-il, que l'article 31 actuel doit être supprimé totalement.

Le décret de 1852
est en contradiction
formelle avec la loi
de 1810.

Nous estimons, au contraire, ainsi que beaucoup d'autres personnes autorisées, que c'est le décret de 1852 qui est en contradiction non pas *apparente* mais *formelle* avec les prescriptions de l'article 31 qu'il annule de fait. La loi de 1810 nous paraît au contraire logique d'un bout à l'autre et ce n'est certainement pas le décret de 1852 qu'on trouvera plus conforme à l'esprit de la loi de 1810, qu'un article formel de cette loi même.

« Le législateur, continue le défenseur du décret de 1852, n'a pas voulu que les concessions de mines qui forment les *unités* de la propriété minière fussent *divisibles* sans autori-

sation, l'article 7 le dit nettement ; il n'a pas voulu non plus
qu'elles fussent trop vastes ; il a voulu que le Gouvernement
pût régler cette étendue suivant les circonstances, faire des
concessions petites quand il le faut, grandes quand la chose
est nécessaire. M. Dupont trouve que les petites concessions
de la Loire : Ronzy, 28 hectares ; Corbeyre, 37 hectares ;
(nous citerons aussi Verchères Feloin, 10 hectares), ont aidé
à la régularisation de la propriété des mines !

Nous pensons, au contraire, ainsi que nous l'avons déjà
plusieurs fois rappelé, que l'institution de ces petites concessions a été une faute qui a retardé l'essor de l'industrie houillère de plus de trente années.

Du reste, les faits portent avec eux leur enseignement.
Qu'a-t-on vu après le désastreux essai d'exploitation inauguré par les vingt-deux ordonnances de 1824? Dans la Loire,
on s'est groupé, fatalement, *et alors seulement, on a pros-
péré.* La compagnie de Rive-de-Gier a été formée, qu'on ne
l'oublie pas, de dix-sept concessions donnant un total
de 1,312 hectares, soit une moyenne de 76 hectares par concession! Qu'on nous cite au monde un pareil exemple de
morcellement?

Le décret impérial aurait anéanti la prospérité houillère, s'il eût mis des entraves à cette laborieuse réunion
en 1845.

Nous admettons qu'il y a certainement pour chaque catégorie d'affaires un groupement nécessaire centralisant ni
trop ni trop peu. — Le Gouvernement peut-il être juge dans
cette question? est-il compétent? Les meilleurs juges en
matière industrielle ne sont-ils par les industriels eux-
mêmes?

Pourquoi seraient-ils forcés de subir *pour toujours* la
conséquence d'une fixation de limites arbitraire; car lorsqu'on donne la concession, sait-on ce qu'elle contient, ce
qu'elle deviendra, si elle exigera de grands ou de petits capitaux, si elle prospèrera seule ou réunie? Ce n'est que plus
tard, quand l'expérience révèle l'existence de nouvelles lois

économiques (comme par exemple, celle de l'avilissement des prix par la concurrence due au morcellement des concessions dans la Loire), qu'on cherche le remède et qu'on le trouve dans le *groupement*. Le Gouvernement pouvait-il prévoir cela en 1824, quand il commit la faute d'accorder des concessions houillères de 10 hectares? Avait-il des vues bien profondes également et des raisons bien plausibles pour octroyer à côté, à quelques années de là, la concession de Roche-Firminy qui a 5.826 hectares? Nous ne cesserons de le répéter.

Fixation
d'un maximum
de contenance
des
concessions.

Le Gouvernement, dans ces questions, n'est jamais suffisamment dégagé des pressions et des influences. C'est à l'industrie à chercher postérieurement, dans la réunion des concessions, le groupement qui convient à ses intérêts. Que le Gouvernement fixe un maximum de contenance, s'il le veut, comme dans la loi de 1791, mais qu'il ne s'oppose pas à la liberté des transactions dans de larges limites, c'est élémentaire.

Si encore l'Administration pouvait être un juge toujours impartial des intérêts miniers, on pourrait penser qu'elle autoriserait elle-même sans difficulté les groupements nécessaires et favorables au développement des mines. Malheureusement, il n'y a pas de garanties bien suffisantes dans l'équité des gouvernements personnels, et tout le monde sait que le décret de 1852, a été un décret politique, une mesure de popularité où les intérêts des mines n'avaient rien à voir. Tel régime pourra donc être, pour des raisons diverses, favorable au groupement des concessions ou tel autre à leur isolement, suivant que les pressions viendront de certaines individualités puissantes ou de la masse des petits intérêts alarmés. Les mines ne peuvent pas s'accommoder de ces alternatives, et c'est pourquoi il leur faut la liberté la plus entière pour prospérer.

Nous devons rendre cette justice à M. Dupont de déclarer, *qu'en principe* le décret de 1852 ne constitue pas une prohibition, ce qui serait *mauvais (sic)*, car, avoue-t-il, ces réunions sont parfois utiles, dans l'intérêt général, parce qu'elles abaissent les frais généraux et parfois les frais techniques et que, dans d'autres circonstances, elles sont nécessaires, pour constituer aux établissements métallurgiques du pays un groupement sérieux de ressources minérales qui leur permette de lutter contre la concurrence étrangère. Le décret n'est pas non plus une prohibition en fait, puisque quarante décrets de réunion ont été rendus depuis 1852.

Mais si, *en principe*, le décret de 1852 n'est pas prohibitif, pourquoi aggraver ses dispositions de détail en réclamant que l'autorisation de réunion de concession soit *demandée et donnée dans les mêmes formes que les concessions?* C'est encore une série de démarches et de lenteurs d'un an à un an et demi pour le concessionnaire.

La sous-commission du Conseil général des mines répartit l'article 31 de la loi de 1810 dans les articles 7 et 31. Il est dit à l'article 7 :

Avis
de la sous-commission
des mines.

> *Toutefois, une concession ne peut être vendue par lots ou partagée*, NI RÉUNIE A D'AUTRI SONCESSIONS DE MÊME NATURE, *sans une autorisation préalable du gouvernement* DEMANDÉE *et donnée dans les mêmes termes que la concession,* AINSI QU'IL RÉSULTE DE L'ARTICLE 31.

L'article 31 est alors ainsi conçu .

> *Tous actes de partage ou de réunion de concession opérés en opposition à l'article 7 seront considérés comme nuls et non avenus et pourront donner lieu au retrait des concessions, sans préjudice des poursuites que les concessionnaires de mines réunies pourraient avoir encouru en vertu des articles 414 et 419 du Code pénal.*

Ainsi, les choses sont encore aggravées et nous regrettons sincèrement que ce soit la Commission du Conseil général des mines qui ait exhumé les rigueurs des articles 414 et 419. Son œuvre est pourtant, en général, marquée au coin d'un libéralisme sincère.

Le Comité des houillères du Nord et du Pas-de-Calais partage les sentiments de presque tous à l'égard de l'article 31.

« La modification nous paraît, dit-il, à la fois *inutile* et *regrettable*. — Mieux vaut, en effet, l'article 31 de la loi que le décret de 1852... La surveillance de l'autorité supérieure s'exerce déjà en vertu des articles 7, 31 et 49 de la loi de 1810, tant sur les actes de transmission dont la propriété des mines est susceptible, que sur la régularité et les progrès de l'exploitation. Ceux qui s'élèvent contre le groupement des concessions ne redoutent rien tant qu'une exploitation improductive ou même un défaut complet d'exploitation. Le décret de 1852 n'est point le remède à une situation de ce genre ; il constitue seulement *une entrave à l'exercice du droit de propriété des mines* et il est désirable qu'on l'abolisse. Des concessions qui, restant isolées, n'auraient pas produit d'utiles résultats pourront ainsi se réunir librement en vertu même de l'article 31 de la loi de 1810 remis en vigueur, à la seule condition que l'exploitation de chacune d'elles soit maintenue en activité. »

Avis du comité
des houillères du Nord
et du Pas-de-Calais.

Le Comité des houillères de la Loire émet un avis plus énergique encore.

« Le décret de 1852 n'a donc été qu'une restriction fâcheuse apportée à l'exercice du droit de propriété des mines, qu'une atteinte à la liberté de l'industrie. Il est intervenu, pour ainsi dire *ab irato*, au milieu du mouvement de concentration qui succédait, dans quelques bassins, à un morcellement ruineux ; il a été moins l'expression d'un besoin réel qu'un sacrifice fait à l'agitation produite alors par des passions hostiles et des intérêts mal à propos alarmés. »

Qu'arrivera-t-il quand le Gouvernement se trouvera appelé à trancher une question de réunion de concession ?

« Le Gouvernement se trouvera placé entre les avantages de la réunion demandée par les concessionnaires et l'opinion publique toujours favorable à la concurrence entre les producteurs, et qui ne s'aperçoit pas, qu'en matière de mines, il est imprudent de tout sacrifier à l'intérêt présent, et qu'il faut surtout sauvegarder l'avenir ?

« Le décret de 1852 nous paraît donc constituer une mesure regrettable au point de vue, non seulement de l'industrie des mines, mais encore du consommateur et du Gouvernement lui-même ; mieux valait le système de l'article 31 qui laissait aux concessionnaires toute leur liberté d'action, sauf à en surveiller l'usage et à en réprimer les abus ; nous croyons qu'il serait sage d'y revenir. »

Ces opinions sont nettes et nous engageons les futurs législateurs à les méditer.

En résumé les modifications des articles 7 et 31 nous paraissent méconnaître une des grandes règles économiques de ce siècle. Le monopole, la protection des intérêts du producteur ou de ceux du consommateur, les interventions administratives en matière commerciale, etc., sont des choses jugées mauvaises et abandonnées dans les pays libres. En Angleterre, d'immenses étendues de terrain houiller appartiennent à des propriétaires terriens. Le Gouvernement n'a jamais songé à intervenir en quoi que ce soit dans la transmission de ces sortes de majorats miniers.

L'Angleterre est restée pourtant et restera encore longtemps le pays de la concurrence et du bon marché pour le combustible.

Nous en appelons, enfin, à tout homme de sens qui sait que la loi de 1810 a constitué la propriété minière et qui a pu apprécier les merveilleux résultats de cette idée féconde entre toutes? que reste-t-il maintenant du principe constitutif si

9

hautement et si pompeusement proclamé par les commentateurs. La concession, d'après eux, est une propriété comme les autres, mise sous la protection du Code civil et du Code de procédure civile, elle est *sacrée*, ajoute M. Dupont. Seument, M. de Marcère s'oppose d'abord à ce qu'elle soit *vendue ou transmise de toute autre manière autrement que par héritage, sans autorisation. — Le décret de* 1852 *s'oppose ensuite à ce qu'elle puisse être réunie à une autre concession.* — L'un appelle *les rigueurs de l'article* 49, — l'autre invoque les *dispositions de la loi de* 1838, — un dernier va chercher les *articles du Code pénal sur les coalitions.* En vérité, qu'est donc maintenant une propriété qui ne peut plus être *transmise,* qui ne peut être *vendue,* qui ne peut être *réunie* sans le bon plaisir administratif?

Nous engageons enfin nos législateurs à méditer cette fière conclusion du rapport des commissaires chargés par le gouvernement anglais d'une enquête sur la question houillère :

« La Commission est d'avis que la meilleure politique à suivre, la meilleure marche à adopter pour la conduite des affaires, enfin le plus énergique stimulant pour ramener une juste balance entre la production et la demande, consiste dans la LIBERTÉ DU COMMERCE et dans une résolution inflexible de NON INTERVENTION DE LA PART DE L'ÉTAT. »

En conséquence nous ne modifions en rien le texte de l'article 31.

Mais on avouera que la prohibition établie à l'article 7 et qui empêche la divisibilité des concessions (divisibilité que nous considérons comme si nuisible, non au point de vue du principe mais du fait), que cette prohibition, disons-nous, manque de sanction. C'est le vice originel de la loi de 1810.

Le retrait de la concession peut donc seul en constituer une et c'est pour cela qu'il faut se servir de l'arme mise entre les mains du législateur par la loi de 1838.

Nous rédigerons donc l'article 31 comme suit : le premier paragraphe restant conforme à celui de la loi de 1810.

Article 31.

Plusieurs concessions pourront être réunies entre les mains du même concessionnaire soit comme individu, soit comme représentant une Compagnie, mais à la charge de tenir en activité l'exploitation de chaque concession.

Tous actes de partage de concessions opérés en opposition à l'article 7 seront considérés comme nuls et non avenus et pourront donner lieu au retrait des concessions.

Texte proposé.

Article 32.

L'exploitation des mines n'est pas un commerce et n'est pas sujette à patente.

Loi de 1810.

Cette disposition est une innovation de la loi de 1810. En effet, on lit dans l'exposé des motifs de Regnault Saint-Jean-d'Angély le passage suivant :

« L'exploitation des mines considérée jusqu'ici comme un commerce, était sujette au droit de patente.

« Aucune redevance n'était due à l'État selon la loi de 1791.

« Seulement quelques droits domaniaux étaient payés à la Régie de l'enregistrement dans les pays réunis, et même elle avait donné à ferme, par adjudication ou de gré à gré, l'exploitation de plusieurs mines.

« Toutes ces redevances, tous ces prix de ferme cesseront désormais d'être acquittés.

« Les mines seront soumises à deux redevances. »

Origine des redevances.

Telle est l'origine des redevances.

Le législateur de 1810 a voulu que le concessionnaire qui exploite sa mine ne fût pas considéré comme un commerçant, mais fût assimilé à un propriétaire foncier qui tire parti de son immeuble. Ce principe important est en pleine corrélation avec les articles 8 et 21 qui déclarent que les mines sont immeubles et que les droits de privilèges et hypothèques peuvent être acquis sur la propriété *de la mine comme sur les autres propriétés immobilières.*

Avis de M. Dupont. D'autre part, on reconnaît que le législateur a voulu remplacer le paiement de la patente payée précédemment par la sujétion à deux redevances.

Le caractère immobilier de la propriété des mines ne devant recevoir aucune atteinte, il n'y a pas lieu de modifier l'article 32. Mais nous avons cru devoir donner à ce sujet quelques explications.

ARTICLES 34 ET 35.

Loi de 1810. Ils ont trait à la redevance fixe et proportionnelle et pour plus de simplicité nous ne les séparerons pas dans la discussion.

ART. 34. — *La redevance fixe sera annuelle et réglée d'après l'étendue de celle-ci : elle sera de 10 francs par kilomètre carré.*

La redevance proportionnelle sera une contribution annuelle à laquelle les mines seront assujetties sur leurs produits.

ART. 35. — *La redevance proportionnelle sera réglée chaque année par le budget de l'État, comme les autres contributions publiques; toutefois, elle ne pourra s'élever au-dessus de 5 0/0 du produit net. Il pourra être fait un abonnement pour ceux des propriétaires de mines qui le demanderont.*

La loi, comme on le voit, autorise les abonnements. Deux décrets du 30 juin 1860 et du 27 juin 1866 ont fixé le taux des abonnements ; ils seront réglés en prenant pour base le produit des cinq dernières années. Le taux ainsi fixé doit être maintenu pendant une période de cinq ans.

Historique de la législation en matière de fixation de redevance. Décret du 30 juin 1860 et 27 juin 1866.

Le décret de 1866 contenait une modification importante au décret de 1811, qui avait réglementé l'assiette des redevances. Par son article 2, il restreignait la faculté accordée à l'État par le décret de 1811, de modifier ou de rejeter les soumissions d'abonnement ; il rendait l'acceptation du contrat *obligatoire* pour l'État ; il ne permettait à l'administration de refuser l'abonnement que dans le seul cas où il résulterait de l'instruction que l'exploitation avait été dirigée en vue d'altérer la sincérité des bases de l'abonnement.

Même dans cette hypothèse de fraude constatée, le rejet de la soumission devait, selon le décret de 1866, être prononcé par décision ministérielle, rendue après avis du Conseil général des mines et des sections réunies des travaux publics et des finances du Conseil d'État.

Huit déposants entendus dans l'enquête parlementaire demandent, dit M. de Marcère, que la redevance proportionnelle soit remplacée par un droit proportionnel au nombre de tonnes extraites.

Trois exposants demandent que lorsque plusieurs concessions sont réunies, la redevance soit calculée sur l'ensemble et non séparément sur chacune des concessions.

Le projet de réforme de 1849 ne modifiait la législation antérieure qu'en un seul point. Par son article 31, il abolissait implicitement le décret de 1811 ; il disposait qu'à l'avenir la redevance proportionnelle serait fixée par un comité d'évaluation dont la composition devait être fixée par un règlement d'administration publique.

Projet de réforme de 1849.

Enfin, le Gouvernement a rendu un décret en date du 21 février 1874, par lequel il modifie la législation

Décret du 21 février 1874.

existante en matière de redevance. Les modifications du décret de 1874 portent sur deux points.

D'après les termes du décret de 1811, interprété par le Conseil d'État (arrêtés de 1838 et 1865), l'État n'avait aucun recours contre la décision du Comité d'évaluation institué par ce décret : aujourd'hui, le recours est organisé au profit de l'État, comme au profit des concessionnaires. Secondement, le décret de 1866 en vue de favoriser l'industrie, avait rendu l'abonnement *obligatoire* pour l'État, sauf le cas de fraude constatée : à cet égard, le Gouvernement, par son décret du 11 février 1875, revient aux dispositions du décret de 1811, qui rendait le contrat d'abonnement facultatif pour l'État. Il est manifeste que, par ces diverses dispositions, le Gouvernement a eu en vue d'assurer au Trésor public un rendement plus exact et plus considérable de l'impôt des redevances.

Législation étrangère en matière de redevance.

Il est nécessaire avant d'aller plus loin, de voir quelles sont les dispositions des législations étrangères en matière de redevance.

En *Autriche*, les mines étaient précédemment soumises à une redevance de 5 0/0 sur les produits extraits; mais cette redevance a été abolie par la loi du 28 août 1862 et actuellement les mines ne sont assujetties qu'à la redevance *de mesure*, à titre d'impôt spécial, mais les exploitants de mines y sont soumis à l'impôt général du revenu.

La redevance de mesure est de 6 florins, soit 15 francs pour chaque *mesure souterraine de mine*, de 12.544 klafters carré (46.093 mètres carrés), ce qui correspond à environ 332 francs de redevance fixe par kilomètre carré.

En *Italie*, les concessionnaires de mines sont soumis à une taxe fixe et à une taxe proportionnelle ; la taxe fixe est de 50 francs par kilomètre carré et ne peut, dans aucun cas, être moindre de 20 lires. La taxe proportionnelle de cinq pour cent du produit net est établie, chaque année, par le gouvernement de la province, sur la proposition de l'ingénieur des mines (articles 59 à 61 du décret royal du 20 novembre 1859).

Au lieu de dire, comme à l'article 35 de la loi française, « Que la redevance proportionnelle sera réglée chaque année par le budget de l'État, comme les autres contributions publiques, et que, toutefois, elle ne pourra jamais s'élever audessus de cinq pour cent du produit net », ce qui en fait un impôt de *répartition*, la loi italienne dit formellement « que la taxe proportionnelle sera de cinq pour cent sur le produit net de la mine », ce qui en fait un impôt de *quotité;* il faut ajouter, il est vrai, que l'article 39 de notre décret du 6 mai 1811, lequel a force de loi, en disant « que le directeur des contributions imposera sur chaque exploitant non abonné, une somme égale au 1/20 du produit net de son exploitation, a transformé en règle générale, ce qui est le maximum d'un impôt de répartition d'après l'article 35 de la loi de 1810. Le décret du 6 mai 1811 a conséquemment dérogé à l'article 35 de la loi du 21 avril 1810 qui faisait de la redevance proportionnelle un impôt de *répartition*, comme la contribution foncière, pour en faire un impôt de *quotité*.

Le décret du 6 mai 1811 a dérogé à l'article 35 de la loi.

En *Prusse*, aux termes du paragraphe 2. la loi du 24 juin 1865, il n'est rien changé aux impôts   lesquels consistent en une redevance proportionnelle de 2 0/0 de l valeur des produits vendus, ladite valeur comptée au momen de la vente.

Revenons maintenant aux opinions comparées des divers auteurs de modifications.

Opinion de M. de Marcère.

M. de Marcère, en ce qui concerne la redevance fixe, est de l'avis de M. Ruoltz qui la trouve trop faible et qui a calculé que dans certaines contrées elle ne grève la production que de 1/1000 par tonne.

Quelques ingénieurs la trouvent insuffisante et voudraient qu'elle fût augmentée progressivement afin qu'au bout d'un certain temps le concessionnaire fût forcé d'exploiter ou de renoncer à la concession.

« Il faut reconnaître, dit M. de Marcère, que la taxe de 10 francs fixée en 1810 ne répond plus à l'état de l'industrie houillère ni à la valeur des concessions. Le procédé par lequel on contraindrait les concessionnaires à exploiter en élevant progressivement l'impôt qui frappe les périmètres concédés ne laisse pas que d'être ingénieux. Toutefois, la base sur laquelle le concessionnaire a traité avec l'État a été fixée par une loi et il serait difficile de la changer sans injustice. Mais cette observation révèle par elle-même que la loi de 1810 est défectueuse en ce point, puisqu'elle détermine à tout jamais une taxe qui devrait raisonnablement être soumise aux changements survenus dans la valeur des terres, dans la valeur de l'argent et dans l'état de l'industrie houillère. Nous pensons donc qu'il serait bon de modifier la loi de 1810 en ce sens que le taux de la redevance fixe devrait être fixé à l'avenir dans chaque acte de concession. « En conséquence, M. de Marcère rédige comme suit cet article :

ART. 34. — « La redevance fixe sera annuelle et réglée d'après l'étendue de la concession; *elle sera fixée par le décret de concession* à une somme déterminée par kilomètre carré. »

(Le reste comme dans la loi.)

Quant à la redevance proportionnelle, le rapporteur estime qu'il n'y a pas lieu de la changer.

Opinion
de M. Dupont.

C'est précisément le contraire que font M. Dupont et la sous-commission du Conseil des mines. M. Dupont entre, *sur les redevances des mines,* dans des détails trop circonstanciés et trop instructifs pour que nous ne les résumions pas.

« Et d'abord, faut-il admettre que les redevances de mines sont trop élevées, qu'elles font peser en France *une lourde charge* sur les mines en général et sur les *houillères* en particulier, comme la chose fut dite au moment des traités de commerce de 1860?

« Examinons les faits : le total des redevances fixes et proportionnelles, sur les mines de toutes sortes, décimes compris, s'est élevé en 1869 (pour les produits de 1868) au chiffre total de 1.422.027 fr. 93, dont 114.627 fr. 20 redevances fixes, 1.307.370 fr. 73 redevances proportionnelles, ce qui représente pour l'État une branche de revenu véritablement importante (?).

Total du produit des redevances des mines en France.

« D'autre part, au regard des exploitants de houille, cela constitue un impôt *très peu considérable.*

« En effet, la redevance totale sur les combustibles minéraux, qui forme la part la plus considérable du chiffre ci-dessus, s'est élevée, en 1869, à 1.243.056 fr. 53, dont 62.752 francs de redevances fixes. La comparaison de ce chiffre à la production houillère de 1868, qui a été de 13.253.876 tonnes, conduit à ce résultat, qui mérite d'être signalé, à savoir que :

Les redevances fixes et proportionnelles sur les mines de houille, décimes compris, se sont traduites en France, pendant l'année 1869, en un impôt effectif de 9 centimes 4 millièmes seulement par tonne.

Les redevances ne constituent qu'un impôt inférieur à 10 c. par tonne.

(Aujourd'hui ce chiffre est plutôt diminué.)

« Ce chiffre a son éloquence, et met à néant les plaintes contre l'élévation de l'impôt des mines, avec d'autant plus de raison qu'il ne faut pas oublier que la propriété des mines dérive d'une concession donnée par l'État.

« Ce faible chiffre de moins de 10 centimes par tonne démontre également que la redevance sur les mines de houille *grève fort peu* notre métallurgie, car en admettant une consommation maximum de 5 à 6 parties de houille pour une de fer, les redevances des mines constituent pour les fers un impôt de 0 fr. 50 à 0 fr. 60 seulement *par tonne,* ce qui es *minime* et ne saurait donner lieu, de la part des maîtres de forge, à une plainte raisonnable.

« Que si, poursuivant cette analyse économique, on veut comparer le total des redevances à la valeur du charbon extrait, on trouve d'une part :

Pour la valeur du charbon extrait en 1868. 154.312.310 fr. ét pour le total des rédevances fixes et proportionnelles sur les charbons, décimes compris. 1.248.056 fr. *soit moins de un pour cent, c'est-à-dire un chiffre exact de 0,81 pour cent de la valeur du charbon.*

« En présence d'un semblable résultat, n'est-il pas déraisonnable de se plaindre de la rigueur des redevances de mines et d'en demander la réduction, alors que la propriété foncière est bien autrement imposée? En effet, avec 307 millions d'impôt foncier et un revenu brut agricole de la France, estimé à 15 milliards 649.430.000 francs (chiffre officiel de 1862) et sans tenir compte de la dette hypothécaire, qui est d'environ 16 milliards, on voit que l'impôt foncier s'élevait alors à 1,96 0/0 environ, du *revenu brut*, c'est-à-dire que l'impôt foncier est plus que double de l'impôt sur les mines de houille.

« Sans attacher une trop grande importance à ces chiffres en raison de la difficulté d'évaluer le revenu agricole de tout un pays comme la France, on doit constater néanmoins la concordance des résultats avec le fait suivant :

« Qu'il est admis par les statisticiens et les économistes qu'en France, l'impôt foncier prélève, en moyenne, un dixième du revenu (1), alors que, d'autre part, la redevance proportionnelle sur les mines est seulement de 5 0/0 du produit net. »

---

(1) M. Leroy Beaulieu, *Journal des Économistes*, juillet 1871.

Les conclusions de M. Dupont sont peu favorables aux intérêts du Trésor.

En premier lieu, il estime que la dérogation à l'article 35 qui existe en fait depuis le 6 mai 1811, doit être écrite formellement dans la loi des mines, ainsi qu'elle l'est dans la loi italienne.

L'article 35 est alors modifié comme suit :

« La redevance proportionnelle sera réglée chaque année à 5 0/0 du produit net de chaque concession de mines ; il pourra être fait un abonnement pour ceux des propriétaires de mines qui le demanderont. »

Pour la fixation de la redevance proportionnelle, M. Dupont réclame l'intervention de l'ingénieur des mines et il émet l'assertion qu'un ingénieur peut remplir ses fonctions en matière de redevance sans vivre nécessairement en état d'hostilité avec les exploitants.

Intervention de
l'Ingénieur des mines
pour la fixation
de la redevance pro-
portionnelle.

Nous pensons, au contraire, avec beaucoup d'ingénieurs des mines et d'exploitants, que la situation faite au fonctionnaire qui est obligé de scruter « la vie de chaque jour des compagnies » et de se trouver constamment entre des ordres ministériels formels et les réclamations plus ou moins fondées des exploitants, est une situation intolérable et de laquelle tout le monde désire sortir.

« Je conclus formellement, dit M. Dupont en terminant, à ce que les attributions données aux ingénieurs des mines, en matière de redevances, par le décret du 6 mai 1811, leur soient maintenues. »

Nous verrons que la sous-commission du Conseil des mines n'a pas été d'un avis semblable et qu'elle a franchement adopté le principe de la redevance par tonne.

« Y a-t-il lieu, continue M. Dupont, d'élever le taux de la redevance fixe ? La redevance française est sans doute une charge très légère pour les exploitants et un mince revenu pour l'État, mais son faible taux est une conséquence de la loi et de l'acte de concession.

« Relever la redevance fixe pour toutes les concessions existantes, ce serait violer, en ce qui concerne cette redevance, l'article commun aux diverses concessions de mines qui se trouve dans le modèle *des clauses à insérer dans les projets d'ordonnances de concession de mines*, joint à la circulaire ministérielle du 8 octobre 1843, ainsi que dans le protocole adopté depuis ces dernières années et qui est ainsi conçu :

« Le concessionnaire payera à l'État, entre les mains du receveur de l'arrondissement de.... les redevances fixes et proportionnelles établies par la loi du 21 avril 1810, et conformément à ce qui est déterminé par le décret du 6 mai 1811.

« Ce serait donc faire de la rétroactivité dans les conditions les plus contraires à la justice, puisqu'on violerait l'acte de concession d'une mine qui est une sorte de *contrat*.

« Si la mesure devait s'appliquer aux concessions futures seulement, ce serait consacrer, entre les concessionnaires de mines, une inégalité d'autant plus choquante, en principe, qu'il ne faut pas se dissimuler que les concessions futures ne seront probablement pas les plus riches ; ce serait enfin, aller à l'encontre de l'esprit des législateurs de 1810, qui ont voulu uniformiser complètement la charge des anciens et des nouveaux concessionnaires, en matière de redevance, comme cela résulte manifestement des articles 40 et 52. »

M. Dupont conclut au maintien de la redevance fixe.

M. Dupont conclut donc au maintien de la redevance fixe au taux de 10 francs par kilomètre carré.

La Sous-Commission du Conseil général des mines a
adopté un principe nouveau qui n'existe dans aucune législation. Elle change l'assiette de la redevance proportionnelle en
vue de l'établir sur une base plus certaine et plus conforme
aux dispositions fiscales.

Nouveau principe
adopté par la sous-
commission des mines.

Aux termes du nouvel article 35, toute évaluation du produit net est supprimée et la redevance est réglée à tant par
tonne de minerai, d'après les quantités extraites pendant
l'année précédente. Dans le même article, la Sous-Commission a maintenu, à la majorité de deux voix contre une, le
principe de l'abonnement facultatif à la redevance proportionnelle.

Le nouvel article 35 est alors libellé comme suit :

« ART. 35. — La redevance proportionnelle sera réglée
chaque année d'après les quantités extraites pendant l'année
précédente.

« Elle sera de 15 centimes par tonne sur les combustibles
minéraux, les minerais de fer et de manganèse, les pyrites
de fer, les bitumes et les roches bitumineuses, les minerais
d'alun et de soufre et les minerais pour sulfates à base métallique.

« Elle sera de 1 franc par tonne sur les minerais prépa-
rés d'or, d'argent, de fer, de cuivre, d'étain, de zinc, de bismuth, de nickel, de cobalt, d'arsenic, d'antimoine, de molybdène ou autres matières métalliques.

« Il pourra être fait un abonnement pour ceux des propriétaires de mines qui le demanderont. »

M. Dupont s'élève vivement contre cette disposition nouvelle.

M. Dupont s'élève
contre ce principe.

« Je le répète, dit-il, il est dans l'esprit essentiel de la loi
du 21 avril 1810, que la redevance proportionnelle soit *pour
tous les exploitants de mine, sans exception, la même quote*

part de leur revenu net, et ce principe, fort louable d'ailleurs, doit nous faire rejeter la base de la redevance prussienne ; il doit aussi nous faire rejeter une redevance de *tant par tonne sur les produits extraits,* attendu qu'une pareille redevance *violerait manifestement* le même principe d'équité ; et en effet, toutes les personnes s'occupant d'affaires de mines savent qu'au même moment, suivant les circonstances diverses de gisement, de transport, de débouchés, de main-d'œuvre et autres, il peut arriver que, pour la houille, par exemple, le bénéfice net par tonne extraite soit de 10 francs pour une mine et de 1 franc seulement pour une autre. »

Il y a du vrai dans les critiques de tous les systèmes ; nous essayerons, dans notre conclusion, de faire ressortir quel est celui qui présente, non pas le plus d'avantages, mais le moins d'inconvénients.

Avis du Comité des houillères de la Loire.

Pour terminer notre examen des opinions émises nous devons dire que le Comité de la Loire ne se montre pas favorable à un changement quelconque de régime. Cela est naturel.

« L'impôt est et doit être tout entier dans la redevance proportionnelle.

« Le principe de la redevance proportionnelle est une véritable part attribuée à l'État dans les bénéfices de l'exploitation » : Quelques déposants dans l'Enquête ont demandé que cette redevance fût changée en une rétribution sur les quantités extraites ; ce mode simplifierait la perception, mais frapperait le prix de revient au lieu du bénéfice ; il pèserait lourdement sur les mines les moins favorisées, et, pour toutes, aggraverait les pertes des années onéreuses ; il serait dès lors injuste et vexatoire ; c'est donc avec raison que la Commission le repousse, pour s'en tenir au système de la loi.

« Le système des décrets de 1860 et de 1866 avait le grand avantage d'éviter entre l'administration et les concession-

naires, des débats souvent irritants et des appréciations toujours difficiles ; il permettait en outre à ceux-ci de connaître
à l'avance le chiffre de l'impôt qu'ils avaient à faire entrer
dans le calcul de leur prix de revient. Ces décrets étaient
donc, sous ce double rapport, favorables aux mines, sans
pouvoir d'un autre côté, nuire d'une manière quelque peu
grave aux intérêts du Trésor ; l'écart en effet entre les prévi-
sions et la réalité constituait un *alea* réciproque qui ne pouvait être jamais considérable, et les abonnements d'ailleurs
n'avaient qu'une durée de cinq ans. »

Le Comité des houillères de la Loire s'est déjà, dans une
lettre qu'il a adressée à M. le Président de la Commission parlementaire, le 11 mai 1874, vivement élevé contre le décret
du 25 février ; l'expérience de ce décret doit être faite aujour-
d'hui, et il est douteux que le bénéfice qu'en retire le Trésor
soit en proportion des inconvénients qu'il présente pour l'industrie houillère ; il est à désirer que, sous l'influence de la
Commission, le Gouvernement veuille bien révoquer le décret du 25 février.

Le Comité des houillères du Nord et du Pas-de-Calais
émet un avis différent que nous livrons aux appréciations de
nos collègues.

Avis du Comité
des Houillères du Nord
et du Pas-de-Calais,
proposant un
impôt de 5 0/0 sur
le dividende.

« Il suffirait de supprimer la redevance proportionnelle
et de la remplacer par un impôt de 5 0/0 sur le revenu distribué. L'État perçoit déjà, en vertu de la loi d'impôt sur les
valeurs mobilières, 3 0/0 sur le dividende distribué aux actionnaires. La taxe que l'on propose de substituer à la redevance serait d'une perception tout aussi facile pour le Trésor
que peu gênante pour le contribuable. Elle serait sans aucun
doute d'un rapport aussi fructueux. Le Gouvernement,
d'ailleurs, en prenant pour base l'assiette de l'impôt de 3 0/0
qui est perçu sur le revenu distribué, peut aisément se rendre
compte du produit d'une perception nouvelle de 5 0/0 comparé à celui de la redevance proportionnelle. La portion de

dividende distribuée aux actionnaires deviendrait ainsi pour les mines, à l'expiration des abonnements, la matière imposable.

Sans doute cette portion ne constitue pas généralement tout le bénéfice d'une compagnie et la partie des bénéfices versés à la réserve échapperait momentanément à l'impôt. Mais cette part de dividende non distribuée est souvent réservée pour des travaux de premier établissement destinés à développer encore la production et à augmenter pour l'avenir les profits de l'exploitation ; de telle sorte que le Trésor public est assuré d'un dédommagement certain et de réaliser ultérieurement une perception plus large sur une somme de bénéfices plus considérables. Ces considérations semblent, au Comité du Nord, de nature à légitimer leur proposition de réforme.

Conclusion. Nous avons examiné dans cette étude un peu étendue par la diversité des opinions mises en présence, plusieurs systèmes dont il bon de présenter un court résumé.

Redevance fixe. Au sujet de la redevance fixe, M. le Rapporteur de la Commission parlementaire est seul d'avis de l'augmenter en en fixant le chiffre à chaque acte de concession.

Toutes les autres opinions admettent son maintien telle quelle est dans la loi de 1810.

A quoi sert la redevance fixe. Nous nous sommes souvent demandé de quelle utilité pouvait être un impôt dont le total annuel ne dépasse guère 100.000 francs. Tous les concessionnaires le regardent comme insignifiant, en vertu de son peu d'élévation. On est dans l'impossibilité, pour des raisons d'équité et de non-rétroactivité, de revenir sur une mesure qui est presqu'une mesure de routine. L'impôt restera donc tel qu'il est, improductif et sans but défini. Chacun sait, en effet, que dans les demandes de concession on ne se laisse pas arrêter par la question de surface et de redevance fixe. On demande toujours le plus de kilomètres carrés possible.

Si encore, on s'en servait pour fournir au Gouvernement un prétexte coercitif envers les concessionnaires qui n'acquittent pas cette redevance, mais combien de concessionnaires ne la payent plus depuis de longues années sans être inquiétés.

D'autres raisons plus graves doivent, du reste, déterminer le retrait d'une concession.

La redevance fixe ne sert donc à rien ; elle ne limite nullement les appétits des demandeurs en concession et n'arrête point ceux qui abandonnent l'exploitation de leur périmètre. Il y a donc lieu à notre avis de la laisser subsister telle qu'elle est puisqu'elle ne constitue qu'une perception insignifiante.

Elle ne limite pas les périmètres dans les demandes de concession.

La logique voudrait qu'on l'enlevât

Pour la redevance proportionnelle, plusieurs opinions sont en présence. Il y a :

1° Les partisans de la loi de 1810 et du décret de février 1874, parmi lesquels nous avons cité M. le rapporteur de la Commission parlementaire ;

2° Le système de M. Dupont, qui consiste à porter et fixer au maximum inscrit dans la loi, soit 5 0/0 du revenu net, la redevance proportionnelle ;

3° L'opinion du Comité des houillères, qui réclame le maintien de la loi de 1810 avec retour aux décrets de 1860 et 1866 et abrogation de celui de 1874 ;

4° La proposition du Comité des houillères du Nord et du Pas-de-Calais de prendre pour base l'impôt de 3 0/0 sur les valeurs mobilières et de prélever en outre 5 0/0 sur le revenu distribué ;

5° Enfin la disposition nouvelle de la sous-commission du Conseil général des mines qui consiste à prélever un droit fixe sur chaque tonne extraite. Ce système se rapproche le plus de celui adopté en Prusse où la retenue de 2 0/0 a lieu

11

sur le prix de vente de la tonne, c'est-à-dire lorsque le minerai est réellement utilisé.

C'est bien le cas de dire au législateur : « choisis si tu l'oses! » Essayons pourtant de chercher comme nous l'avons dit le système qui présente le moins d'inconvénients.

Théoriquement ce qui devrait guider dans le choix d'un impôt, c'est l'équité dans la répartition et la facile perception. Pratiquement, on ne se préoccupe guère que de son importance financière. C'est peut-être un tort.

Or, tandis que l'impôt sur le revenu n'existe pas encore en France pour les immeubles, à cause, dit-on, de sa difficile perception, il existe, notamment pour les mines. Pourquoi ne pas le maintenir? Cela est démocratique. Nous avons exprimé au cours de la discussion toutes nos sympathies pour les dispositions de la loi autrichienne qui englobe les mines dans le système général de l'impôt sur le revenu et fait rentrer ainsi l'industrie minière dans le droit commun.

Nous estimons que la voie dans laquelle on se trouve engagé est excellente et nous fixons à 5 0/0 du revenu distribué la redevance à l'État.

Il se trouve donc intéressé, par cela même, à la prospérité générale des mines, il n'a pas profit à mettre dans l'acte de concession des clauses qui rendent impossible l'exploitation. Il devient pour ainsi dire un associé au point de vue de toutes les mesures de protection de l'industrie minière.

En outre, la participation des ouvriers dans les bénéfices édictée par l'acte de concession, devient facile puisque les intérêts des travailleurs seront discutés et contrôlés par l'État et qu'ils sont connexes.

Ajoutons enfin que la perception sera des plus faciles puisqu'elle ne sera, dans la plupart des cas (car les mines sont, pour les quatre cinquièmes, exploitées par des sociétés), qu'une annexe de l'impôt sur la valeur mobilière et n'entraînera pas ces appréciations de stocks a fin d'exercice, ces contrôles de livres qui rendent si pénibles la tâche de l'ingénieur chargé de l'établissement de la redevance proportionnelle.

Ainsi, facilité de perception et plus grand rendement certain, tels sont les avantages que nous nous proposons de réaliser.

Un seul obstacle se présente, c'est qu'il est quelques propriétaires uniques qui se contentent d'encaisser leurs revenus sans produire aucun compte, d'autres qui consomment eux-mêmes leurs charbons, comme P.-L.-M., le Creusot, etc. Et alors ils ne donnent pas de dividende et n'ont pas de *revenu distribué*. L'objection paraît grave et elle n'est qu'enfantine. En effet, dans l'état actuel, on est bien obligé cependant pour établir la redevance proportionnelle de demander la production de certaines pièces. Eh bien, on exigera que cette production soit plus complète, voilà tout, que le bilan exact soit établi, et l'on se rendra compte du revenu non pas *distribué* mais *réalisé*, ce qui sera encore plus productif pour l'État. En conséquence nous modifions l'article 34 comme suit:

Art. 34.

(Comme dans la loi de 1810.) *Texte proposé.*
La redevance fixe sera annuelle et réglée d'après l'étendue de celle-ci : elle sera de 10 francs par kilomètre carré.

La redevance proportionnelle sera une contribution annuelle à laquelle les mines seront assujetties sur leurs produits.

Art. 35.

La redevance proportionnelle sera réglée chaque année à 5 0/0 des revenus nets distribués ou réalisés.

ARTICLE 36.

L'article 36 est ainsi conçu :

Art. 36. — Il sera imposé en sus un décime par franc *Loi de 1810.*
lequel formera un fonds de non valeur à la disposition du

*Ministre de l'Intérieur pour dégrèvement en faveur des pro-
priétaires des mines qui éprouveront des pertes.*

Personne ne s'est occupé de cet article 36. On n'a jamais
employé ce fonds pour les propriétaires. Qu'est-il devenu?

Nous avons pensé, au contraire, qu'il pouvait contenir
en germe un fonds d'allocation pour les caisses de prévoyance
des ouvriers mineurs qu'on est en train d'instituer.

L'État ne peut pas en effet, lui qui perçoit un impôt sur
l'industrie des mines et qui en tire profit, se désintéresser des
institutions ouvrières qu'il prend pour ainsi dire un peu sous
son patronage indirect, par °cela seul qu'il est chargé de la
sécurité des mineurs.

En conséquence nous ajoutons à l'article ci-dessus ces
mots :

Texte proposé.   *....des propriétaires qui éprouveront des pertes ou pour
les accidents et les institutions de prévoyance des ouvriers
mineurs.*

ARTICLE 37.

Loi de 1810.   *La redevance sera imposée et perçue comme la contribution foncière.*

*Les réclamations à fin de dégrèvement ou de rappel à
l'égalité proportionnelle seront jugées par les Conseils de
préfecture. Le dégrèvement sera de droit quand l'exploitant
justifiera que sa redevance excède 5 0/0 du produit net de
son exploitation.*

Modification.   On s'est élevé contre le mot *imposée* dans la phrase :
« La redevance sera *imposée...* » Cet adjectif n'avait, en effet,
qu'un sens douteux.

Il en est de même de la sous-commission des mines qui
trouve, en outre, surabondants les mots : « Le dégrèvement
sera de droit quand l'exploitant justifiera que sa redevance
excède 5 0/0 du produit net de son exploitation. »

L'article 35 suffit, en effet, par la déclaration formelle qu'il contient, que la redevance ne pourra jamais s'élever au-dessus de 5 0/0 du produit net.

En conséquence cet article est modifié comme suit :

Article 37.

La redevance proportionnelle sera perçue comme la contribution mobilière.

Les réclamations à fin de dégrèvement ou de rappel à l'égalité proportionnelle seront jugées par les Conseils de préfecture.

Texte proposé.

ARTICLE 39.

Le produit de la redevance fixe et de la redevance proportionnelle formera un fonds spécial, dont il sera tenu un compte particulier au Trésor public, et qui sera appliqué aux dépenses de l'administration des mines et à celles des recherches, ouverture et mises en activité des mines nouvelles ou rétablissement de mines anciennes.

Loi de 1810.

Une circulaire du directeur général des ponts et chaussées et des Mines, du 16 septembre 1815 (1), expose que le *nouveau système introduit dans les finances a détruit les fonds spéciaux et confondu les redevances et revenus des mines dans les produits généraux de l'État.* Depuis cette époque, l'article 39 a donc cessé d'être en vigueur et il y a lieu de de l'abroger, — tout le monde est de cet avis, seulement, M. Dupont veut le remplacer par un autre article disant nettement que « *les redevances de mines seront versées au Trésor, sans affectation.* »

La sous-commission du Conseil des mines trouve l'addition surabondante et supprime simplement l'article 39.

Du reste, d'après M. Dupont, la prescription finale de l'article, en ce qui concerne « *les dépenses de mines nou-*

Suppression de cet article.

----

(1) Circulaire du Ministre de l'Intérieur, t. 2 p. 573.

velles ou du rétablissement de mines anciennes » a le défaut d'induire en erreur les explorateurs, et de faire naître en leur esprit de fausses espérances dans le concours de l'État, pour les recherches des mines, alors que l'emploi des ressources financières du pays est plus nécessaire autre part. Cette prescription finale semble faire croire que c'est à l'Etat qu'incombe la charge « de faire la dépense d'ouverture des mines nouvelles, » alors que c'est aux demandeurs en concession qu'il appartient de faire librement ces dépenses avec l'espérance d'en être récompensés par l'obtention d'une propriété nouvelle (celle de la mine à concéder) ou de recevoir les indemnités spécifiées dans les articles 18 et 46.

Il peut cependant, suivant nous, se présenter tel cas où une grève serait motivée par les manœuvres d'une compagnie ou d'un exploitant, où il y aurait une contravention aux lois qui pourrait nécessiter l'intervention de l'État et l'obliger (momentanément bien entendu) à exploiter. Où trouverait-on les fonds si l'article 39 était supprimé? Quel parlement les voterait pour un tel but? Qu'on envisage aujourd'hui le cas de Decazeville!

En outre, il est éminemment utile que l'État puisse, à un moment donné, dans l'intérêt de la nation, faire une recherche de mines, un sondage à grande profondeur (comme celui de Sperenberg pratiqué par le gouvernement prussien) ou encourager une grande initiative.

Nous ne voulons pas, bien entendu, que l'État devienne exploitant, mais nous voulons qu'il puisse stimuler l'industrie et la science minières à son gré.

Enfin, nous admettons bien qu'il ne peut plus y avoir de fonds spéciaux. Il y a là un mécanisme de finance à régulariser mais nous désirons vivement pour la raison ci-dessus laisser subsister l'esprit de l'article.

En conséquence, nous modifions ainsi l'article 39 :

Article 39.

Le produit de la redevance fixe et de la redevance propor-

tionnelle formera un fonds spécial, dont il sera tenu un compte
particulier au Trésor·public et qui pourra être appliqué aux dépenses de l'administration des mines, à celle des recherches d'intérêt public et à l'exploitation momentanée d'office de certaines
mines en activité en cas de grève ou de contraventions aux lois et
règlements.

ARTICLE 42.

*Le droit attribué par l'article 6 de la présente loi aux
propriétaires de la surface, sera réglé à une somme déterminée par l'acte de concession.*

M. Dupont entre à cet égard dans de grands détails qui
intéressent trop les propriétaires tréfonciers pour que nous
les passions sous silence.

Loi de 1810.
Opinion motivée de
M. Dupont.

« L'article 42 est corrélatif de l'article 6, lequel porte :
« que l'acte de concession règle les droits des propriétaires
« de la surface sur le produit des mines concédées. »
    « Il est certain que le texte de cet article 6 où il est ques-
tion de « droit sur les produits des mines » semble indiquer
que la redevance tréfoncière, consacrée en principe par ledit
article, devra être une redevance proportionnelle aux produits des mines exploitées dans les fonds de chaque propriétaire. »

L'exposé des motifs de Régnault de Saint-Jean-d'Angély
ne s'explique pas à cet égard, il ne fait que poser fermement
le principe du droit des propriétaires dans les termes suivants :

« Le droit du propriétaire de la surface ne doit pas être
méconnu ni oublié; il faut, au contraire, qu'il soit consacré
pour être purgé, réglé, pour être acquitté, afin que la propriété que l'acte du Gouvernement désigne, définit, limite et
créée en vertu de la loi, soit d'autant plus inviolable, plus sa-

crée, qu'elle aura plus strictement satisfait à tous les droits,
désintéressé même toutes les prétentions. »

« D'autre part, l'article 42 qui porte : « Que le droit attri-
« bué au propriétaire de la surface sera réglé à *une somme*
« *déterminée* par l'acte de concession » est plutôt favorable
à la forme d'une *redevance fixe, de tant par hectare*, qu'à
une redevance proportionnelle aux produits extraits dans les
terrains de chaque propriétaire.

« La preuve en est dans les termes suivants du rapport
du comte de Girardin (que notre ami Brossard interprète
cependant plus loin (page 99) dans un sens contraire) :

« Ces droits des propriétaires de la surface, maintenus et
« reconnus par l'article 6, ne pourront être réglés sans beau-
« coup de précaution ; ils ont paru offrir d'abord à votre
« Commission des difficultés dans l'exécution. Elle a remar-
« qué *qu'il y aurait des embarras toujours renaissants*
« *pour constater sous quelle propriété se fait l'exploitation*,
« que même il est souvent impossible de déterminer dans
« une exploitation en grand ce qui provient des puits divers
« de la concession, mais l'article 42 du projet *qui explique*
« *l'article 6*, porte que le droit attribué aux propriétaires de
« la surface sera réglé à une somme déterminée par l'acte de
« concession. »

• Ces paroles sont significatives : aussi M. Delebecque,
dans son *Traité sur la législation des mines* (n° 700), dit-il,
après les avoir citées :

« *Comment douter, après cela, que la loi ait eu en vue*
« *autre chose qu'une redevance fixe ?* »
• Il semble que M. Delebecque va ici trop loin : au lieu
de dire « *la loi* » il faudrait dire « *l'article 42 de la loi* ». La
Commission du Corps législatif était sans doute d'avis, que
c'est la redevance fixe qui doit prévaloir, comme forme de

redevance *tréfoncière*, mais elle n'a pas moins maintenu dans le texte de la loi, l'article 6, lequel est plutôt favorable à une redevance *tréfoncière proportionnelle,* puisqu'il con- « sacre le droit du propriétaire de la surface *sur le produit* « *des mines concédées.* »

« De là, il faut conclure qu'en présence des deux articles 6 et 42, *il n'y a pas de forme exclusive imposée à la redevance tréfoncière ;* cette redevance pouvant être fixée dans l'acte de concession, sous la forme de redevance fixe, ou bien proportionnelle, ou mixte, ainsi que les choses ont eu lieu en France, jusqu'à ce jour, et comme les actes de concession en font foi.

« A l'appui de cette doctrine, M. Dupont cite l'opinion du célèbre jurisconsulte Proudhon, qui dit : « *Il n'y a pas, il* « *ne doit pas y avoir, sur la question qui nous occupe, une* « *règle invariable* (1). »

« Un jurisconsulte belge, M. Bury, dit, au sujet de la fixation de ces redevances tréfoncières, que « c'est une de ces « questions dont la solution dépend avant tout, *des circons-* « *tances,* et notamment de l'état de l'industrie minéralo- « gique dans le pays, du mode de gisement des matières sou- « terraines, etc. » (Cela nous semble bien compliqué.)

« Au sujet de ces redevances tréfoncières la Belgique a pris une mesure législative, qu'on ne peut passer sous silence.

Législation belge sur les redevances aux propriétaires.

« Aux termes de l'article 9 de la loi du 2 mai 1837, l'indemnité tréfoncière, réservée aux propriétaires de la surface par les articles 6 et 42 de la loi de 1810, est déterminée au moyen d'une double redevance, savoir :

1° Une redevance fixe déterminée par l'acte de con-

---

(1) *De la Propriété.* — N° 778.

cession, et qui ne peut pas être moindre de 25 centimes par hectare;

2° Et une redevance proportionnelle, également répartie entre les propriétaires de la surface, en raison des contenances de leurs terrains, laquelle doit être fixée de 1 à 3 0/0 du produit net de la mine, tel qu'il est arbitré annuellement pour la redevance due à l'État.

« L'indication du maximum de 25 centimes par hectare, pour la limite supérieure de la redevance fixe, ne paraît pas un exemple à imiter en France ; la redevance tréfoncière, continue M. Dupont pour être équitable, pour *purger* réellement les droits des propriétaires de la surface, doit nécessairement varier suivant les circonstances, suivant les usages établis ; c'est le cas de répéter ici avec le jurisconsulte Proudhon *qu'il ne doit pas y avoir en cette matière de règle invariable.*

« La redevance tréfoncière lorsqu'elle est fixe, c'est-à-dire, une somme en argent payée par hectare à tous les propriétaires, qu'il y ait ou non extraction réelle ou possible sous leurs fonds, ne doit pas être en principe trop élevée, sans quoi elle serait une charge trop lourde pour l'exploitant. D'autre part, et au point de vue du droit strict, on ne serait pas fondé à prétendre à l'appui d'une redevance très élevée, que cette redevance doit solder au propriétaire le prix de l'expropriation de la mine, attendu que, ainsi que la Cour de cassation l'a formellement reconnu dans son arrêt du 8 août 1839 (1) « *il n'y a pas lieu, à raison de la concession de la* « *mine, à agir par expropriation, contre le propriétaire de* « *la surface.* »

M. Dupont observe enfin que, dans l'esprit des législateurs de 1810, ou tout au moins dans celui de l'auteur de l'exposé des motifs, cette redevance, lorsqu'elle a la forme fixe, ne doit pas être trop élevée, puisque, dans la séance du

---

(1) Mine de sel de Gouhenans-Devilleneuve, t. 39, t. 669.

Conseil d'État du 27 juin 1809, Regnault de Saint-Jean-d'Angély disait à ce sujet : « *Que la redevance s'élèverait très
haut, si elle était seulement portée à dix francs par ar-
pent* (1). »

M. Dupont conclut donc à ce que pleine liberté soit laissée au gouvernement, de régler le taux de la redevance tréfoncière, alors que celle-ci est sous la forme de redevance
fixe : dans ce cas, les redevances les plus usuelles sont celles
de 10 centimes et 5 centimes par hectare; mais néanmoins,
sans invoquer l'exemple des mines de sel, où l'on trouve des
exemples de redevances fixes exceptionnellement considérables (3 fr. par are (2), 5 fr. par hectare (3), on pourrait citer de
nombreuses concessions de mines stipulant des redevances
fixes de 30 centimes (4), de 40 centimes (5), de 50 centimes
(6), de 1 franc (7) par hectare, etc.

« Cette variété est nécessaire pour permettre au gouvernement de satisfaire équitablement aux circonstances spéciales de chaque cas : elle doit être maintenue en principe.

« Pour ce qui est de la partie proportionnelle de la redevance tréfoncière belge, il ne paraît pas qu'elle satisfasse à
l'équité et à l'esprit général de la loi de 1810.

« En effet, dans le système belge, tous les propriétaires
reçoivent une redevance proportionnelle, au prorata des contenances de leurs propriétés; il suit de là que les droits du
propriétaire de la surface *sur les produits de la mine* (art. 6)
sont purgés (art. 17) au profit de Paul, par exemple, dont le
terrain est stérile, par une part des produits extraits chez
Pierre, dont les terrains sont exploités avec profit, ce qui ne
satisfait pas, il faut bien le dire, l'esprit des articles 6 et 17 de

---

(1) Locré, page 129.
(2) Concession des salines de l'Est à l'État; périmètre demandé par la Compagnie Thonnelier.
(3) Sel de Larralde (Basses-Pyrénées), 1848.
(4) Houille de Bert (Allier), 1832, etc.
(5) Fer du Boulet (Pyrénées-Orientales), 1848.
(6) Manganèse de Gerne et Londervielle (Hautes-Pyrénées), 1870, etc.
(7) Houille de Nazel (Aveyron), 1859, etc.

la loi. Quant à ce qui est de l'atteinte portée par ce système aux principes de l'équité, il suffit de citer les paroles de M. l'avocat général de la Cour de Bruxelles à cet égard:

« Le propriétaire qui n'aura pas de mine sous son fonds, « le propriétaire qui n'aura que la tête d'une veine, qui n'aura « qu'une petite veine non exploitée, recevra autant que celui « qui possèdera dans son tréfonds la mine la plus puissante! « Si c'est de la justice, elle n'est guère distributive, c'est bien « là trancher la difficulté avec l'épée d'Alexandre (1). »

Inconvénients de la redevance fixe d'après M. Dupont.

« La redevance fixe a aussi l'inconvénient d'attribuer une taxe tréfoncière au propriétaire dont le fonds est stérile, mais l'anomalie est moins choquante que lorsque la redevance tréfoncière a la forme proportionnelle, et avec d'autant plus de raison que la redevance fixe, qui est surtout appliquée lorsqu'il n'y a pas d'usages ou de précédents en faveur du propriétaire du sol, et qu'il s'agit d'un gite minéral entièrement nouveau, est réglée, en général, à un chiffre peu élevé, ce qui est le cas le plus fréquent.

Que si, dans certains cas, on veut adopter la forme proportionnelle pour la redevance tréfoncière, afin de satisfaire à des usages, à des précédents acquis en faveur du propriétaire, ou pour divers motifs spéciaux, M. Dupont estime que le système belge ne saurait être admis; il faut, en ce cas, une redevance proportionnelle aux produits minéraux extraits *dans le fonds de chaque propriétaire*. Ce mode satisfait franchement, et avec justice, aux articles 16 et 17, et il est pleinement d'accord avec ces paroles prononcées par Regnault Saint-Jean-d'Angély dans la séance du 27 juillet 1809: « *Que le propriétaire, sous le terrain duquel on n'exploite plus, doit cesser d'avoir part aux bénéfices.* »

« La fixation de la redevance tréfoncière, faite par le gou-

---

(1) Delebecque, n° 701.

vernement dans l'acte de concession, doit tenir compte, pour être équitable, de la coutume, des usages établis, des prescriptions acquises des précédents de tout genre, du fait ou de l'absence de mines antérieures, des circonstances du gîte, etc. Or, pour satisfaire à toutes ces exigences, il faut qu'une grande latitude soit laissée au gouvernement, et c'est en ce sens que j'approuve les termes généraux des articles 6 et 42, qui permettent les formes les plus variées de redevances.

« On ne s'étonnera pas que M. Dupont prononce ici le mot de coutumes, *d'usages établis, de prescriptions acquises* en matière de redevances, alors, dit-il, que l'article 55 de la loi mentionne si expressément, « *les usages locaux, les usages établis, les prescriptions légalement acquises, ou les conventions réciproques,* » et que les articles 51 et 53 homologuent très expressément, pour les concessions ou jouissances de mines antérieures à la loi de 1810, les *conventions faites avec les propriétaires de la surface.*

« Le respect de toutes ces choses est donc dans l'esprit de la loi de 1810.

« Le gouvernement a donné, en matière de règlement des redevances tréfoncières, un exemple mémorable de *son respect des usages établis,* lorsqu'il a institué les concessions houillères du département de la Loire; il importe de rappeler ici cet exemple, avec quelques développements, au point de vue des conséquences à en tirer pour l'avenir.

Institution des concessions de la Loire.

« L'importante concession houillère de Roche-la-Molière et Firminy instituée dès avant la révolution de 1789, avait été délimitée par une ordonnance royale du 19 octobre 1814, qui stipulait que le concessionnaire payerait *aux propriétaires des terrains où il exploiterait des mines,* une redevonce en nature dont le montant sera réglé *d'après les usages du pays,* et plus tard une ordonnance du 20 août 1820, régla ces redevances, selon les usages locaux, à 1/4 du produit brut, par travaux à ciel ouvert, à 1/6 par puits jusqu'à

Concession de Roche-la-Molière et Firminy.

50 mètres, à 1/8, par puits, de 50 à 100 mètres, etc., à 1/20 par puits au-dessus de 300 mètres de profondeur.

« Mais, à cette dernière date, de 1820, les mines de houille des environs de Saint-Étienne, quoiqu'en activité depuis longtemps, n'étaient pas encore *concédées*, et l'on peut dire qu'au point de vue de la constitution de la propriété des mines, *la loi de 1810 n'était pas alors en vigueur à Saint-Étienne.*

« En reprenant les choses de plus haut, il faut rappeler, pour être conforme à la vérité, que, dans l'ancien Forez, on n'avait jamais mis à exécution réelle l'arrêt du Conseil du roi en date du 14 janvier 1744, qui supprimait la faculté accordée par l'édit royal du 13 mai 1698 aux propriétaires du sol, d'exploiter les mines de charbon à leur profit. Ainsi, postérieurement à cet édit de 1744, les intendants de la province avaient donné, même à divers propriétaires du sol, la *permission* d'extraire de la houille, dans le périmètre de la concession de Roche-la-Molière, accordée le 11 juin 1767 au duc de Charost : ce fait a été cité par M. de Cheppe (1).

« D'autre part, la loi du 28 juillet 1791 ayant reconnu aux propriétaires, par son article premier, la faculté d'exploiter jusqu'à cent pieds de profondeur, et ayant admis, d'autre part, en faveur des propriétaires, un droit de préférence à l'obtention de la concession (art. 3), et enfin l'administration départementale de la Loire accordant aux propriétaires du sol des *permissions provisoires d'exploiter* (2), il en était résulté ce fait, qu'aux environs de Saint-Étienne le propriétaire exploitait la mine de houille existant sous son fonds, ou bien la faisait exploiter par un fermier, qui lui payait généralement, selon les usages locaux, 1/4 du charbon extrait à ciel ouvert 1/6 jusqu'à 50 mètres, etc., ainsi qu'il a été dit tout à l'heure.

« Cet état de choses conduisait à un gaspillage du bassin

---

(1) *Annales des mines*, 2ᵉ série, t. XI., p. 611.
(2) *Annales des mines*, 2° série, t. XI., p. 612.

houiller, et le Gouvernement prit la ferme résolution d'instituer, aux environs de Saint-Étienne, des concessions houillères (1), en conformité avec la loi organique des mines en
vigueur dans tout le reste de la France.

« Parmi les propriétaires de la surface, plusieurs demandèrent la concession des mines de houille existant sur leurs
fonds :

« D'autres, au lieu de devenir concessionnaires, préférè·
rent rester redevanciers, dans les conditions usagères du
pays, et passèrent des traités amiables, pour le payement de
ces redevances, avec des tiers qui demandèrent la concession, dans les formes voulues par la loi de 1810.

« Le Gouvernement, dans le double but d'instituer, aux
environs de Saint-Étienne, des concessions régulières, et de
respecter les usages locaux, créa ainsi, par vingt-deux ordonnances, à la date mémorable du 27 octobre 1824, les vingt·
deux concessions houillères du Treuil, de Méons, de Terre-
noire, de Montrambert, etc., où la redevance tréfoncière fut
fixée aux chiffres mentionnés tout à l'heure.

Historique des ordonnances de 1824 dans la Loire.

« Ces ordonnances de concession ont cela de remarquable, qu'elles visent, dans leurs considérants, *les actes
notariés* établissant les conventions faites antérieurement par
le concessionnaire (concession Cros), et que bien souvent,
le dispositif même de l'acte de concession mentionne, en
l'homologuant, *l'acte de conciliation* antérieur (exemples des
concessions de Quartier-Gaillard, la Béraudière, le Ban, la
Montagne du feu, la Cappe, Corbeyre et Collenon)

« La fixation, ainsi faite, des redevances tréfoncières de la
Loire fort critiquée par plusieurs, a été cependant, d'après M. Dupont, un acte de justice et une œuvre de bonne administration : elle a puissamment aidé à l'organisation conciliante de
la propriété des mines dans le département qui dans la production houillère de la France a compté jusqu'à 3.865.880 tonnes

---

(1) On disait dans le pays ; *la carrière.*

extraites en 1873 sur une production totale de 17.485,785 T.)

« La redevance tréfoncière appliquée dans le département de la Loire, si elle est une charge réelle pour les exploitants de ce département, où elle était évaluée, en 1863, par M. l'in-génieur Luyton, à une dépense variant suivant la profondeur entre 0,50 et 0,70 par tonne (1), doit néanmoins être citée, comme un exemple de l'avantage qu'il y a, dans l'intérêt général, à laisser une grande latitude, au Gouvernement, pour régler la redevance tréfoncière, en tenant compte des droits acquis.

M. Dupont développe cette idée, à l'occasion de l'art. 70, en émettant le vœu que l'on fasse une modification à la loi des mines, pour permettre au Gouvernement de résoudre, au mieux de l'intérêt de tous, les difficultés qui existent aujour-d'hui, au sujet des mines et minières de fer, en faisant quel-que chose d'analogue à ce qui a été pratiqué, dans la Loire, en 1824, pour les houillères.

Par tous les motifs qui précèdent, M. Dupont estime que la plus grande latitude devant être laissée au Gouvernement, pour le règlement de la redevance tréfoncière, il y a lieu de maintenir simultanément, dans leur texte actuel, les art. 6 et 42.

Avis de la sous-commission du Conseil des mines. ·L'article 42 a donné lieu à la sous-commission des mines à un débat assez vif.

« Dans la pratique actuelle et par application de l'art. 42, les actes de concessions n'attribuent au propriétaire du sol qu'une redevance fixe, indépendante de la quantité et de la valeur des produits extraits et dont le taux est illusoire. Un membre de la sous-commission a vivement soutenu cette opinion qu'en vertu de l'article 552 du Code civil et de l'ar-ticle 6 de la loi de 1810, les droits du propriétaire du sol sont incontestables ; qu'il ne peut en être exproprié qu'à la condi-

---

(1) *Bulletin de l'industrie minérale* 1863-64 p. 386.

tion de recevoir une juste indemnité; que cette indemnité
qui doit représenter la valeur intrinsèque du minerai dans le
sein de la terre, doit être réglée sous la forme d'une redevance proportionnelle à la valeur du minerai extrait et dont
le taux varierait avec la profondeur. — La majorité de la
sous-commission a pensé qu'il convenait de laisser au Gouvernement toute latitude pour régler par l'acte de concession
et sous la forme la plus équitable, les droits incontestés des
propriétaires du sol. La rédaction de l'article 42 a été modifiée
dans ce sens. »

Notre opinion.

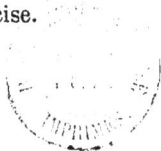

C'est avec plaisir que nous avons constaté l'émission
d'une opinion aussi tranchée et nous avons cherché à grouper
quelques chiffres, tant pour répondre à M. Dupont, au sujet
de son éloge des ordonnances de 1824, qu'au membre de la
sous-commission des mines qui voudrait introduire leurs
dispositions dans la loi.

Certainement, il y a contradiction apparente entre l'article 6 et l'article 42, mais c'est une question de mots et il
faut remarquer la position de ces articles dans la loi. Le premier est au titre II DE LA PROPRIÉTÉ DES MINES; le second au
titre IV, à la section II DES OBLIGATIONS DES PROPRIÉTAIRES DE
MINES. Rien de plus précis que l'article 42 ainsi placé. — Bien
plus, ses termes mêmes rappellent l'article 6 pour l'expliquer
et préciser ce que les mots de *produit de la mine* (et non *produits*, au pluriel comme M. Dupont l'écrit quelquefois, ce
qui est très différent) ont de vague et d'indéterminé. Il est dit:

« Le droit attribué par *l'article* 6 aux propriétaires de la
surface sera réglé à *une somme déterminée* par l'acte de concession. »

Ainsi, pour nous et pour tous ceux qui ont cru bien interpréter la loi, pour M. Regnault Saint-Jean-d'Angély, l'auteur de l'exposé des motifs, l'article 6 énonçait en principe le
droit du propriétaire du sol à une redevance fixe, et l'article 42
la déterminait d'une manière précise.

Depuis, cette opinion a tellement prévalu que, comme le dit le rapporteur de la sous-commission des mines, dans la pratique actuelle, les actes de concession n'attribuent plus au propriétaire du sol qu'une redevance fixe.

C'est pourquoi il est impossible de regarder comme régulières et ne faussant pas la loi, les fameuses ordonnances de 1824 ; elles ont introduit un précédent fâcheux et tellement embarrassant qu'actuellement M. Dupont et la sous-commission des mines en sont réduits pour les légitimer, à retrancher à l'article 42 ce qu'il avait de précis, pour le remplacer par le *bon plaisir administratif*.

Nous sommes convaincus que le Gouvernement n'usera de la latitude qui lui est laissée, que pour rester dans les errements actuels et que les concessions continueront à ne mentionner qu'une redevance fixe, mais, ainsi que nous l'avons exprimé à l'article 31, c'est toujours une piètre solution, que celle qui consiste à trancher les difficultés, en faisant intervenir l'État à propos de tout. Mieux vaut un article de loi net et précis, tout le monde sait alors à quoi s'en tenir.

Pour ce qui est du bassin de la Loire, dont l'exemple déplorable doit toujours être sous les yeux du législateur, nous opposerons à l'opinion de M. Dupont l'autorité incontestable de M. Burat, secrétaire du comité des houillères françaises. Il est dit, dans son livre sur les houillères françaises :

« Après 1810 commença, dans la Loire, la lutte entre le droit ancien et nouveau. Elle dura quatorze ans. Les propriétaires de la surface réclamaient les concessions de préférence aux véritables exploitants qui, jusqu'alors, n'avaient agi que comme *amodiataires* (1). Ces derniers répondaient qu'ils avaient couru seuls les risques des recherches et créé une industrie nouvelle. Le Gouvernement *trop faible* pour résister aux réclamations des propriétaires, accorda aux plus importants la concession du tréfonds et adopta, pour les

(1) Sortes de locataires spéciaux.

petits propriétaires, le principe de la redevance *contraire à la loi*.

« Les résultats de cette faiblesse furent déplorables. Les concessions divisées sans intelligence, sans égard à la configuration du sol et à l'allure des couches, l'exploitant vit, au mépris de la loi de 1810, son extraction frappée d'une dîme qui augmenta considérablement son prix de revient et cela pour toujours. » Voilà comment s'exprime un des hommes les plus compétents en matière de mines.

Maintenant, en sortant du domaine des considérations rétrospectives, veut-on connaître par des chiffres l'importance immense et imprévue peut-être, qu'ont eue les fameuses ordonnances? Cherchons quelle a été, en chiffres, la somme des redevances tréfoncières servies dans le bassin de la Loire et nous verrons si la loi a jamais eu l'intention d'allouer, aux propriétaires de la surface, de pareilles indemnités. Tous les chiffres suivants sont authentiques et puisés aux sources les plus sûres. *Valeur des tréfonds rapportée à la surface exploitée.*

De 1824 à 1844, on a extrait, dans le bassin de la Loire, 133,000,000 de quintaux métriques de houille. La part des tréfonciers a été de 15.210.000 quintaux métriques qui, à 0 fr. 74, prix moyen de vente, donnent un total de 11.253.000 francs.

En 1866, *les redevances dépassaient 2 millions par an*, malgré leur diminution proportionnelle, en raison de la profondeur. Nous prendrons le chiffre moyen de deux millions qui n'a rien d'exagéré, les tréfonds ayant donné beaucoup plus depuis 1870 à cause de l'élévation des prix de vente et de l'augmentation de la production.

Bref, en additionnant, on voit :

Tréfonds de 1824 à 1844.............   11.253.000 fr.
Tréfonds de 1844 à 1885.............   82.000.000

                     Total ....   93.253.000 fr.

soit 94 millions en chiffres ronds.

Rapportons ce chiffre à la surface exploitée.

Valeur des tréfonds
servis depuis 1824
dans la Loire.

La surface totale concédée du bassin houiller est de 22.000 hectares, sur lesquels il y en a la moitié de stérile et une autre partie plus ou moins délaissée, — soit environ 10.000 hectares sur lesquels l'exploitation seule a porté.

Quelle était la valeur superficielle des terrains au commencement du siècle, lors des ordonnances de 1824 par exemple, alors que ces terrains n'avaient pas pris la plus-value qui est un résultat immédiat à mettre à l'actif de l'industrie des mines. (Nous ne ferons pas entrer cette plus-value en ligne de compte.) D'après des assertions dignes de foi, les terrains stériles, rochers, montagnes, prairies, terrains arables, etc., eussent été vendus en moyenne, à cette époque, 500 francs l'hectare, ce qui donne pour la valeur initiale des terrains sous lesquels la fortune a voulu que se trouvât la houille, une valeur totale de 5 millions en 1824. — On arrive

Les terrains tréfonciers
ont déjà été payés
15 fois par les mines.

donc à ce résultat inouï, qu'en cinquante années les mines ont déjà payé dix-neuf fois la valeur initiale des terrains sous lesquels elles ont été établies et cela, en conservant cette propriété à celui qui la détenait, en lui en payant les revenus ou la valeur double dans les cas d'occupation, en soldant la dépréciation et la réparation des immeubles endommagés et en *triplant* finalement, par le fait de la venue de l'industrie, la valeur de ce même terrain !

On voit que les mines auraient eu un avantage immense à acheter au double *toute la surface* des concessions au début, charge énorme qu'il n'était pas certainement dans l'esprit de la loi de 1810 d'imposer à l'industrie minière et qu'elle eût certainement allégée si elle eût pu en mesurer toute la gravité.

Loin de nous la pensée de nier ce qu'a d'ennuyeux pour le propriétaire du sol la présence des mines et les dommages causés à ses biens, mais il faut avouer que, dans le département de la Loire notamment, les ordonnances de 1824 lui ont

fait la part belle, car personne depuis cette époque n'a été
aussi favorisé. On doit donc s'attendre à le trouver très satisfait du régime des ordonnances et très modeste dans ses
prétentions.

Ce qu'on ne pouvait pas prévoir, ce sont les conclusions
de l'éminent inspecteur général des mines que nous avons
cité. Il a eu pourtant, pendant longtemps sous les yeux, le
spectacle des tréfonds grévant le prix de revient de 60 centimes
par tonne de houille! du propriétaire du sol touchant six fois
plus de redevance que l'État; et il trouve salutaires, équitables même, les actes qui ont consacré cet état de choses si peu
favorable à l'industrie nationale ?

Il n'y a qu'une chose à dire, c'est qu'il y a eu une faute
dont, heureusement, quelqu'un a profité, mais cela démontre
clairement qu'il n'est pas logique et prudent d'introduire dans
la loi des dispositions qui permettent au gouvernement de
recommencer cette faute si des influences funestes à l'industrie venaient, comme en 1824, exercer une pression sur ses
décisions. — C'est pourquoi nous pensons qu'il serait plus
conforme à l'esprit de la loi de 1810 de laisser subsister l'article 42 et de modifier en conformité l'article 6.

Telle était la pensée que nous exprimions à la veille de la
revision de la legislation des mines en 1875. L'article 42 a cependant été modifié contrairement au principe que nous
venons de combattre par la loi du 27 juillet 1880.

Cet article est ainsi conçu :

*Le droit accordé par l'article 6 de la présente loi au
propriétaire de la surface sera réglé sous la forme fixée par
l'acte de concession.*

C'est la porte de nouveau ouverte à la redevance tréfoncière et à l'arbitraire.

Article 42 suivant
la loi de 1880.

Les considérants de M. Brossard, si compétent en la matière, sont comme la critique de cette modification qui a été
adoptée sans discussion et sans que l'attention ait été éveillée

sur elle. Cependant il conclut, croyons-nous, un peu contre ses prémisses. En effet, voici le passage de son rapport du 19 février 1880 :

Rapport
de M. Brossard
sur l'article 42.

« La contradiction qui paraît exister entre les articles 6 « et 42 de la loi de 1810 n'est qu'apparente et leur rédaction « différente prouve que le législateur était dans l'intention « de reconnaître au Gouvernement le droit de déterminer la « redevance tréfoncière suivant l'un ou l'autre mode. — Le « passage suivant, tiré du rapport de M. Stanislas de Girardin « au Corps législatif, montre que les auteurs de cette loi « prévoyaient combien il serait difficile en pratique de déter- « miner autrement les droits du tréfoncier » (Suit la citation. Nous avons déjà donné ce passage page 83.)

Ne dirait-on pas, en le lisant, que l'illustre Stanislas de Girardin condamne par avance l'innovation du législateur de 1880 ?

Suivant le jurisconsulte Proudhon, « il n'y a pas et il ne doit pas y avoir, sur la question qui nous occupe, une règle invariable. »

« Il semble donc excessivement rationnel, continue « M. Brossard, que, pour respecter les usages établis, pour se « conformer aux précédents de chaque contrée, le Gouverne- « ment possède la faculté d'imposer le mode d'indemnité « qui s'applique le mieux aux circonstances et aux habi- « tudes locales.

« Examinons comment les choses se sont passées, dans « la pratique, depuis la la promulgation de la loi de 1810.

« Le plus souvent, il a été alloué aux tréfonciers, à titre « de redevance, une indemnité payée chaque année et pro- « portionnelle au nombre d'hectares compris dans le péri- « mètre concédé : le chiffre de ces redevances varie beaucoup ; « parfois il n'est que de quelques centimes, tandis qu'ailleurs

« il s'élève jusqu'à 50 francs par hectare (concession de Ro-
« manèche, ordonnance du 8 novembre 1829).

« Dans le bassin de la Loire, les redevances sont consi
« dérables et ont été déterminées, selon les usages locaux,
« par les vingt-deux ordonnances du 27 octobre 1824.

« Ces redevances, comme on le voit, sont proportionnelles
« aux produits et affectent d'une manière très sensible le prix
« de revient de la tonne de houille ; ainsi, M. de Ruolz estime
« à 0 fr. 663 par tonne l'indemnité que l'exploitant paye de
« ce chef au tréfoncier dans les vingt-deux concessions créées
« par les ordonnances de 1824; cette moyenne est dépassée
« dans bien des cas et il nous serait facile de citer des socié-
« tés dans la Loire qui ont payé 1 fr. 075 et même jusqu'à
« 1 fr. 85 par tonne, sur une production de 350.000 tonnes.

« Dans d'autres cas, la redevance tient à la fois de l'un et
« de l'autre mode ; le concessionnaire doit payer au proprié-
« taire, d'abord une rente fixe, annuelle, et lui donner en-
« suite une certaine fraction du produit brut; c'est le cas
« qui se présente dans l'ordonnance du 12 août 1844 accordant
» la concession des mines de calcaire et grès bitumineux
« situées dans la commune de Forens (Ain). Le concession-
« naire doit :

« 1° Une rente de 0 fr. 15 par hectare à tous les proprié-
« taires des terrains compris dans la concession;
« 2° Une redevance au profit des propriétaires dans les
« terrains desquels l'extraction a lieu.

« Dans l'ordonnance de concession de la mine d'anthra-
« cite de Plamorel (Hautes-Alpes), en date du 26 mars 1831,
« autorisant l'exploitation d'une mine située sous des terrains
« communaux ; il est dit que le concessionnaire payera, à
« titre de redevance, une certaine somme et livrera, en
« outre, à un prix déterminé, les produits nécessaires à la
« consommation des habitants.

« Il convient de remarquer que, dans les actes de conces-

« sion accordées depuis un certain nombre d'années, il est
« toujours spécifié que c'est une redevance fixe qui sera
« payée au propriétaire du sol.

« De ce qui précède, il résulte que la forme de la rede-
« vance a été excessivement variable et que, dans tous les
« cas, c'est le Gouvernement qui, en vertu des articles 6 et 17
« de la loi de 1810, en a déterminé la quotité. Votre commis-
« sion estime, avec le Sénat, qu'il convient de lui maintenir
« ce droit et de lui laisser la plus grande latitude dans la
« fixation de la redevance tréfoncière. Elle pense, comme le
« dit M. Dupont, que cette fixation pour être équitable, doit
« tenir compte de la coutume, des usages établis, des
« prescriptions acquises, des précédents de tout genre, du
« fait ou de l'absence de mines antérieures, des circonstances
« du gite etc.

« La consécration de ce principe par une disposition
« législative ne lèsera aucun intérêt et fera disparaitre une
« obscurité contenue dans la loi de 1810; en conséquence
« votre commission a l'honneur de vous proposer d'adopter
« la nouvelle rédaction de l'article 42 du projet élaboré au
« Sénat. »

Telle est l'étude complète de cet article 42 d'où peut
dépendre parfois le sort ultérieur de la mine.

Nous sommes partisan d'une solution radicale et simple,
c'est pourquoi nous modifions cet article de la loi de 1880.

Nous proposons, nous, au contraire de supprimer tous
ces droits du tréfonds et autres si embarrassants pour le législateur si préjudiciables à l'industrie des mines qu'elles grè-
vent à jamais.

Le bassin de la Loire meurt d'une pareille disposition
législative si on veut la maintenir !

Encore et on avait envisagé le mot « produit de la mine »
comme un synonyme de revenus, cela serait logique, mais
l'envisager comme un prélèvement fixe par tonne ou par
benne, c'est à notre avis condamner la mine à être arrêtée

un jour ou l'autre. Car qui nous dit que cette redevance fixée au commencement du siècle à un franc par tonne extraite, par exemple, ne constituera pas un jour le seul bénéfice de l'exploitant et alors, ce dernier cessera son exploitation, le jour où son prix de revient sera égal au prix de vente augmenté de un franc, tandis que sans cela il aurait pu continuer longtemps et attendre des jours meilleurs.

L'intérêt du concessionnaire et du propriétaire ne sont pas connexes ainsi et nous croyons qu'une grande mesure de simplification s'impose au législateur en matière de redevances de toutes sortes. Il faut solidariser les intérêts de l'Etat, de l'ouvrier, du propriétaire du sol, de l'inventeur et du concessionnaire en n'opérant de prélèvements que proportionnellement aux bénéfices. Aussi, amenderons-nous l'article 42 de la loi de 1880 en conservant la rédaction de 1810 et ajoutant ces mots « ou une redevance proportionnelle aux bénéfices distribués ou réalisés. » Il va sans dire que par un règlement administratif on s'efforcera de faire correspondre autant que possible la redevance servie au propriétaire à l'exploitation faite dans son fonds. Cela se pratique tous les jours à Saint-Etienne.

De la sorte il n'y aura plus de mesures arbitraires comme en 1824 et la redevance sera réellement proportionnelle.

L'article 42 se trouve ainsi libellé.

Art. 42.

Le droit attribué par l'article 6 de la présente loi à l'inventeur et aux propriétaires de la surface sera réglé à une somme déterminée ou *à une redevance proportionnelle aux bénéfices distribués ou réalisés.*

Texte proposé.

Article 46.

Toutes les questions d'indemnités à payer par les propriétaires de mines, à raison des recherches ou des travaux

Loi de 1810.

14

antérieurs à l'acte de concession, seront décidées conformé-
ment à l'article 4 de la loi du 28 pluviôse an VIII.

M. Dupont modifie l'article 46 pour les raisons suivantes :

« Les indemnités de ce genre peuvent se diviser en deux
classes bien distinctes :

« D'une part, les indemnités dues aux propriétaires de la
surface, pour occupation ou dégâts de terrains, par le concessionnaire ou autres explorateurs qui n'ont pas obtenu la concession ; le règlement de ces indemnités est une pure question
d'intérêts privés, où l'intérêt général n'est nullement en
cause, attendu qu'il ne saurait entrer dans l'esprit de personne de proposer de ne pas payer au propriétaire du sol ce
qui lui est dû pour occupation ou dégâts de terrains, à l'effet
d'encourager les intérêts généraux de l'industrie minérale.
En principe, le règlement de ce premier genre d'indemnité
est donc essentiellement du ressort des tribunaux ordinaires,
juges naturels des intérêts privés, alors surtout qu'il ressort
des articles 15, 45, 55, 56, 87 et 95 de la loi de 1810, que cette
loi, voulant assimiler le plus possible la propriété des mines
à la propriété immobilière, ainsi qu'il est dit aux articles 7,
8, 19 et 21, a renvoyé devant les tribunaux *les débats d'in-*
térêt privé en matière de mines.

« La seconde classe d'indemnités relatives aux recherches
ou travaux antérieurs à l'acte de concession est celle qui est
due *aux explorateurs ou anciens exploitants :* ces indemnités étaient réglées, sous le régime de la loi du 28 juillet 1791,
par les juges de paix ou les tribunaux de districts, suivant
l'ordre de compétence, par suite des dispositions générales
de l'article 27 de cette loi.

« Dans le régime de la loi de 1810, cette classe d'indemnité est réglée, d'après l'article 46, par les Conseils de préfecture, sauf le recours de droit au Conseil d'État.

« Le principe de compétence, posé par la loi de 1810, est

plus rationnel, car il y a ici deux intérêts généraux en présence.

« D'une part, *l'industrie des recherches de mines*, qu'il s'agit d'encourager par une indemnité équitable accordée aux explorateurs qui n'ont pas obtenu la concession, indemnité relative à ceux de leurs travaux qui sont *utilisés ou reconnus applicables à la poursuite d'une bonne exploitation, et ceux qui ont fourni des indications utiles* (1).

« D'autre part, il y a *l'industrie de l'exploitation des mines*, qu'il ne faut pas grever, par une obligation imposée aux concessionnaires, de solder, à des explorateurs, des travaux dont eux-mêmes ne peuvent retirer aucune espèce d'utilité.

« La conciliation de ces deux intérêts généraux incombait donc naturellement à la juridiction administrative, c'est-à-dire au Conseil de préfecture avec recours au Conseil d'État.

« Le principe de compétence posé par l'article 46, pour ce genre d'indemnités, est d'autant plus nécessaire ici, que la loi du 21 avril 1810 ayant stipulé très judicieusement, par l'article 16, que les droits d'inventeurs seront réglés par l'acte de concession *délibéré en Conseil d'État*, il importait que ce fût le *Conseil d'État* qui fût appelé lui-même, ainsi qu'il l'est actuellement, à statuer définitivement, après le Conseil de préfecture, sur le règlement de ces indemnités, afin qu'il n'y ait pas *double emploi avec le droit d'invention* stipulé par l'article 16, et que le solde des indemnités pour travaux d'exploration ne devînt pas une manière détournée de faire payer exclusivement aux concessionnaires *de faux droits d'invention*.

M. Dupont propose donc pour l'article 46, la rédaction suivante, qui est corrélative de l'addition qu'il propose de faire à l'article 10.

---

(1) Décret au Contentieux, du 13 mars 1856, relatif aux Mines de houille de la Calaminière.

Art. 46
de M. Dupont.

« Les questions d'indemnités à payer *par les conces-*
« *sionnaires de mines aux explorateurs ou anciens exis-*
« *tants,* pour recherches ou travaux intérieurs à l'acte de
« concession, seront décidées conformément à l'article 4 de
« la loi du 28 pluviôse an VIII. »

Modifications de la
sous-commission des
mines.

La sous-commission du Conseil des mines a fait suivre
l'article 46 de M. Dupont de son addition sur les haldes anciennes. Elle était réellement bien en situation à l'article 46,
qui règle les indemnités dues aux anciens explorateurs.

On ne saurait qu'applaudir à la modification de l'article 46, qui évitera désormais au concessionnaire une série
de réclamations souvent sans fondement qui l'assaillaient
ordinairement à son entrée en jouissance de sa nouvelle propriété.

En conséquence l'article 46 sera modifié par nous comme
suit, en combinant les deux propositions ci-dessus :

Art. 46.

Texte proposé.

Les questions d'indemnités à payer *par les concessionnaires des*
mines aux explorateurs ou anciens exploitants, pour recherches ou
travaux antérieurs à l'acte de concession, seront décidées conformément à l'article 4 de la loi du 28 pluviôse, an VIII.

Les haldes d'anciennes mines, situées dans le périmètre de
la concession, pourront être exploitées par le concessionnaire,
pour l'extraction des matières minérales concédées, sous la double
réserve de payer aux propriétaires du sol des indemnités d'occupation à régler par les tribunaux, et de payer, s'il y a lieu, aux
anciens explorateurs ou anciens exploitants, les indemnités spécifiées à l'article 45 et réglées par les Conseils de préfecture.

Art. 47.

Loi de 1810.

Les ingénieurs des mines exerceront, sous les ordres du

Ministre de l'Intérieur et des préfets, une surveillance de police pour la conservation des édifices et la sûreté du sol.

Il est clair qu'il faut augmenter les attributions des ingénieurs et faire exécuter sous leur responsabilité toutes les mesures spéciales de sécurité et autres édictées dans l'acte de concession conformément à l'article 6.

En conséquence, nous rédigeons le nouvel article comme suit :

Article 47.

Les ingénieurs des mines exerceront, sous les ordres du Ministre des Travaux publics et du préfet, une surveillance de police pour la conservation des édifices, la sûreté du sol, celle de la mine et des mineurs, conformément aux clauses introduites dans l'acte de concession, article 6.

Texte proposé.

Article 49.

Si l'exploitation est restreinte ou suspendue, de manière à inquiéter la sûreté publique, ou les besoins des consommateurs, le préfet, après avoir entendu les propriétaires, en rendra compte au Ministre de l'Intérieur pour y être pourvu, ainsi qu'il appartiendra.

Loi de 1810.

Voici un article très important :

La loi du 27 avril 1838 est venue modifier les dispositions de l'article 49. Il est dit à l'article 6 de cette loi :

« A défaut de paiement (des taxes) dans le délai de deux mois, à dater de la sommation qui aura été faite, la mine sera réputée abandonnée, le Ministre pourra prononcer le retrait de concession, sauf le recours au roi, en son conseil d'État, par la voie contentieuse.

Loi du 27 avril 1838 sur le retrait des concessions.

« La décision du Ministre sera notifiée aux concessionnaires déchus, publiée et affichée à la diligence du préfet.

« L'administration pourra faire l'avance du montant des taxes dues par la concession abandonnée, jusqu'à ce qu'il ait été procédé à une concession nouvelle, ainsi qu'il sera dit ci-après.

« A l'expiration du délai de recours, ou en cas de recours après la notification de l'ordonnance confirmative de la décision du Ministre, il sera procédé publiquement, par voie administrative, à l'adjudication de la mine abandonnée. Les concurrents seront tenus de justifier des facultés suffisantes pour satisfaire aux conditions imposées par le cahier des charges.

« Celui des concurrents qui aura fait l'offre la plus favorable sera déclaré concessionnaire, et le prix de l'adjudication, déduction faite des sommes avancées par l'État, appartiendra au concessionnaire déchu ou à ses ayants-droit. Ce prix, s'il y a lieu, sera distribué judiciairement et par ordre d'hypothèque.

« Le concessionnaire déchu pourra, jusqu'au jour de l'adjudication, arrêter les effets de la dépossession en payant toutes les taxes arriérées et en consignant la somme qui sera jugée nécessaire pour sa quote-part dans les travaux qui resteront encore à exécuter.

« S'il ne se présente aucun soumissionnaire, la mine restera à la disposition du domaine, libre et franche de toutes charges provenant du fait du concessionnaire déchu. Celui-ci pourra, en ce cas, retirer les chevaux machines et agrès qu'il aura attachés à l'exploitation et qui pourront être séparés sans préjudice pour la mine, à la charge de payer toutes les taxes dues jusqu'à la dépossession et sauf au domaine à retenir à dire d'experts, les objets qu'il jugera utiles » .

Projet de réforme de 1849. Dans le projet de réforme de 1849, on avait ajouté au texte de l'article 49 de la loi de 1810, une sanction formelle, au lieu des mots « il en sera rendu compte au Ministre pour être pourvu ce qu'il appartiendra », « il y avait, pour y être pourvu, *s'il y a lieu*, conformément à la loi du 27 avril 1838. »

Jetons un coup-d'œil sur les législations étrangères.

En *Italie*, d'après les articles 111, 112 et 113 du décret
royal du 20 novembre 1859, dans le cas où les travaux d'une
mine sont abandonnés *depuis plus de deux ans*, le Ministre des travaux publics peut fixer au concessionaire un
délai pour les reprendre, et lorsque l'injonction est restée sans
effet, l'ingénieur des mines le fait constater par un procès-
verbal, et le Ministre prononce le retrait de la concession par
un décret susceptible d'un recours contentieux, pendant
trente jours, devant le Conseil d'Etat.

En *Prusse*, aux termes des paragraphes 65 et 156 à 160
de la loi du 24 juin 1865, l'administration supérieure des
mines, en cas de mines inexploitées, a le droit d'enjoindre
aux concessionnaires la reprise des travaux dans un délai de
six mois, sous peine de déchéance; passé ce délai, l'instruction de la procédure pour déchéance peut être ordonnée. Un
délai de quatre semaines est accordé au concessionnaire, pour
se pourvoir contre la décision de l'administration supérieure
des mines, devant le tribunal; si le pourvoi n'est pas formé
ou s'il est rejeté, la décision est notifiée aux créanciers, et insérée dans la feuille officielle de la province ; les créanciers
et le concessionnaire peuvent, pendant un délai de trois
mois, proposer la licitation de la mine: si cette licitation n'est
pas proposée, ou bien si elle n'a pas pour résultat la vente de
la mine, l'administration supérieure des mines prononce, par
un arrêté, le retrait de la concession.

Analysons maintenant les opinions émises au sujet de
l'article 49.

M. de Marcère donne un résumé plein de scrupules sur
les dangers de l'ingérence de l'Etat, en matière de direction
de mines. Il veut que dans le cas seulement où une exploitation est *restreinte*, et par ces termes de la loi, il faut entendre,
dit-il, un défaut de production abusif, criant et coupable, le
Ministre intervienne. Ce qui a soulevé quelques scrupules

dans l'esprit de la commission parlementaire, çe sont les termes vagues et comminatoires de l'article 49 qui paraissent menaçants pour le droit de propriété des concessionnaires. M. le Rapporteur préfère la sanction à l'obligation d'exploiter déjà consacrée par la loi du 27 avril 1838 et il espère tempérer l'article 49 par l'article 10 de cette loi, ainsi conçu :

Art. 10 de la loi du 27 avril 1838.

« Dans tous les cas prévus par l'article 49 de la loi du 21 avril 1810, le retrait de la concession et l'adjudication de la mine ne pourront avoir lieu que suivant les formes prescrites par le même article de la présente loi. »

Deux membres de la commission parlementaire avaient trouvé ces dispositions trop favorables aux concessionnaires et avaient présenté deux amendements qui n'ont pas été admis par la commission.

Modifications de M. Dupont.

M. Dupont est plus affirmatif que M. de Marcère.

« L'article 49 de la loi doit être modifié de manière à constituer une sanction plus efficace contre la *plaie des mines exploitées*.

Statistique des mines inexploitées.

« Il résulte de la statistique officielle de l'administration des mines, qu'en 1869, sur 171 mines métalliques autres que le fer, concédées en France, il y en avait 49 seulement d'exploitées, alors que 98 étaient inexploitées.

« Sur 266 mines de fer, 81 seulement étaient exploitées et 185 étaient inexploitées.

« Sur 623 mines de houille et autres combustibles minéraux, 322 seulement étaient exploitées, alors que 301 concessions étaient inexploitées.

« D'autre part, le rapport d'enquête à l'Assemblée nationale établit qu'en 1872, il y avait encore 277 concessions de houille ou de lignite inexploitées : ces chiffres sont significatifs. Ces chiffres n'ont pas sensiblement varié.

« Ils démontrent une vérité incontestable, savoir : que, malgré la sanction apportée à l'article 49 de la loi de 1810, par l'article 10 de la loi du 27 avril 1838, l'article 49 est conçu de telle manière que cette sanction est inefficace.

« L'article 49 doit donc être modifié.

« En quel sens le modifier ? Il est *d'intérêt public* que la France, qui est en concurrence naturelle avec les nations étrangères, au point de vue des produits si nécessaires et si féconds de l'industrie minérale, puisse utiliser *toutes les richesses minérales existant dans des concessions qui ont été instituées par l'État, en considération de l'intérêt général.* »

M. Dupont rappelle qu'en France la loi du 28 juillet 1791 contient, au sujet des mines inexploitées, un article ainsi conçu :

Art. 15 de la loi de 1791.

« ART. 15. — Une concession sera annulée par une cessation de travaux *pendant un an,* à moins que cette cessation n'ait eu des causes légitimes et ne soit approuvée par le directoire du département, sur l'avis du directoire du district, auquel cas le concessionnaire sera tenu d'en justifier ; il en sera de même des anciennes concessions maintenues, dont l'exploitation n'aura pas été suivie pendant un an, sans cause légitime également constatée. »

Enfin, M. Dupont rappelle encore qu'en France, à la date du 23 novembre 1813, le Conseil d'État avait adopté un projet de loi renfermant les articles suivants relatifs aux mines abandonnées :

Projet de loi du Conseil d'État en 1813.

« ART. 9. — Dans le cas où les propriétaires des mines cesseraient *pendant un an* les travaux de leur exploitation sans causes reconnues légitimes par le directeur général des mines, le Ministre de l'Intérieur leur prescrira un délai, qui ne pourra être moindre de six mois, pour la reprise desdits travaux.

« Art. 10. — La notification de l'arrêté du Ministre, portant la fixation du délai, sera faite aux propriétaires, à la diligence du préfet du département, par acte extra-judiciaire.

« Art. 11. — Si les propriétaires ne se conforment pas, dans le délai prescrit, à l'arrêté portant injonction de la reprise des travaux, le Ministre de l'Intérieur, sur le rapport du préfet et sur celui du directeur général des mines, fera poursuivre la vente en justice de la mine abandonnée ; et les articles 4, 5, 6, 7 et 8 de la présente loi recevront, dans ce cas, la même application que dans le cas d'abandon par déclaration expresse.

« Il avait été arrêté, dit Locré (1), que ce projet serait présenté au Corps législatif, mais bientôt on ne put plus songer qu'à la défense du territoire, et la fuite de Napoléon, qui suivit de près, a tout arrêté.

« D'après tout ce qui précède, prenant en considération les divers motifs qui suivent, savoir : 1° que la loi du 27 avril 1838 ne prononce pas une déchéance pure et simple, qui aurait été en contradiction avec la sûreté donnée à la propriété des mines par l'article 7 de la loi de 1810 ; 2° qu'elle ne fait que décréter une *sorte d'expropriation pour cause d'utilité publique,* puisqu'aux termes de l'article 6 de cette loi, le prix de l'adjudication de la concession, dont le retrait est prononcé, appartient au concessionnaire, déduction faite des sommes avancées par l'État ; 3° que *l'utilité publique,* existant à l'origine et à l'institution des concessions de mines (puisque c'est *par un motif d'utilité publique* et pour la meilleure exploitation au point de vue de l'intérêt général de la richesse minérale, que la propriété de la mine, dérivant de la loi civile, *est créée comme propriété nouvelle* par l'acte de concession), il n'est pas étonnant que *l'utilité publique* soit, par contre, invoquée pour demander le retrait d'une *concession inexploitée,* alors surtout que les nouvelles dispositions insérées dans l'article 44 donnent au concessionnaire le droit d'invoquer *l'uti-*

(1) Page 539.

lité publique pour établir des chemins et travaux de secours, en dehors de son périmètre ; 4° que, dans l'acte de concession, qui forme une sorte de contrat entre le Gouvernement et le concessionnaire, et dont toutes les clauses sont obligatoires pour celui-ci (1), l'obligation de la reprise d'une exploitation, dans le délai de rigueur fixé par le préfet, sous peine de retrait de concession prononcé conformément à l'article 10 de la loi du 27 avril 1838, est généralement formulée d'une manière explicite (2); par ce motif enfin, que l'insuffisance des dispositions actuelles de l'article 49 est pleinement démontrée, par le nombre énorme, en France, des mines inexploitées, M. Dupont estime qu'il y a lieu de modifier l'article 49 de manière à insérer dans la loi elle-même, *un délai précis*, passé lequel le retrait de la concession sera prononcé, comme la chose a lieu actuellement dans certains pays étrangers, et comme elle avait lieu dans la loi du 28 juillet 1791, et le projet élaboré en 1813 par le Conseil d'État.

En conséquence, il proposerait de rédiger comme suit le nouvel article 49.

ART. 49. — *Toutes les fois qu'une concession de mine sera restée inexploitée pendant deux ans révolus, le Préfet du département prescrira au concessionnaire un délai pour la mise en activité des travaux, qui ne pourra être moindre de six mois ni supérieur à un an.*

Si les travaux ne sont pas commencés ou repris dans le délai fixé, le retrait de la concession sera prononcé par le Ministre des travaux publics, et il sera procédé à la mise en adjudication de la mine abandonnée, conformément à l'article 6 de la loi du 27 avril 1838.

La commission du Conseil des mines a repoussé la prescription « rigoureuse et absolue » de M. Dupont, qui propose

Avis de la sous-commission des mines.

---

(1) Arrêt du Conseil d'État du 8 novembre 1850 (mines de Veyros).
(2) Voir l'article K du modèle des clauses des actes de concession, joint à la circulaire du 8 octobre 1843.

d'écrire que le retrait de la concession *devra être* prononcé sans que le Gouvernement ait à apprécier les circonstances particulières qui peuvent motiver le retrait de la concession. D'après la rédaction proposée, toute latitude est laissée au Gouvernement pour prononcer ou ne pas prononcer dans chaque cas et en connaissance de cause, le retrait de la concession.

Écoutons maintenant les plaidoiries opposées, elles ne manquent ni d'éloquence ni d'autorité, comme on va le voir, et les principaux avocats sont Napoléon Ier, Locré, etc.

Avis motivé du comité des houillères de la Loire.

Rien n'est plus opposé, dit le secrétaire du comité des houillères de la Loire, à l'esprit de la loi de 1810 que le régime créé par l'article 10 de la loi de 1838 et que la situation qui en dérive pour l'industrie houillère.

« Disons d'abord que cet esprit n'est pas douteux, car le législateur a pris soin de le manifester lui-même de la manière la plus éclatante.

« En effet, le projet primitif présenté au Conseil d'État renfermait une section ayant pour titre : *De la vacance par la cessation de la mine,* et un article 57 dont il faut rappeler le texte :

« La vacance de la mine pourra aussi être déclarée par le « Ministre, dans le cas où il y aurait cessation des travaux « par le fait du concessionnaire, soit par sa négligence, soit « parce qu'il n'aura pas des facultés suffisantes pour conti- « nuer les travaux ; le concessionnaire contre lequel le Mi- « nistre aura prononcé pourra recourir au Conseil d'État. »

Ces dispositions furent vivement combattues, principalement par l'Empereur dont l'opinion est rapportée en ces termes dans le procès-verbal de la séance du 3 février 1810.

Opinion de Napoléon Ier sur l'article 49.

« Napoléon dit, que le concessionnaire ne doit être dépouillé de sa propriété que lorsque lui-même consent à la céder; il n'y a pas de différence à faire, sous ce rapport, entre une mine et une-ferme.

« Ce n'est pas cependant que Napoléon se refuse à ce qu'on assujétisse le concessionnaire à des conditions; il veut seulement que le non accomplissement de ces conditions n'entraîne pas la déchéance; l'autorité des tribunaux condamnera le concessionnaire à les exécuter, comme cela se pratique à l'égard de tous les contrats. » (*Locré, procès-verbal de la séance du 3 février* 1810, *n°* 20.)

Après des discussions approfondies sur lesquelles il est inutile d'insister, tous les articles relatifs à la déchéance furent retranchés « comme impliquant, dit Locré, contradiction avec le principe, que les mines sont des propriétés réelles et de la même nature que toutes les autres, et qu'en conséquence on ne peut en être dépossédé que conformément au Code civil. » (*Locré, — séance du 8 avril* 1809, n° 37.)

« Rien d'illogique, en effet, dit le Comité des houillères, comme cette déchéance que la Commission parlementaire veut consacrer en l'insérant dans l'article 49.

« D'un côté, aux termes de l'article 7, l'acte de concession fait de la mine une propriété incommutable dont on ne peut être exproprié que dans les cas et selon les formes prescrites pour les autres propriétés; ce système, nous l'avons dit déjà à l'occasion des modifications proposées relativement à ce même article 7, a été une réaction contre les dispositions contraires, admises dans la loi du 28 juillet 1791 et dont l'expérience avait démontré les dangers; il a eu pour but de donner à l'industrie houillère cette impulsion qui ne saurait émaner que de l'intérêt privé, et le crédit qui ne s'attache qu'à la solidité des titres et des gages qui lui sont offerts; et d'un autre côté, lorsque cette admirable conception a porté ses fruits, lorsque la Commission proclame elle-même l'influence heureuse qu'elle a exercée sur le développement des forces industrielles de la France, on vient la saper par sa base et l'on donne à un Ministre *seul,* pour la simple inexécution de mesures qu'il aura prescrites, le droit de révoquer une propriété que la loi a déclarée *perpétuelle et sacrée* à l'égal de toute autre !

« Sans doute il faut que l'article 49 ait une sanction ; mais la loi de 1810 lui en a donné une dans les articles 93 et suivants, en assimilant à des délits les infractions commises par le concessionnaire aux arrêtés administratifs, et en les punissant, non seulement d'une amende, mais d'une détention dont la durée peut être égale au maximum applicable par les tribunaux correctionnels.

« Sans doute encore un concessionnaire ne peut laisser indéfiniment oisive une concession qu'il a reçue sous la condition de l'exploiter, et dans l'intérêt général ; — mais le droit commun suffit à cette situation ; il s'agit, en effet, de l'exécution d'un contrat, et les tribunaux sont compétents pour y pourvoir, soit par la voie des dommages-intérêts, soit en prononçant la résiliation du contrat lui-même. Telle était l'opinion de l'Empereur et le Conseil d'Etat l'a partagée ; dans les principes les plus respectés du Droit Français, si les questions de police appartiennent au Gouvernement, les questions de propriété sont du domaine exclusif des tribunaux ; ce sont les tribunaux qui, avec leur mode d'instruction, leur discussion publique, et leurs trois degrés de juridiction, ont toujours paru seuls présenter des garanties suffisantes pour des intérêts aussi graves ; la révocation d'un droit de propriété, prononcée par un Ministre, paraîtra toujours une véritable confiscation.

« Ce que nous venons de dire semblera d'autant plus vrai que rarement la concession révoquée sera dans l'état où le concessionnaire l'aura reçue. Pour beaucoup d'esprits étrangers à l'industrie houillère, la concession que donne le Gouvernement est une faveur gratuite et dont l'importance se juge par celle que la mine a acquise plus tard. C'est là une erreur, source de bien des accusations, de bien des exigences ;

avant la concession, la propriété de la mine n'existe pas, ou n'est qu'une annexe indisponible de la surface ; en la créant par l'acte de concession, le Gouvernement ne se dépouille en aucune manière, mais transfère au concessionnaire ce qui appartenait au possesseur du sol ; quant à la chose elle-même, elle ne consiste vraiment à l'origine qu'en un droit fort aléatoire, et ne vaudra plus tard que par les découvertes qu'aura faites le concessionnaire, les moyens de production qu'il aura établis, les capitaux qu'il aura dépensés ; on peut donc dire d'une mine ouverte à l'exploitation que c'est le concessionnaire qui en a créé la valeur par son intelligence, ses efforts, ses sacrifices ; et, lorsque le Ministre prononce contre lui la déchéance, il lui enlève non seulement le droit que le Gouvernement lui a transmis, mais encore tout ce qui représente les travaux accomplis, les sommes versées, les résultats obtenus, et lui prend le plus souvent sa fortune tout entière, en même temps que le gage de ses créanciers. Un tel pouvoir attribué au Ministre n'est-il pas un démenti donné aux règles les plus tutélaires de notre législation ?

« Nous parlons du Ministre, et nous n'oublions pas cependant que la loi ouvre contre sa décision un recours au Conseil d'État ; mais quelles que soient lumières et l'expérience de cette haute juridiction, ce recours ne sera-t-il pas le plus souvent une vaine garantie ? On ne doit pas oublier, en effet, que les droits de police et de surveillance que l'article 40 accorde au Ministre sont absolus et que les arrêtés pris par lui en cette matière ne sont susceptibles d'être référés à aucun pouvoir supérieur ; si donc le Conseil d'État n'a point à apprécier le mérite des mesures dont le retrait de la concession n'aura été que la conséquence, s'il est juge seulement non des faits, mais du droit et du point de savoir si la loi a été violée dans son application, on voit que le concessionnaire condamné par le Ministre se présentera le plus souvent désarmé devant le Conseil d'État.

« La disposition que nous combattons ici est donc contraire à toutes les notions du droit et de la justice ; on ne saurait en outre en méconnaître les dangers. Il sera toujours dangereux en effet de mettre la fortune des particuliers à la merci d'une simple décision ministérielle, et il n'est pas un gouvernement qui, avec le pouvoir dont l'article 10 l'investit, ne pût en en quelques années ramener en ses mains toutes concessions données par lui.

« Un autre danger existe et nous ne voulons que l'indiquer : Dans l'ordre des idées qui s'attachent au droit de propriété, tout se tient, et il sera toujours imprudent de méconnaître dans un cas le respect dû à la propriété, si dans les autres cas on veut le maintenir intact et l'imposer avec autorité.

« On ne comprendrait pas comment une disposition semblable a pu se glisser dans la loi du 27 avril 1838, si elle n'était évidemment le résultat d'une erreur de droit. Cette erreur, la rédaction même de l'article 10 l'atteste, car elle suppose le droit au retrait de la concession existant et s'occupe seulement d'en régulariser l'exercice pour la plus grande garantie du concessionnaire. L'article ne se trouvait pas dans le projet présenté par le Gouvernement, il y a été ajouté par la Chambre des Députés et il n'apparaît pas qu'aucune discussion en ait indiqué la portée; c'est un de ces accidents que comporte l'élaboration de lois spéciales dans des milieux où les principes de la matière sont étrangers au plus grand nombre. A la vérité l'article 6 avait admis le retrait, mais dans un cas simple, bien déterminé, où l'expropriation aurait été de droit, c'est-à-dire le défaut de payement d'une créance contractée pour le salut de la mine; il ne présentait dès lors que des inconvénients très limités. La loi elle-même avait un but unique, celui de parer à un danger pressant, l'inondation successive des mines de Rive-de-Gier, et à cette occasion de régler la participation des concessionnaires dans tous les cas où des nécessités communes exigent des travaux communs. Il n'entrait nullement dans la pensée du législateur de modifier la loi de 1810, et, mieux averti, il aurait repoussé l'article 10 que nous combattons.

« Nous demandons, en conséquence, poursuit le Comité des houillères, que loin de reporter cet article à la suite de l'article 49, on en prononce la suppression.

« La Commission parlementaire a, dans le cours de son remarquable travail, rendu plusieurs fois hommage au système général de la loi de 1810, et ce système est tout entier dans l'article 7; or, que resterait-il de l'article 7, si l'on admettait les deux propositions formulées par la Commission, de ressusciter l'arrêté du 3 nivôse an VI, sur l'aliénation des concessions, et de consacrer de plus belle l'article 10 de la loi de 1838, en l'incorporant à l'article 49 ? »

M. le secrétaire du Comité des houillères de la Loire, dont nous venons de reproduire les pages, n'avait pas connaissance de la rédaction de M. Dupont. Que n'aurait-il pas dit en voyant que les rigueurs de la loi de 1838 étaient aggravées encore par la fixation d'un délai rigoureux pour le retrait *devenu obligatoire même pour le ministre !*

Nous voudrions cependant en terminant, mettre le lecteur en garde contre certaines exagérations et ramener le débat loin de ces opinions extrêmes. Quand on énumère le nombre de concessions inactives et quand on est frappé de leur nombre, on ne peut se garder en effet d'un certain sentiment de blâme contre les concessionnaires et c'est alors qu'on rédige de nouveaux articles coercitifs contre eux. — Mais qu'on veuille bien aller au fond des choses. On peut classer les concessions comme suit :

Concessions productives.

Concessions insuffisamment exploitées.

Concessions abandonnées après épuisement ou inexploitables.

Concessions abandonnées sans travaux ou motifs suffisants ou attendant des moyens de transport.

M. Dupont n'a pas parlé, en effet, des concessions dans lesquelles il n'y a plus rien à espérer. En a-t-il fait le compte ? Pour nous, qui avons quelque expérience des mines métalliques, nous pensons que sur les 98 concessions non exploi-

Classement des concessions abandonnées.

16

tées, il y en a bien certainement les trois quarts qui sont à jamais condamnées à l'inaction.

Ainsi, quelle sera l'efficacité de l'article 49 nouveau?

1° Pour les concessions en pleine production, il ne stimulera pas l'exploitation.

2° Pour les concessions insuffisamment exploitées, il est sans objet, l'ingérence de l'administration étant écartée dans ce cas. Il suffira au concessionnaire d'entretenir quelques ouvriers pour éluder la loi.

3° Pour les concessions abandonnées après épuisement, que fera l'article 49? — On ne galvanise pas un cadavre. L'adjudication sera sans effet et aura pour but de faire passer en des mains tout aussi impuissantes une non-valeur. Et comment l'administration pourra-t-elle reprendre ces concessions une fois adjugées, si le nouvel acquéreur est aussi peu diligent que le premier? Autant de questions sans solution.

4° Pour les concessions abandonnées sans motif ni travaux suffisants, nous comprenons fort bien l'article 49, et c'est pour celles-là surtout qu'il doit être fait. Il y a encore là des richesses et quelque espoir d'en tirer parti dans l'intérêt général.

Combien y a-t-il de concessions actuellement dans le dernier cas que nous citons? Voilà la question importante.

Nous pensons que pour se prononcer en toute connaissance, il faudrait que l'administration ordonnât le travail suivant à cette admirable armée de fonctionnaires qu'on nous envie et qui se nomment les ingénieurs des mines.

Enquête sur les concessions abandonnées. Les concessions abandonnées seront visitées scrupuleusement et à l'aide des documents officiels relatifs aux travaux exécutés jadis, on pourra faire une étude complète sur chacune d'elles. — On éliminera ainsi toutes les non-valeurs. — Il restera un certain nombre de concessions pour lesquelles, eu égard aux circonstances multiples qui peuvent se présenter (créances, hypothèques, disparition des titulaires, transmission illégale, etc., etc.), on pourra prendre dans chaque cas une décision.

Les tribunaux seront naturellement appelés à statuer dans les circonstances difficiles, mais il n'y a pas un exemple, croyons-nous, où le droit commun n'ait prise et où la concession ne puisse être saisie pour un motif plausible. — Il faut faire ce travail d'abord et alors seulement on saura s'il est absolument nécessaire de détruire un principe fondamental pour quelques exceptions. On pourra renouveler ce recensement à des époques fixes de façon à tenir ainsi en haleine les concessionnaires.

Qu'on fasse donc l'enquête que nous indiquons, qu'on se rende un compte exact des non-valeurs, des impossibilités matérielles qu'il y a quelquefois à la mise en exploitation de certains gîtes, des fâcheuses faiblesses qu'on a eues souvent en instituant des concessions sur des indices trompeurs ou insignifiants.

En attendant, nous ne pouvons qu'accomplir la menace déjà tant de fois faite de la déchéance et qui, croyons-nous, quoique inscrite une fois de plus dans la loi n'aura peut-être pas sur l'industrie des mines toute l'influence qu'on en attend.

En conséquence l'article est rédigé comme suit :

Article 49.

Toutes les fois qu'une concession de mines sera restée inex- *Texte proposé.*
ploitée pendant les deux ans révolus, le préfet du département prescrira au concessionnaire un délai pour la mise en activité des travaux, qui ne pourra être moindre que six mois, ni supérieur à un an.

Si les travaux ne sont pas commencés ou repris dans le délai fixé, le retrait de la concession *sera prononcé* par le Ministre des Travaux publics, et il sera procédé à la mise en adjudication de la mine, conformément à l'article 6 de la loi du 27 avril 1838.

Nous ajouterons facultativement et pour engager la discussion sur ce point de la sanction à donner à toutes les prescriptions de la loi de 1810 qui en manquait complétement.

Le retrait de la concession pourra avoir lieu dans les mêmes formes pour infraction aux lois et règlement généraux et spéciaux.

ARTICLE 50.

Loi de 1810.

Si l'exploitation compromet la sûreté publique, la conservation des puits, la solidité des travaux, la sûreté des ouvriers mineurs ou des habitations de la surface, il y sera pourvu par le préfet, ainsi qu'il est pratiqué en matière de grande voirie et selon les lois.

Addition de la sous-commission.

L'article 50 a subi une addition de la part de la sous-commission des mines, qui a cru devoir y introduire les dispositions de la loi du 27 avril 1838, relatives aux travaux à faire en commun pour l'assèchement de mines. Voici cette addition :

« Lorsque plusieurs mines situées dans des concessions différentes seront atteintes d'une inondation commune qui sera de nature à compromettre leur existence, le Gouvernement pourra obliger les concessionnaires à exécuter en commun et à leurs frais les travaux soit pour dessécher en tout ou partie les mines inondées, soit pour arrêter les progrès de l'inondation ; l'application de cette mesure sera soumise aux formalités et dispositions prescrites par la loi du 27 avril 1838. »

Depuis cette époque la loi de 1880 est intervenue et l'article 50 de la loi de 1810 a été complétée comme suit :

Si les travaux de recherche ou d'exploitation d'une mine sont de nature à compromettre la sécurité publique, la conservation de la mine, la sûreté des ouvriers mineurs, la conservation des voies de comnunication, celle des eaux minérales, la solidité des habitations, l'usage des sources qui alimentent des villes, villages, hameaux et établissements publics, il y sera pourvu par le préfet.

Nous pensons que c'est dans cet article 50 que l'on pourrait viser aussi la loi spéciale qui sera probablement votée par le Parlement sur les délégués mineurs.

En attendant nous ajoutons au texte de la loi de 1880 le paragraphe visant l'assèchement des mines et l'article 50 devient le suivant :

Article 50.

« Si les travaux de recherche ou d'exploitation d'une mine sont de nature à compromettre la sécurite publique, la conservation de la mine, la sûreté des ouvriers mineurs, la conservation des voies de communication, celle des eaux minérales, la solidité des habitations, l'usage des sources qui alimentent des villes, villages, hameaux et établissements publics, il y sera pourvu par le préfet.

L'article premier de la loi du 27 avril 1838 est modifié ainsi qu'il suit :

« Lorsque plusieurs mines situées dans des concessions différentes sont atteintes d'une inondation commune qui sera de nature à compromettre leur existence, le Gouvernement pourra obliger les concessionnaires à exécuter en commun et à leurs frais les travaux soit pour dessécher en commun à leurs frais les travaux, soit pour dessécher en tout ou partie les mines inondées, soit pour arrêter les progrès de l'inondation ; l'application de cette mesure sera soumise aux formalités et dispositions prescrites par la loi du 27 avril 1838. »

TITRE VI

Des concessions ou jouissances des mines antérieures
à la présente loi de 1810.

Articles 51, 52, 53, 54, 55, 56.

Ces articles, de 51 à 56, font partie d'un titre spécial,
le titre VI, intitulé : *Des concessions ou jouissances des
Mines antérieures à la présente loi de* 1810. Voici ces articles.

§ 1er — *Des anciennes concessions en général.*

Art. 51.

Les concessionnaires antérieurs à la présente loi deviendront
du jour de sa publication, propriétaires incommutables, sans aucune formalité préalable d'affiches, vérifications de terrain ou
autres préliminaires, à la charge seulement d'exécuter, s'il y en a
les conventions faites avec les propriétaires de la surface, et sans
que ceux-ci puissent se prévaloir des articles 6 et 42.

Art. 52.

Les anciens concessionnaires seront, en conséquence, soumis au paiement des contributions comme il est dit à la section II
du titre IV, articles 33 et 34, à compter de l'année 1811, et les
nouvelles dispositions de la présente loi n'auront d'effet que pour
l'institution des concessions futures.

§ 2. *Des exploitations pour lesquelles on n'a pas*
exécuté la loi de 1791.

Art. 53.

Quant aux exploitants des mines qui n ont pas exécuté la loi
de 1791, et qui n'ont pas fait fixer, conformément à cette loi, les
limites de leurs concessions, ils obtiendront les concessions de
leurs exploitations actuelles, conformément à la présente loi ; à
l'effet de quoi les limites de leurs concessions seront fixées sur
leur demande ou à la diligence des préfets, à la charge seulement d'exécuter les conventions faites avec les propriétaires de
la surface, et sans que ceux-ci puissent se prévaloir des articles 6
et 42 de la présente loi.

Art. 54.

Ils paieront, en conséquence, les redevances, comme il est dit
à l'article 52.

Art. 55.

En cas d'usages locaux ou d'anciennes lois qui donneraient
lieu à la décision de cas extraordinaires, les cas qui se présenteront seront décidés par les actes de concession ou par les jugements de nos Cours et Tribunaux, selon les droits résultant pour
les partis des usages établis, des prescriptions légalement acquises
ou des conventions réciproques.

Art. 56.

Les difficultés qui s'élèveraient entre l'administration et les exploitants, relativement à la limitation des mines, seront décidées par l'acte de concession.

A l'égard des contestations qui auraient lieu entre des exploitants voisins, elles seront jugées par les Tribunaux et Cours.

La lecture de ces articles démontre qu'aujourd'hui ils n'ont plus de raison d'être. Les situations antérieures à la loi de 1810 ont été réglées, il n'existe plus d'aucunes concessions non régularisées. Les actes de concession postérieurs à la loi de 1810 ont purgé toutes les revendications, tenu compte des usages locaux, il y a donc avantage à se débarrasser de ces six articles et à alléger ainsi la loi.

Du reste, ces six articles ne formaient évidemment qu'une disposition transitoire.

En conséquence, nous proposons la suppression de tout le titre VI.

TITRE VII

Règlement sur la propriété et l'exploitation des minières, et sur l'établissement des forges, fourneaux et usines.

Nous avons proposé, on le sait, la suppression de tout ce titre relatif aux minières. Il est nécessaire pour juger de l'importance de cette suppression et de l'allègement que subira ainsi la loi d'examiner les articles dont nous proposons la suppression. Voici d'abord ceux de la section 1.

SECTION I.

ARTICLE 57.

L'exploitation des minières est assujettie à des règles spéciales.

Elle ne peut avoir lieu sans permission.

Article 58.

La permission détermine les limites de l'exploitation et les règle, sous les rapports de sûreté et de salubrité publiques.

SECTION II.

De la propriété et de l'exploitation des minerais de fer d'alluvion.

Article 59.

Le propriétaire du fonds sur lequel il y a du minerai de fer d'alluvion est tenu d'exploiter en quantité suffisante pour fournir, autant que faire se pourra, aux besoins des usines établies dans le voisinage avec autorisation légale; en ce cas, il ne sera assujetti qu'à en faire la déclaration au préfet du département: elle contiendra la désignation des lieux; le préfet donnera acte de cette déclaration, ce qui vaudra permission pour le propriétaire, et l'exploitation aura lieu par lui sans autre formalité.

Article 60.

Si le propriétaire n'exploite pas, les maîtres de forges auront la faculté d'exploiter à sa place, à la charge: 1° d'en prévenir le propriétaire, qui, dans un mois, à compter de la notification, pourra déclarer qu'il entend exploiter lui-même; 2° d'obtenir du préfet la permission, sur l'avis de l'ingénieur des mines, après avoir entendu le propriétaire.

Article 61.

Si, après l'expiration du délai d'un mois, le proprié-

17

taire ne déclare pas qu'il entend exploiter, il sera censé re-
noncer à l'exploitation; le maître de forges pourra, après
la permission obtenue, faire des fouilles immédiatement
dans les terres incultes et en jachère, et, après la récolte,
dans toutes les autres terres.

ARTICLE 62.

Lorsque le propriétaire n'exploitera pas en quantité
suffisante, ou suspendra ses travaux d'extraction pendant
plus d'un mois, sans cause légitime, les maîtres de forges se
pourvoiront auprès du préfet pour obtenir la permission
d'exploiter à sa place.

Si le maître de forges laisse écouler un mois sans faire
usage de cette permission, elle sera regardée comme non
avenue, et le propriétaire du terrain rentrera dans tous ses
droits.

ARTICLE 63.

Quand un maître de forges cessera d'exploiter un ter-
rain, il sera tenu de le rendre propre à la culture, ou d'in-
demniser le propriétaire.

ARTICLE 64.

En cas de concurrence entre plusieurs maîtres de for-
ges pour l'exploitation dans un même fonds, le préfet dé-
terminera, sur l'avis de l'ingénieur des mines, les propor-
tions dans lesquelles chacun d'eux pourra exploiter, sauf le
recours au Conseil d'État.

Le préfet réglera de même les proportions dans lesquel-
les chaque maître de forges aura droit à l'achat du mine-
rai, s'il est exploité par le propriétaire.

ARTICLE 65.

Lorsque les propriétaires feront l'extraction du minerai pour le vendre aux maîtres de forges, le prix en sera réglé entre eux de gré à gré, ou par des experts choisis ou nommés d'office qui auront égard à la situation des lieux, aux frais d'extraction et aux dégâts qu'elle aura occasionnés.

ARTICLE 66.

Lorsque les maîtres de forges auront fait extraire le minerai, il sera dû au propriétaire du fonds, et avant l'enlèvement du minerai, une indemnité qui sera aussi réglée par experts; lesquels auront égard à la situation des lieux, aux dommages causés, à la valeur du minerai, distraction faite des frais d'exploitation.

ARTICLE 67.

Si les minerais se trouvent dans les forêts royales, dans celles des établissements publics ou des communes, la permission de les exploiter ne pourra être accordée qu'après avoir entendu l'administration forestière. L'acte de permission déterminera l'étendue des terrains dans lesquels les fouilles pourront être faites : ils seront tenus, en outre, de payer les dégâts occasionnés par l'exploitation, et de repiquer en glands ou plants les places qu'elle aurait endommagées, ou une autre étendue proportionnelle déterminée par la permission.

ARTICLE 68.

Les propriétaires ou maîtres de forges ou d'usines exploitant les minerais de fer ou d'alluvion ne pourront, dans cette exploitation pousser des travaux réguliers par des galeries souterraines, sans avoir obtenu une concession, avec les formalités et sous les conditions exigées par les articles de la section I du titre III et les dispositions du titre IV.

ARTICLE 69.

Il ne pourra être accordé aucune concession pour minerai d'alluvion ou pour des mines en filons ou couches, que dans les cas suivants :

1° Si l'exploitation à ciel ouvert cesse d'être possible, et si l'établissement de puits, galeries et travaux d'art est né-nécessaire ;

2° Si l'exploitation, quoique possible encore, doit durer peu d'années, et rendre ensuite impossible l'exploitation avec puits et galeries.

ARTICLE 70.

En cas de concession, le concessionnaire sera tenu toujours : 1° de fournir aux usines qui s'approvisionnaient de minerai sur les lieux compris en la concession, la quantité nécessaire à leur exploitation, au prix qui sera porté au cahier des charges ou qui sera fixé par l'administration ; 2° d'indemniser les propriétaires au profit desquels l'exploitation avait lieu, dans la proportion du revenu qu'ils en tiraient.

La lecture seule de ces articles montre à combien de subterfuges, de dispositions arbitraires on est conduit lorsqu'on s'écarte de la logique et des principes. Il ne pouvait y avoir en effet entre les mines concessibles et les carrières libres qu'un système bâtard dans lequel il a fallu tout réglementer à coup de dispositions spéciales. Le maître de forges pour les minerais de fer dont il s'agissait dans cette première section a été posé comme l'antagoniste du propriétaire du sol et la lutte entre eux s'est prolongée jusqu'à ce jour.

Mais la loi de 1880 par un détour habile a porté un coup décisif aux minières.

En effet dans son article 70 abrogeant celui de 1810 dans le second paragraphe elle dit :

« Lorsque le Ministre des Travaux publics, après la concession d'une mine de fer, interdit aux propriétaires de minières de continuer une exploitation qui ne pourrait se prolonger sans rendre ensuite impossible l'exploitation avec puits et galeries régulières, le concessionnaire de la mine est tenu d'indemniser les propriétaires de minières dans la proportion du revenu net qu'ils en tiraient.

« Un décret rendu en Conseil d'État peut, alors même que les minières sont exploitables à ciel ouvert ou n'ont pas encore été exploitées, autoriser la réunion des minières à une mine sur la demande du concessionnaire.

« Dans ce cas, le concessionnaire de la mine doit indemniser le propriétaire de la minière, par une redevance équivalente au revenu net que ce propriétaire aurait pu tirer de l'exploitation et qui sera fixée par les tribunaux civils. »

Il y aura une disposition transitoire à formuler pour régler le sort des rares minières encore existantes. Nous proposerons la suivante :

Disposition transitoire.

« Dans l'année qui suivra la promulgation de la présente

loi, les propriétaires de minières en activité formuleront des demandes en concession.

« Les concessionnaires de mines indemniseront le propriétaire de la minière qu'ils voudront annexer, par une redevance équivalente au revenu net que le propriétaire aurait pu tirer de l'exploitation et qui sera fixée par les tribunaux. »

SECTION III

Des terres pyriteuses et alumineuses.

C'est à la place de ce titre que nous nous proposons de mettre la section des *Eaux minérales,* dont nous poursuivons l'étude, mais que nous avons cru utile d'éliminer aujourd'hui pour ne pas entamer tout à la fois.

La section III comprend deux articles spéciaux pour les terres pyriteuses et alumineuses.

Nous avons transporté expressément ces terres dans la section des mines parce qu'elles donnent lieu à de véritables exploitations et que nous avons supprimé les minières.

L'article transitoire précédent est du reste applicable à cette catégorie de substances. Voici les deux articles de la loi de 1810.

ARTICLE 71.

L'exploitation des terres pyriteuses et alumineuses sera assujettie aux formalités prescrites par les articles 57 et 58, soit qu'elle ait lieu par les propriétaires des fonds, soit par d'autres individus qui, à défaut par ceux-ci d'exploiter, en auraient obtenu la permission.

ARTICLE 72.

Si l'exploitation a lieu par des non-propriétaires, ils seront assujettis, en faveur des propriétaires, à une indemnité qui sera réglée de gré à gré ou par experts.

Nous proposons encore la suppression pure et simple de ces deux articles.

SECTION IV

Des permissions pour l'établissement des fourneaux, forges et usines.

Il n'y a pas lieu, on le comprend, d'alourdir encore la nouvelle loi de prescriptions pour l'établissement des fourneaux, forges et usines d'autant plus que tout cela est vieilli comme expressions techniques, comme dispositions et comme esprit. Il n'y a pas lieu non plus d'assujettir l'établissement métallurgique à aucune permission. Depuis longtemps ces articles sont tombés en désuétude, nous avons la liberté commerciale; il faut donc les élaguer. En voici le **texte**, on pourra du reste juger de leur inutilité.

ARTICLE 73.

Les fourneaux à fondre les minerais de fer et autres substances métalliques, les forges et martinets pour ouvrer le fer et le cuivre, les usines servant de patouillets et bocards, cell s, our le traitement des substances salines et pyriteuses, dans lesquelles on consomme des combustibles, ne pourront être établis que sur une permission accordée par un règlement d'administration publique.

ARTICLE 74.

*La demande en permission sera adressée au préfet, en-
registrée le jour de la remise sur un registre spécial à ce
destiné, et affichée pendant quatre mois dans le chef-lieu
du département, dans celui de l'arrondissement, dans la
commune où sera situé l'établissement projeté, et dans le
lieu du domicile du demandeur.*

*Le préfet, dans le délai d'un mois, donnera son avis
tant sur la demande que sur les oppositions et les demandes
en préférence qui seraient survenues ; l'administration des
mines donnera le sien sur la quotité du minerai à traiter ;
l'administration des forêts, sur l'établissement des bouches
à feu en ce qui concerne les bois et l'administration des
ponts et chaussées sur ce qui concerne les cours d'eau navigables ou flottable.*

ARTICLE 75.

*Les impétrants des permissions pour les usines suppor-
teront une taxe une fois payée, laquelle ne pourra être au-
dessous de 50 francs, ni excéder 300 francs.*

SECTION V.

Dispositions générales sur les permissions.

ARTICLE 76.

*Les permissions seront données à la charge d'en faire
usage dans un délai déterminé ; elles auront une durée indéfinie, à moins qu'elles n'en contiennent la limitation.*

ARTICLE 77.

En cas de contraventions, le procès-verbal dressé par les autorités compétentes sera remis au procureur impérial, lequel poursuivra, dans les formes prescrites ci-dessus, article 67, la révocation de la permission, s'il y a lieu, et l'application des lois pénales qui y sont relatives.

ARTICLE 78.

Les établissements actuellement existants sont maintenus dans leur jouissance, à la charge par ceux qui n'ont jamais eu de permission, ou qui ne pourraient représenter la permission obtenue précédemment, d'en obtenir une avant le 1er janvier 1813, sous peine de payer un triple droit de permission pour chaque année pendant laquelle ils auront négligé de s'en pourvoir et continué de s'en servir.

ARTICLE 79.

L'acte de permission d'établir des usines à traiter le fer autorise les impétrants à faire des fouilles, même hors de leurs propriétés, et à exploiter les minerais par eux découverts, ou ceux antérieurement connus, à la charge de se conformer au dispositions de la section II.

ARTICLE 80.

Les impétrants sont aussi autorisés à établir des patouillets, lavoirs et chemins de charroi, sur les terrains qui ne leur appartiennent pas; mais sous les restrictions portées en l'article 11; le tout à charge d'indemnité envers les propriétaires du sol, et en les prévenant un mois d'avance.

18

TITRE VIII

SECTION I

Des carrières.

La loi de 1880 a modifié la loi de 1810 et les deux articles sont ainsi conçus :

Article 81 de la loi 1880.

L'exploitation des carrières à ciel ouvert a lieu en vertu d'une simple déclaration faite au maire de la commune et transmise au préfet. Elle est soumise à la surveillance de l'administration et à l'observation des lois et règlements.

Les règlements généraux seront remplacés dans les départements où ils sont en vigueur par des règlements locaux rendus sous la forme de décret en Conseil d'État.

Article 82 de la loi de 1880.

Quand l'exploitation a lieu par galeries souterraines elle est soumise à la surveillance de l'administration des mines dans les conditions prévues par les articles 47, 48 et 50.

Nous trouvons cependant l'article 82 incomplet en ce sens qu'il ne parle pas de la déclaration qui, à plus forte raison, doit être faite en cas de galerie souterraine, en conséquence nous modifierions comme suit l'article 82.

Article 82.

Quand l'exploitation a lieu par galeries souterraines, elle est soumise, *indépendamment de la déclaration*, à la surveillance de l'administraaion des mines comme il est dit au titre V.

Dans l'intérieur de Paris l'exploitation des carrières souterraines de toute nature est interdite.

Sont abrogées les dispositions ayant force de loi des deux décrets du 22 mars et 4 juillet 1813 et du décret portant règlement général du 22 mars 1813 relatif à l'exploitation des carrières dans les départements de la Seine et de Seine-et-Oise.

SECTION II

Des tourbières.

La section 2 des tourbières ne doit pas subir de modification ; comme on jugera par le texte, ce sont de véritables carrières soumises en raison de la nature du gite, à certaines dispositions spéciales.

SECTION II

Des tourbières.

Article 83.

Les tourbes ne peuvent être exploitées que par le propriétaire du terrain, et de son consentement.

Article 84.

Tout propriétaire actuellement exploitant, ou qui voudra commencer à exploiter des tourbes dans son terrain, ne pourra continuer ou commencer son exploitation, sous peine de 100 fr. d'amende, sans en avoir préalablement fait la déclaration à la sous-préfecture et obtenu l'autorisation.

Article 85.

Un règlement d'administration publique déterminera la direction générale des travaux d'extraction dans le terrain où sont situées les tourbes, celles des rigoles de desséchement, enfin toutes les mesures propres à faciliter l'écoulement des eaux dans les vallées et l'atterrissement des entailles tourbées.

Article 86.

Les propriétaires exploitants, soit particuliers soit communautés d'habitants, soit établissements publics, sont tenus de s'y conformer, à peine d'être contraints à cesser leurs travaux.

TITRE IX

Des expertises.

Ce titre ne subit pas de modification notable.

Article 87.

Dans tous les cas prévus par la présente loi et autres naissant des circonstances où il y aura lieu à expertise, les dispositions du titre XIV du Code de procédure civile, articles 303 à 323, seront exécutées.

Article 88.

Les experts seront pris parmi les ingénieurs des mines, ou parmi les hommes notables et expérimentés dans le fait des mines et de leurs travaux.

Article 89.

Le Procureur de la République sera toujours entendu, et donnera ses conclusions sur le rapport des experts,

Article 90.

Nul plan ne sera admis comme pièce probante dans une contestation, s'il n'a été levé ou vérifié par un ingénieur des mines. La vérification des plans sera toujours gratuite.

Article 91.

Les frais et vacations des experts seront réglés et arrêtés, selon les cas, par les Tribunaux : il en sera de même des honoraires qui pourront appartenir aux ingénieurs des mines; le tout suivant le tarif qui sera fait par un règlement d'administration publique.

Toutefois, il n'y aura pas lieu à honoraires pour les ingénieurs des mines, lorsque leurs opérations auront été faites soit dans l'intérêt de l'administration, soit à raison de la surveillance et de la police publiques.

Article 92.

La consignation des sommes jugées nécessaires pour subvenir aux frais d'expertise pourra être ordonnée par le tribuna contre celui qui poursuivra l'expertise.

L'article 88 cependant doit comporter l'addition suivante qui s'applique d'elle-même.

Article 88.

Ajouter au texte les mots suivants :

Sous réserve de l'application des articles de la présente loi qui renvoient devant les Conseils de préfecture.

TITRE X

De la police et de la juridiction relatives aux mines.

Enfin dans ce dernier titre il n'y a lieu de modifier que l'article 93 et c'est plutôt un oubli à réparer.

Article 93.

Les contraventions des propriétaires de mines, **exploitants**, non encore concessionnaires ou autres personnes, aux lois et règlements seront dénoncées et constatées, comme les contraventions en matière de voirie et de police.

Article 94.

Les procès-verbaux contre les contrevenants seront affirmés dans les formes et délais prescrits par les lois.

Article 95.

Ils seront adressés en originaux à nos procureurs **impériaux**, qui seront tenus de poursuivre d'office les contrevenants devant les tribunaux de police correctionnelle, ainsi qu'il est réglé et usité pour les délits forestiers, et sans préjudice des dommages-intérêts des parties.

Article 96.

Les peines seront d'une amende de 500 francs au plus, et de 100 francs au moins, double en cas de récidive, et d'une détention qui ne pourra excéder la durée fixée par le Code de police correctionnelle.

L'article 93 est modifié comme suit :

Article 93.

Les contraventions aux lois et règlements sur les mines et carrières souterraines seront dénoncées, etc...

Nous sommes arrivé au bout de notre tâche au point de vue de la discussion des articles à modifier nous n'ajouterons qu'un article final relatif aux abrogations et ainsi conçu :

Article additionnel.

Sont abrogés, le décret du 23 octobre 1852, la loi du 9 mai 1866 et les dispositions des lois du 21 avril 1810, du 27 avril 1838 du 17 juin 1840 et du 27 juillet 1880 contraires à la présente loi.

Nous allons donner en terminant un aperçu des législations étrangères afin que nos collègues puissent se rendre compte que la présente loi s'assimile les progrès accomplis dans toutes les législations existantes en même temps qu'elle réalise un idéal démocratique nouveau.

III

LÉGISLATIONS ÉTRANGÈRES

AUTRICHE

———

En suivant l'ordre chronologique, se présente d'abord la loi générale sur les mines du 23 mai 1854 applicable à tout l'Empire d'Autriche (1).

Patente de publication.

La patente de publication de cette loi déclare, en termes précis dans son article 2, que « du même jour, cesseseront d'être en vigueur toutes les lois antérieures relatives aux objets de la présente, publiées dans les anciennes ordonnances de mines des diverses provinces ou dans d'autres, par qui ou sous quelque forme que ce soit, ainsi que toutes les anciennes coutumes. »

SECTION I

Dispositions générales. — §§ 1 à 12.

La section première, comprenant les §§ 1 à 12, contient l'énonciation de quelques principes généraux.

_____

(1) *Annales des mines*, t. XVI, 6e série, 4e livraison de 1869, p. 258; traduction et résumé par M. Jules ICHON, ingénieur des mines en France.

Les différents extraits sont tirés également d'un travail de M. Jules de MARMOL, avocat de la Cour d'appel de Liége (Revue des Mines et de la Métallurgie).

On y voit figurer au § 3 le maintien du droit régalien qui attribue au souverain tous les minéraux utiles à l'industrie, *sans se préoccuper du propriétaire du sol*. On se borne à accorder à ce dernier des indemnités du chef d'occupation de terrains; ainsi *pas de redevances sur le produit des mines, pas de droit de préférence à son profit pour la concession*, ni en faveur de l'inventeur, qui peut seulement faire valoir ses titres.

§ 2. En l'absence de dispositions particulières de la loi des mines, les lois générales civiles, correctionnelles, politiques, industrielles et commerciales sont déclarées applicables.

C'est là un principe de droit commun.

§ 4. Le monopole de l'État sur le *sel* est réglé par des lois spéciales.

§ 5. La recherche de l'extraction des minéraux *réservés* au profit de la souveraineté, ne sont permises, qu'après une autorisation et la fixation d'un *champ de fouille* (§ § 15 à 22).

Ces droits comprennent des *mesure des mines*, soit *mesures souterraines*, soit *mesures du jour*.

Viennent ensuite les *concessions de mines* dont il sera parlé aux §§ 40 à 97 ; nous verrons tout à l'heure la signification de ces distinctions.

§ 6. Les autorités minières, c'est-à-dire de *première instance*, sont chargées de concéder ces droits et de surveiller l'exécution des lois sur l'exploitation des mines.

§ 7. Toute personne capable d'acquérir ou de posséder des propriétées immobilières peut obtenir des droits d'exploitation de mines.

§ 8. Les fonctionnaires composant l'autorité administrative, leurs femmes et leurs enfants mineurs ne doivent ni exploiter, ni acquérir ou posséder des mines dans la circonscription de cette autorité (*Art. 8 de la loi du 2 mai 1837*).

Les §§ 9 et 10 indiquent les poids et mesures uniformes dont il doit être fait usage dans les mines ou usines.

Enfin (§§ 11 et 12) la réunion en une circonscription minières de plusieurs mines ayant une liaison naturelle peut être autorisée, après avoir entendu les intéressés.

SECTION II

Des fouilles. — §§ 13 à 39.

La loi autrichienne définit comme suit au § 13, la recherche ou la fouille des mines :

« Faire des fouilles, c'est rechercher des minéraux *réservés*, c'est-à-dire à la disposition du souverain, dans leurs gisements et découvrir les minéraux en quantité suffisante, pour que la propriété puisse en être concédée. »

§ 14. « Le consentement de l'autorité minière est nécessaire pour l'exécution des fouilles, même au propriétaire qui veut faire des fouilles dans son propre fonds. »

Les §§ 15 et 16 sont relatifs aux formalités prescrites pour les permissions de recherches.

§ 17. La loi autrichienne ne requiert le consentement du propriétaire, que lorsqu'il s'agit de fouilles sous les bâtiments d'habitation, d'exploitation ou autres, ainsi que dans les cours fermées, jardins clos attenant aux maisons, servant à l'ornementation ou autres, de même que des cimetières et champs entourés de murs et à moins de 37 *mètres 92 centimètres* des habitations ou cours fermées.

Enfin, le consentement de l'autorité administrative compétente est nécessaire, s'il s'agit de fouilles sur les voies publiques et les chemins de fer, contre les digues, dans le rayon d'une forteresse, et sur les frontières de l'Empire et des Provinces.

§ 18. « Lorsqu'il se produit des objections à la convenance des fouilles en d'autres endroits que ceux indiqués au § 17, pour des motifs d'intérêt public, les autorités minières doivent décider la question d'accord avec les autorités administratives intéressées. »

Les §§ 19, 20, 21, déterminent les droits que la permission de fouille donne à l'obtenteur.

D'après le § 22, « on n'acquiert un droit exclusif dans un certain périmètre de fouille que lorsqu'on indique à l'autorité minière le point sur lequel on veut commencer une fouille et poser *la marque de fouille* qui devient alors une *fouille libre*. »

SECTION III

De la Concession.

La division des concessions de mines :

en   *mesures souterraines* (1), §§ 41 à 70.
»   *recouvrements* (2), §§ 71 à 75.
»   *mesures de jour* (3), §§ 76 à 84.
»   *travaux de secours* (4), §§ 85 à 89.
»   *galeries de circonscription* (5), §§ 90 à 97,

et les dispositions multiples destinées à assurer la stricte observation de ces divers genres de concession ne nous paraissent pas indispensables et s'écartent au surplus de nos usages.

---

(1) Comprises à l'intérieur à partir du point de la découverte.
(2) Mines intermédiaires non concédées.
(3) Concernant les minéraux qui se rencontrent dans les bancs de sable, les lits des rivières, les débris de roches, les alluvions, les débris de fer en grains et de marais, etc.
(4) Les puits ou galeries en dehors du périmètre concédé.
(5) Pour les reconnaissances à des niveaux inférieurs.

SECTION IV

De la cession des terrains et des eaux destinées aux entreprises de mines et du remboursement des dommages que causent ces entreprises. — §§ 98 à 107.

La loi générale autrichienne du 23 mai 1854, tout aussi bien que la loi de 1810, fait une obligation au propriétaire du sol « de céder à l'entrepreneur des mines, pour son service, les pièces de terrain nécessaires à l'exploitation, contre une indemnité convenable. (§ 98) »

Mais cette indemnité n'est pas *double du produit* ou *double de la valeur* comme l'exigent les articles 43 et 44 de la loi française du 21 avril !

« Dans les endroits où les fouilles dépendent du consentement formel du propriétaire du sol (notamment, § 17, sous les habitations, exploitations, etc.) ou de l'autorité administrative (sous les voies publiques, chemins de fer, digues, etc.), une cession de terrain ne peut être exigée (§ 99).

« Cependant lorsqu'une conduite d'eau servant à l'exploitation des mines ne saurait pas être exécutée autrement, ou peut seulement l'être à des prix exorbitants, l'entrepreneur de mines a le droit d'exiger qu'elle passe souterrainement par les terrains dénommés au § 17, à l'exception des édifices et des cimetières. »

« De pareilles conduites doivent être complètement imperméable à l'eau, et l'entrepreneur est responsable de tous les dommages qu'elles pourraient occasionner. »

Les §§ 100, 101, 102 et 103 relatifs à la cession temporaire ou définitive des terrains de la surface soutiennent les mêmes principes que les articles 43 et 44 de la loi de 1810.

Les propriétaires du sol doivent permettre, contre remboursement des dommages occasionnés, la pose des bornes et celles des poteaux nécessaires à l'arpentage des mesures de mines et sont tenus de les laisser en place (§ 104). .

Le § 105 prévoit la cession réciproque et forcée des eaux entre les propriétaires du sol et les exploitants de mines.

Le § 106, les dommages causés « à des édifices, conduites d'eaux ou autres établissements faits sans le consentement de l'autorité dans le périmètre d'une mine *après la concession*, n'engagent pas la responsabilité du propriétaire de cette mine. »

Reste le § 107, qui contient une simple mesure réglementaire.

SECTION V

De la propriété des mines et des droits afférents aux concessions des mines. — §§ 108 à 133.

Cette section traite des hypothèques et inscriptions sur le livre des mines.

Le § 112 autorise la réunion en un seul *champ de mine* d'une ou plusieurs concessions, et règle les charges hypothécaires, ainsi que les conditions et les conséquences légales de cette réunion (§§ 113 à 122, *article* 30 *du projet du Code belge*).

Contrairement au principe de la loi du 21 avril 1810 et de la législation belge, le § 123 donne au concessionnaire d'une mine le droit exclusif d'extraire non-seulement les minéraux pour la découverte desquels il a obtenu la concession, mais encore les minéraux de toute espèce qui se rencontrent dans le périmètre de *sa mesure de mine ou de jour*.

Les produits bruts en or et argent sont exceptés, il doit les délivrer aux offices des monnaies.

Le § 124 limite cependant la portée de la disposition qui précède aux minéraux *réservés*, c'est-à-dire rentrant dans la catégorie des droits régaliens ou formant l'apanage de la souveraineté. Quant aux autres minéraux, ce concessionnaire ne peut s'approprier que ceux qui lui sont nécessaires pour son industrie minière ou minéralurgique. En dehors de là, il doit les mettre à la disposition du propriétaire du sol sous le terrain duquel ils ont été extraits; seulement ce dernier doit rembourser les frais d'exploitation et d'extraction. Lorsqu'il ne les accepte pas dans un délai de quatre semaines, les minéraux appartiennent au concessionnaire.

Le § 125 donne aussi ce droit au propriétaire du sol d'extraire les minéraux *non réguliens*, en tant que cela ne gêne pas l'exploitation de la mine.

Les §§ 126, 127, 128, 129, 130 organisent ce droit, ainsi que tout ce qui a rapport à la conduite des eaux souterraines à la surface, et à leur utilisation éventuelle.

Quant aux §§ 131, 132, 133, ils fixent les travaux de tout genre auxquels les concessionnaires peuvent se livrer.

SECTION VI

De l'exploitation des mines en commun et, en particulier, des sociétés de mines. — §§ 134 à 170.

Dans cette section, la loi autrichienne a cru devoir déterminer les bases des associations ou sociétés de mines. Ces dispositions sont très remarquables et très utiles à consulter.

Cette opinion a pour elle non-seulement le plus grand nombre des monuments de jurisprudence française et belge (1), mais elle a été consacrée par une longue expérience sans nuire à l'essor de l'industrie des mines.

---

(1) V. *Dictionnaire des Mines. Société*, p. 639.

SECTION VII

De l'entretien des exploitations de mines et des délais concernant ces exploitations. — §§ 170 à 189.

Ces dispositions contiennent une série de prescriptions très importantes pour assurer la sécurité des travaux de *fouilles* et *d'exploitation*, au point de vue des personnes, de la propriété et de la sûreté de la mine.

SECTION VIII

Des relations mutuelles des entrepreneurs d'exploitation de mines. — §§ 190 à 199.

La loi autrichienne, à notre avis, étend trop loin sa sollicitude en cherchant à régler législativement les rapports de bonne entente, de protection et de secours mutuels qui doivent exister tout naturellement entre les concessionnaires voisins en cas d'accident.

Le législateur doit abandonner le règlement de ces faits extraordinaires à l'autorité publique et à l'initiative privée.

Cependant les dispositions de la législation autrichienne n'en sont pas moins très sages et dignes de méditation.

SECTION IX

Des relations entre les propriétaires de mines et leurs employés et ouvriers. — §§ 200 à 208.

Ces paragraphes imposent aux propriétaires de mines des règlements de service, relatifs au personnel des « surveillants et des ouvriers, pour chaque mine; rédigés, examinés avec soin par l'autorité minière assistée d'experts, publié, après approbation, et continuellement affichés dans les ateliers (§ 200). »

Nous pensons qu'il faut laisser à la libre disposition des industriels la solution des questions qui concernent leurs rapports avec leurs employés et ouvriers.

SECTION X

Des caisses de secours mutuels. — §§ 210 à 214.

La loi autrichienne oblige le propriétaires de mines à avoir des caisses de secours mutuels.

SECTION XI

Des impôts sur les mines. — §§ 215 à 219.

Le § 215 décrète une redevance *fixe* payable tous les six mois suivant les *mesures de mines, mesures souterraines* ou *mesures de jour* (voir 3° section).

Nous ne trouvons dans la loi du 23 mai 1854 aucune évaluation en argent de cette redevance. L'ingénieur des mines, M. Jules Ichon, qui a communiqué aux rédacteurs des *Annales des mines* la traduction de cette loi, donne pour indication (page 255 de son analyse), sans doute puisée à bonne source, que la re levance fixe y est de 6 *florins*, soit 15 *francs* pour chaque *mesure de mines* (1) de 45,108 mètres carrés

---

(1) Mines souterraines.

(3 fr. 33 par hectare), ou pour chaque *mesure de jour* (1) de
115,091 mètres carrés, ainsi que pour les *recouvrements* (2).

Quant à la redevance proportionnelle, il la porte à 5 0/0
des produits extraits, évalués au prix de la vente sur le car-
reau de la mine; et il ajoute :

« Les combustibles consommés par la mine sont exempts
de la redevance. Pour les produits qui subissent des opérations diverses avant la vente, on est libre de payer 50 0/0 sur
le produit brut ou 3 0/0 sur le produit livré à la vente. La
redevance proportionnelle est réglée et payable tous les trois
mois, l'abonnement n'existe pas. »

Mais depuis la publication de la loi générale du 23 mai
1854, aux termes d'une loi du 22 avril 1862, la redevance proportionnelle a été abolie en Autriche à dater du 1er mai de
ladite année; de sorte que les mines n'y sont plus assujetties
qu'à la redevance (fixe) de mesure et à l'impôt général du
revenu.(3).

SECTION XI

De la surveillance de l'exploitation des mines par les autorités minières. — §§ 220 à 224.

En lisant attentivement les dispositions contenues dans
cette section, on voit que l'action administrative est circon-
scrite en Autriche « dans les cas où la conservation des exploitations ou leurs rapports avec les intérêts publics exigent
des dispositions spéciales.

Quant aux *autorités minières*, chargées de cette surveillance, le 225 la confie :

(1) Minerais d'alluvion et autres à peu de profondeur.
(2) Mines intermédiaires non concédées.
(3) *Annales des mines*, t. XVI. 6e série, pag. 297.

« *a. En premier ressort*, aux administrations en chef
des mines, soit immédiatement, soit médiatement par des
commissaires de mines délégués ;

« *b. En deuxième ressort*, aux autorités minières supé-
rieures instituées pour certaines provinces isolées ou pour
plusieurs d'entre elles réunies ;

« *c. En troisième ressort*, au ministère des finances. »

Le recours à l'autorité minière supérieure est accordé
contre tout jugement ou *toute autre décision* de l'autorité
minière, et le recours au ministère des finances est admissible contre une décision contraire de l'autorité minière supérieure (§ 230).

SECTION XIII

Des punitions pour infraction aux prescriptions de la loi des mines. — §§ 235 à 350.

Cette section contient l'indication des pénalités spéciales
dont sont frappées les infractions à la loi des mines, en dehors des crimes et délits prévus sur le même objet par le Code
correctionnel général.

Sans avoir besoin de passer en revue chacune de ces contraventions, il suffira de dire que les pénalités varient d'une
amende de 12,50 à 250 francs qui peut être portée à 500 francs
en cas de récidive ou de circonstances aggravantes.

SECTION XIV

De l'extinction, du retrait ou de l'abandon des concessions de mines. — §§ 251 à 267.

La loi autrichienne adopte le principe de l'abandon des
concessions de mines.

Elle prévoit également le cas de l'extinction d'une permission de fouille, soit par suite de l'expiration du délai pour lequel elle a été donnée ou prolongée, ou lorsque le permissionnaire y renonce avant l'expiration du délai. Dès ce moment, elle déclare également éteints tous les droits afférents *à fouille libre* ou *à concession,* sans qu'il soit besoin pour cela d'une décision spéciale (§ 251).

Elle applique le même principe au cas de retraite par *une décision administrative* (§ 252).

La fouille libre ou la concession une fois abandonnée, l'autorité minière procède à l'estimation et à la mise en vente forcée de la mine, y compris les ouvrages d'entretien, des bâtiments de la surface, terrains et installation de l'exploitation, ainsi que des outils, ustensiles et autres accessoires (§§ 253, 254).

Les §§ 255, 256, 257, 258, 259, réglementent la procédure de ces estimations, de la vente des créances hypothécaires et de la liquidation du prix de vente, après payement des frais.

Pour le cas où il ne se présente pas d'acheteur ou si la plus haute enchère ne monte pas même à la valeur que les parties à ciel ouvert et leurs dépendances ont à elles seules et indépendamment du droit de concession, l'autorité minière doit déclarer les *mesures souterraines ou de jour* abandonnées et le droit de concession annulé (§ 259).

« Par suite de cette déclaration, ces concessions avec tous les chantiers souterrains ou à ciel ouvert, muraillements, boisages, remplissages, endiguements et autres ouvrages d'entretien, redeviennent libres et peuvent faire l'objet de concessions nouvelles (§ 200, *art. 28 du projet de Code belge*). »

Les autres dispositions de cette section ne sont que des conséquences de principe et contiennent des mesures d'exécution relatives à la *renonciation* du concessionnaire et aux prescriptions de sûreté publique (§§ 261 à 267).

Il faut cependant signaler le § 262 qui inflige comme pénalité au concessionnaire, abandonnant sa concession,

« l'interdiction d'exercer à l'avenir tout commerce et industrie
qu'il ne pouvait exercer antérieurement, qu'en conséquence
de son droit de concession ».

SECTION XV

**Des créances et privilèges sur les mines et leurs dépendances,
. en cas de saisie ou de faillite. — §§ 268 à 269.**

Ce sont des règlements qui, en cas de vente sur saisies ou
de faillite, fixent le rang d'ordre des créanciers et leur payement.

SECTION XVI

Dispositions transitoires. — §§ 270 à 286.

Elles ne présentent d'intérêt que pour l'Autriche.

En résumé la nouvelle loi autrichienne est une source
abondante dans laquelle les rédacteurs des dispositions réglementaires sur les exploitations minérales pourront largement
puiser. On y rencontre des principes très libéraux, tels que
l'application du droit commun en matière de redevances et
beaucoup de logique par suite de l'adoption très franche du
droit régalien.

V

SARDAIGNE

En Sardaigne, le roi Victor-Emmanuel II a porté une ordonnance royale du 20 novembre 1859, contenant 171 articles.

Elle a adopté la plupart des principes fondamentaux de la loi françoise du 21 avril 1810.

Nécessité d'une concession souveraine pour pouvoir exploiter les mines.

Propriété distincte, perpétuelle, disponible et transmissible comme toutes les autres propriétés. (*Art.* 15 *de la loi sarde.*)

Les mines sont immeubles, de même que les bâtiments machines, etc., de même *par destination*, les chevaux, agrès, outils et ustensiles servant à l'exploitation, etc. (*Art.* 16 *et* 17 *de la loi.*)

Sont meubles les matières extraites, les approvisionnements et autres objets mobiliers. — Les actions ou intérêts dans une société ou entreprise pour l'exploitation des mines. (*Art.* 18 *et* 19 *de la loi.*)

Permission par le gouvernement de rechercher les mines dans le cas où le propriétaire du terrain refuserait son consentement. (*Art.* 20 *de la loi.*)

Défense de faire des recherches de mines dans les lieux clos de murs, ni dans les cours ou jardins, sans le consentement formel des propriétaires. — On ne pourra se prévaloir de cette permission pour fouiller le terrain avec des sondes ou tarières, etc., à une distance moindre de 100 *mètres* des

habitations ou des lieux clos de murs attenant aux habitations mêmes, et de 40 *mètres* des autres clos de murs. (*Art.* 31
de la loi.)

Aucune recherche n'est permise, même au propriétaire
du sol dans les limites d'un terrain déjà concédé, sans le consentement du concessionnaire et à défaut de ce consentement
sans l'autorisation du gouvernement. (*Art.* 33 *de la loi.*)

Tout individu, citoyen de l'Etat ou étranger, ou toute société légalement constituée peut obtenir une concession de
mines, etc. (*Art.* 38 *de la loi.*)

L'inventeur ou ses ayants-droit seront *préférés*, sous
certaines conditions, pour l'obtention de la concession (*Article* 4 *de la loi.*)

Et pour le cas où ils seraient évincés, ils auront droit à
une prime dont le payement sera mis à la charge du concessionnaire.

La loi sarde, dans ses articles 42, 43, 47, 48, 49, a em-
prunté aux articles 22, 30, 23, 24, 25, 26, 27, 28 de la loi de 1810,
certaines formalités indiquées pour les demandes de concessions.

Elle consacre également le principe de réunion de plusieurs concessions entre les mains d'un même concessionnaire à la charge *de tenir en activité* l'exploitation de chaque
concession. (*Art.* 61 *de la loi.*)

Les droits d'hypothèque et de privilège peuvent être acquis sur la propriété de la mine. (*Art.* 58 *de la loi.*)   .

Payement annuel par le concessionnaire de mines, au
trésor de l'Etat, d'une taxe fixe de 50 centimes par hectare de
superficie, d'une taxe proportionnelle de 50 0/0 sur le produit net de la mine. (*Art.* 59, 60, 61 *de la loi.*)

Le principe d'un abonnement pour la taxe proportionnelle pendant un temps déterminé existe dans l'article 62.

Remise par le Gouvernement en faveur du concessionnaire de tout ou partie de la taxe proportionnelle, en considération de graves dépenses pour travaux extraordinaires, etc.
(*Art.* 63 *de la loi.*)

Défense de vendre une mine par lots ni partage sans une autorisation du Gouvernement. (*Art.* 68 *de la loi.*)

Principe d'une indemnité, lorsque par l'effet du voisinage ou de toute autre cause, les travaux d'exploitation occasionnent des dommages à l'exploitation d'une autre mine, et, lorsque, d'un autre côté, ces mêmes travaux seront utiles à l'autre mine et tendront surtout à évacuer tout ou partie des eaux de cette mine. (*Art.* 75.)

Si les travaux sont passagers, et si le sol peut être remis en culture au bout d'un an, l'indemnité est réglée au *double* de ce qu'aurait produit le terrain endommagé, etc. (*Art.* 79.)

Si l'occupation prive le propriétaire du sol de la jouissance du revenu au delà d'une année, ou lorsqu'après les travaux ce terrain n'est plus propre à la culture, on peut exiger du concessionnaire qu'il en fasse l'acquisition. (*Art.* 79.)

Lorsque l'occupation doit s'étendre sous les habitations, sous des enclos, sous d'autres exploitations ou dans leur voisinage immédiat, le concessionnaire devra préalablement fournir caution pour tous les dommages auxquels elle pourrait donner lieu. (*Art.* 81.)

Dans son article 82 la loi sarde porte une disposition nouvelle très équitable, à savoir que :

« Le concessionnaire qui aura fourni caution pourra successivement en obtenir décharge, en justifiant, en contradiction avec les intéressés, qu'il a fait des travaux jugés nécessaires pour prévenir tout dommage. »

Les mesures de police consignées dans les articles 84 inclus 95 sont calquées sur le décret français du 3 janvier 1813.

Dans les articles 96 inclus 117, la loi sarde règle le principe de l'*abandon* d'une mine par déclaration expresse ou par cessation de travaux.

Inutile de s'occuper des dispositions transitoires contenues dans les articles 118 à 126, pas plus que les articles 126 à 130 concernant des mesures spécialement applicables à la Lombardie.

Le décret royal publié le 20 novembre 1859 concernant les mines, les carrières et les usines métallurgiques de la Sardaigne, à la différence de la loi de 1810, a divisé les exploitations des substances minérales en *deux* classes seulement.

Dans la première sont comprises la plupart des *mines* mentionnées à l'article 2 de la loi française du 21 avril 1810; dans la seconde classe, figurent les carrières de sables et de terres métallifère et autres produits signalés en grande partie dans l'article 4 de la loi de 1810 (*Art. 13 de la loi sarde*).

Dans les articles 130, 131 et 132 la loi en Sardaigne abandonne l'exploitation des tourbières, des carrières, des sables ou terres métallifères au propriétaire du terrain ou à des tiers avec son consentement.

Les articles 133, 134, 135, 136, 137 inclus 145, indiquent les formalités à suivre. (*Voir art.* 71, 81, 82, *de la loi de* 1810.)

Les usines et fonderies destinées au traitement des subtances minérales sont réglementées par les articles 147 inclus 160, soumises à une permission du gouverneur de la province.

Viennent au chapitre III, des dispositions transitoires concernant les usines (161 — 165).

Le décret du 20 novembre 1859, qui régit aujourd'hui l'exploitation des mines et carrières, ainsi que l'établissement des usines, fonderies, etc., en Sardaigne, a, dans son titre Ier, organisé le service de ces exploitations, qu'il a placées sous la dépendance du ministère des travaux publics.

Cet objet rentre dans les attributions de l'autorité administrative (*Art.* 1).

Dans cette organisation figure une institution qu'il est intéressant de faire connaître.

L'article 7 porte : « Un Conseil des mines est institué auprès du ministère.

« Ce conseil sera composé de six membres au moins et

de huit au plus, lesquels devront être choisis, partie dans le Conseil d'État et dans l'ordre judiciaire, partie parmi les membres de l'Académie royale des sciences et de l'Institut royal lombard des sciences, lettres et arts, et parmi les personnes les plus versées dans les mines et la métallurgie.

« L'inspecteur des mines sera membre né du Conseil.

Art. 9. — « Le Conseil est présidé par le ministre, etc.

Art. 10.— « Le Conseil donne son avis dans les cas déterminés par la loi et chaque fois qu'il en est requis par le ministre. Il est en outre appelé à préparer les projets des instructions et des règlements nécessaires pour assurer l'exécution de la loi et la régularité du service.

« Son vote est consultatif.

« Il doit toujours être motivé. »

Au titre VI, le décret royal du 20 novembre 1859 traite de la juridiction et de la procédure judiciaire.

A la juridiction du contentieux administratif sont dévolues les questions de l'interprétation, les effets et l'exécution des décrets de permission de recherches, de concessions de mines et de permissions pour l'établissement d'ateliers et d'usines, lorsqu'elles concernent les rapports de l'administration avec les concessionnaires, et ce indépendamment de la compétence exclusive du Conseil d'État dans les cas spécifiés par la loi.

A la compétence des tribunaux civils ordinaires sont déférées les questions qui ont pour objet les rapports des concessionnaires ou permissionnaires entre eux et avec les tiers, comme aussi les contestations sur la propriété ou les droits inhérents à la propriété, ou sur la qualité d'héritier (*V.* § 225 *de la loi autrichienne*).

L'article 167 de la loi sarde attribue au contentieux administratif la connaissance des infractions se rattachant à certaines formalités, et les autres autres contraventions restent du ressort des tribunaux ordinaires (§§ 230 *à* 224 *de la loi autrichienne*).

Les amendes en matière correctionnelle et de police prononcées en vertu de la loi, seront commuées, à défaut de payement, en une peine corporelle subsidiaire, dans la proportion et les termes établis par les lois pénales générales (*Art.* 68).

L'arrêt qui prononcera la peine pécuniaire devra aussi contenir la condamnation à la peine subsidiaire.

Enfin l'article 170 de la loi sarde dispose que « dans l'instruction et dans l'expédition des causes relatives, on observera les lois de procédure établies respectivement pour les diverses juridictions. »

Il reste à signaler l'article 83 portant que les travaux « qui deviendraient nécessaires, même en dehors des limites du terrain concédé, pour la ventilation et l'écoulement des eaux des mines, sont du nombre de ceux qu'il peut y avoir lieu de déclarer travaux d'utilité publique. »

L'article 12 de la loi belge du 2 mai 1837, en a fait l'application aux nouvelles communications à la surface, en imposant aux concessionnaires une indemnité *du double* du terrain empris.

Tel est l'ensemble de la loi sarde, en écartant les questions de formalités qui rentrent dans la sphère des règlements d'administration.

Comme on le voit, les rédacteurs de la loi sarde ont eu la prudence de prendre pour base de leur nouvelle législation, la loi si remarquable du 21 avril 1810, en la mettant en harmonie avec les usages des pays où elle devait être appliquée.

VI

LÉGISLATION PRUSSIENNE

La nouvelle loi sur les mines du 24 juin 1865, en Prusse, a fait cesser la divergence de législation qui existait dans ce pays. On sait qu'une partie des Provinces Rhénanes était restée jusque-là soumise à la loi française du 21 avril 1810.

Malgré cette affinité législative plus que demi-séculaire, la Prusse, en 1865, s'est rattachée de préférence aux principes consignés dans le titre XVI, section IV, §§ 69-480 du Code général des États prussiens, formant le droit commun en Prusse (1).

Il suffira de signaler brièvement les principales dispositions de la loi 1865 qui diffèrent de la loi de 1810.

D'abord la loi nouvelle n'a fait qu'une seule classe des mines, à savoir les mines *concessibles* ; dans son § 1er, elle énumère les matières minérales qui sont exclues du droit de libre disposition par le propriétaire du sol et sont soumises aux prescriptions de la loi. Il y est dit que l'État en dispose en vertu des droits généraux de souveraineté et en vue de l'intérêt général ; c'est le droit régalien (*V.* § 3 *de la loi autrichienne*).

Néanmoins l'État ne peut acquérir et exploiter des mines pour son compte, en se conformant aux disposition de la loi (§ 2).

---

(1) V. les §§ 69-480 rapportés dans l'esquisse historique du *Traité de législation des mines*, par A. DELEBECQUE, t. 1er, p. 68.

Les recherches de mines sont absolument interdites sous les places publiques, dans les rues, sous les voies ferrées, ainsi que dans les cimetières (§ 4).

Les explorations sont encore interdites sous les bâtiments et dans un rayon de 200 pieds (62ᵐ,75) aux alentours, dans les jardins et dans les cours clôturées, à moins du consentement formel *du possesseur* du sol (§ 4).

L'auteur des recherches est tenu de payer, *à l'avance*, chaque année, au *possesseur du terrain*, une indemnité représentative de la privation de jouissance qu'il lui fait éprouver et de restituer le terrain, lorsqu'il a fini de s'en servir. — Il doit également indemniser le possesseur de la dépréciation du terrain, si ses travaux en ont causé une. — Il peut être exigé de ce chef une caution (§ 6). Ainsi pas de double indemnité.

Si des travaux de recherches ont lieu dans un terrain concédé pour des minéraux autres que ceux recherchés, le propriétaire de la mine peut exiger que l'explorateur dépose une caution avant le commencement des travaux, comme garantie de l'indemnité éventuellement due par lui (§ 10).

Ces dispositions sont conformes aux lois de l'équité.

L'auteur des recherches peut librement disposer des minéraux produits par ses travaux, en tant que des tiers n'ont pas déjà acquis des droits sur ces produits (§ 11).

De la concession provisoire.

§ 12. — La demande d'une concession provisoire dans un terrain déterminé — le *muthung* — doit être présentée à l'administration supérieure des mines. L'administration supérieure des mines a la faculté de confier aux employés du district l'acceptation des demandes de concession provisoire pour des districts déterminés. Cette mission doit être portée à la connaissance dupublic par la feuille officielle du district et par le *Moniteur de l'État*.

§ 13. — La demande en concession provisoire — le muthung — doit être présentée en deux exemplaires. Chaque
exemplaire indiquera l'heure et le jour de la présentation ;
un de ces exemplaires sera immédiatement renvoyé au demandeur. Il est valable de notifier par un protocole la
demande en concession provisoire aux autorités commises à
leur réception.

§ 14. — Toute demande en concession provisoire doit
contenir :

1° Le nom et le domicile du demandeur ;

2° La désignation du minéral pour l'extraction duquel on
demande une concession ;

3° L'indication du lieu où on l'a découvert ;

4° Le nom qu'on se propose de donner à l'établissement.

Si la demande a pour objet l'extraction d'un minéral
qu'on suppose se trouver dans une mine abandonnée, elle
doit, au lieu de ce qui est exigé au 3°, contenir une déclaration sur la situation de ladite mine. Si l'une ou l'autre de
ces indications manquait à la demande en concession provisoire, le demandeur serait obligé de pourvoir à cette omis-
sion dans la huitaine, sur la réquisition de l'autorité compétente, faute de quoi sa demande serait non avenue.

§ 15. — La validité d'un *muthung* est établie par ce fait
que le minéral désigné dans la demande a été découvert
dans le terrain spécifié, dans son état naturel, avant l'intro-
duction de la demande en concession provisoire, et que sa
présence a été constatée officiellement, que de plus il n'existe
pas des droits supérieurs de la part de tiers sur le fonds en
question.

§ 16. — Lorsque la demande en concession provisoire a
été faite pour l'exploitation d'une mine abandonnée (§ 14), il
n'y a point lieu d'accomplir d'autres formalités que les précédentes pour la validité de cette demande. Si toutefois le
minéral avait été totalement extrait avant l'abandon de la
mine, la demande en concession provisoire ne serait pas
valable.

§ 17. — Le demandeur en concession provisoire doit indiquer la situation et la superficie en toises carrées du terrain sur lequel il veut établir son exploitation (§ 27). Il doit fournir en double exemplaire un plan tracé par un géomètre ou un employé du cadastre, dans lequel seront indiqués : l'endroit de la découverte, les limites de la concession demandée, les points naturels de repère pour l'orientation et le méridien. — L'échelle employée pour la confection de ce plan est fournie par l'administration des mines et portée à la connaissance du public par les feuilles officielles du district.

§ 18. — La déclaration qui est exigée touchant la situation et la superficie du terrain, de même que le dépôt du plan dont il vient d'être parlé, doivent avoir lieu dans les six semaines qui suivent la présentation de la demande en concession provisoire devant l'autorité compétente des mines déléguée à cet effet; faute de quoi ladite demande est non avenue. — Si le demandeur omet de présenter un second exemplaire de plan, l'administration peut le faire exécuter à ses frais.

§ 19. — La situation et l'étendue de la concession provisoire doivent être maintenues dans les limites portées aux plans (§ 17). Le terrain ainsi demandé officiellement et désiré sur le plan est, tant que la demande en concession provisoire est valable, à l'abri de toute demande en concession de la part des tiers. Ce privilège date du jour de la présentation de la demande, quelle que soit l'époque où le plan ait été produit, mais dans le délai prescrit par le § 18.

§ 20. — Aussitôt la production du plan, la superficie de chaque concession provisoire est indiquée par les soins de l'administration des Mines sur la carte générale de ces concessions que chacun est libre d'aller consulter.

§ 21. — Les travaux d'essai que le demandeur fait exécuter avant l'obtention de la concession définitive, sont soumis aux mêmes prescriptions que les travaux de forage (§ 3 à 11).

De la concession définitive.

§ 22. — La demande de concession faite conformément à la loi donne droit à l'obtention d'une concession définitive des champs déterminés au § 27.

§ 23. — Toutefois ce droit ne peut être poursuivi par la voie de la justice contre l'autorité concessionnaire des Mines ; mais seulement contre tous ceux qui opposent au demandeur la prétention d'un droit supérieur.

§ 24. — Celui qui découvre un minéral sur son propre terrain, dans sa position naturelle (§ 1), ou dans sa propre Mine, ou par des travaux de forage entrepris selon les réglements (§§ 3 à 10), a, comme inventeur, un *droit de préférence* sur tout autre à partir du jour de sa découverte. — Toutefois l'inventeur est tenu à déposer sa demande dans la huitaine de la découverte, faute de quoi son droit de priorité disparaît.

§ 25. — Dans tous les autres cas, une demande antérieure a l'avantage sur une demande postérieure. L'antériorité est déterminée par l'autorité des Mines préposée à la réception du *presentatum* (§ 12).

§ 26. — L'étendue de la propriété minière est déterminée autant que possible en surface par des lignes droites et en profondeur par un plan vertical. Cette étendue est ensuite calculée en toises carrées d'après la projection horizontale.

§ 27. — 1° Le demandeur a le droit d'exiger dans les cantons de Sieyen et Olpe, du district d'Arnsberg, et dans les cantons d'Altkirch et Neuwind, du district de Coblentz, une concession de 25.000 toises carrées.

2° Dans toutes les autres parties du royaume, une concession maximum de 500.000 toises carrées.

On peut donner à sa concession la forme que l'on veut, en se conformant néanmoins au § 26. Cependant l'endroit où l'on a trouvé le minéral, s'il s'agit d'une mine abandonnée (§ 16), doit se trouver renfermé dans la concession, de telle sorte que s'il s'agit d'une superficie de 25.000 toises, les deux points limites ne soient éloignés l'un de l'autre de plus de 500 toises et qu'ils ne soient distants que de 2.000, s'il s'agit d'une étendue concédée de 500.000 toises carrées.

§ 28. — Avant d'obtenir la concession définitive, le demandeur doit remettre à l'administration, dans un délai de quinze jours, sa déclaration précise sur la surface et les limites de la concession. C'est dans ce délai que doivent être faites les protestations des tiers. Ce délai peut être augmenté sur la demande du postulant; il peut l'être aussi pendant le cours de l'instance.

Si le demandeur ne se présente pas à l'expiration du délai, il est censé persister dans sa prétention d'obtenir la concession définitive d'après la désignation faite dans ses plans (§ 17) et attendre la décision de l'administration sur la demande, de même que sur les protestations et les droits des tiers.

§ 29. - Par rapport à l'article précédent, sont invités à faire valoir leurs droits avant l'ouverture de la mine, afin qu'en cas d'absence l'administration puisse statuer en connaissance de cause :

1° Les demandeurs en concession provisoire dont les droits pourraient être intéressés d'après le lieu et la direction des travaux de recherches.

2° Les concessionnaires de mines voisines dont la concession s'étend en tout ou en partie sur le terrain que le demandeur a indiqué dans ses plans.

§ 30. — S'il ne se présente aucune prétention ni réclamation de la part des tiers, et si la loi ne s'oppose point à l'obtention de la demande, l'administration des Mines délivre aussitôt le certificat de concession.

§ 31. — S'il y a réclamation ou concurrence de la part des tiers, ou motifs légitimes, ou encore irrégularité dans la demande, l'autorité est libre d'accorder ou de refuser la concession définitive. Sa décision est transmise à la fois au demandeur et aux tiers.

Le recours contre cette décision doit être porté devant les tribunaux ordinaires dans les trois mois qui en suivront la transmission aux intéressés. Autrement ils s'exposent à perdre leur droit ; les frais occasionnés par des prétentions mal fondées restent à la charge de la partie perdante.

§ 32. — Si les obstacles qui s'opposaient à la délivrance de la concession se trouvent levés par une décision de l'administration des mines ou de l'autorité judiciaire, le certificat de concession est immédiatement délivré.

§ 33. — Avant d'expédier le certificat de la concession, les deux exemplaires du plan (§ 17) sont d'abord vérifiés par l'administration des mines, puis rectifiés et complétés. Le concessionnaire de la mine reçoit un exemplaire du plan, le second reste à la disposition de l'administration des mines.

§ 34. — Le certificat de concession doit contenir :

1° Le nom, la profession et le domicile du concessionnaire ;

2° La désignation de la mine ;

3° La superficie et les limites du terrain (voir le plan, § 33) ;

4° La désignation de la commune, de l'arrondissement, du district, de l'État et de l'administration supérieure des mines où se trouve la concession ;

5° La dénomination du métal ou du minéral pour lequel la concession est accordée ;

6° La date du certificat ;

7° Le sceau et la signature de l'autorité concédante.

§ 35. — Le certificat de concession définitive est rendu public dans le district où se trouve la mine concédée, par la voie de la feuille officielle, dans les six semaines de son obtention : ceux qui prétendent avoir un droit antérieur sur tout ou partie du périmètre concédé, ont trois mois à partir de cette publication, pour poursuivre leur droit en justice contre le concessionnaire, pourvu que l'administration des mines n'ait pas déjà statué sur cette réclamation pendant l'instance en concession.

Passé ce délai de trois mois, aucune réclamation n'est recevable. Si un jugement reconnaît le bien fondé de la prétention, l'administration des mines a la faculté de modifier ou d'annuler suivant les circonstances le certificat de concession.

§ 36. — Ce qui est dit au paragraphe précédent s'applique également aux propriétaires de mines qui croiraient avoir un droit quelconque sur le minéral spécifié dans le certificat de concession qui a été publié, pourvu toutefois que ce droit ne soit pas périmé et que l'administration des mines n'ait point déjà statué sur cette réclamation pendant l'instance ou concession.

Au reste, les droits de propriété des mines ne sont pas atteints par la forclusion édictée au § 35.

§ 37. — Durant les trois mois prévus par le § 35, chacun peut vérifier le plan dont il est parlé au § 33, dans le bureau de l'administration des mines.

§ 38. — Le demandeur supporte les frais de l'instance en concession, à l'exception de ceux qui ont été faits à la suite de réclamations mal fondées et qui restent à la charge de la partie perdante, conformément au § 31.

Le propriétaire de la mine a le droit de réclamer l'arpentage et le bornage officiels du périmètre déterminé par l'acte de concession (39).

En cas de réunion de deux ou plusieurs mines, l'acte de consolidation doit indiquer pour quelle part chacune entre dans la mine consolidée, et régler par une convention l'ordre des hypothèques, ainsi que des autres charges réelles ou priviléges du droit rhénan qui passent sur la mine consolidée. (§§ 41, 42, 43, 44, 45, 46, 47, 48, 49),

Le partage réel du périmètre d'une mine, en périmètres indépendants, ainsi que l'échange des parties d'une concession entre des mines voisines, sont subordonnés à l'approbation de l'administration supérieure des mines. Elle ne peut refuser que si des raisons majeures d'intérêt public s'y opposent (§ 51), et sauf règlement conventionnel et préalable des créanciers hypothécaires. Cette disposition est très sage.

Les contrats de vente de mines ou de parts de mines ne peuvent être attaqués pour cause de lésion excessive, en particulier, de lésion au-delà de la moitié (§ 52).

A l'égard des minéraux qui se rencontrent dans les limites d'une concession avec le minéral concédé, en connexité telle que ces minéraux d'après la décision de l'administration supérieure des mines et par des raisons d'exploitation ou de police, doivent être exploités ensemble, le propriétaire de la mine a, dans son périmètre, un droit de préférence pour la concession.

Si un tiers demande une concession pour ces minéraux, l'administration en avertit le propriétaire de la mine. Ce dernier a un droit de préférence, s'il présente une demande dans un délai de quatre semaines, après le jour de l'avertissement; au-delà de ce délai, ce droit n'existe plus.

Le propriétaire de la mine n'a aucun droit de préférence pour les minéraux qui ne sont pas dans l'état de connexité précitée (§ 55).

Si le droit d'exploiter divers minéraux dans le même périmètre appartient à des propriétaires de mines différents, chacun d'eux a le droit, en supposant une exploitation réglée de son minéral, d'extraire également celui de l'autre, pour autant que ces minéraux ne puissent être extraits séparément à la condition qu'il les restitue sur sa demande au propriétaire de la mine, contre remboursement des frais d'exploitation et d'extraction (§ 56).

Le propriétaire de la mine a le droit de faire des travaux de secours dans les terrains non concédés. Il a le même droit dans les concessions étrangères, autant que les travaux de secours ont pour but l'écoulement des eaux ou l'aérage, ou encore l'exploitation avantageuse de la mine pour laquelle ces travaux sont faits, et aussi en tant qu'ils ne dérangent ni ne mettent en danger les travaux des autres concessions. (§ 69). (*Art.* 43 *du projet de Code belge.*)

Lorsqu'un concessionnaire refuse à un autre la permission de faire un travail de secours dans l'étendue de son périmètre, l'administration supérieure des mines est appelé à statuer ; sa décision n'est pas susceptible d'un recours par voie judiciaire (§ 61). Dans ce cas, le concessionnaire qui l'exécute doit payer tous les dommages que ce travail peut causer à la seconde concession (§ 62).

Les minéraux extraits par l'exécution d'un ouvrage de secours dans un terrain non concédé sont considérés comme faisant partie des matières extraites de la mine que l'ouvrage doit dégager ; les minéraux ainsi extraits dans le périmètre d'une concession étrangère et faisant partie de cette concession doivent être remis gratuitement au concessionnaire sur sa demande (§ 63).

Les §§ 65, inclus, 79, soumettent l'exploitation des mines à des mesures administratives dont plusieurs restreignent la liberté industrielle.

Les §§ 80 y compris 93, contiennent des dispositions relatives aux relations entre les concessionnaires et les ouvriers mineurs, ce qui rentre plutôt dans le cadre d'un règlement d'administration, de même que les §§ 75 à 79.

La loi prussienne dans son titre IV comprenant les §§ 94 à 134, s'attache à fixer les rapports légaux entre les co-intéressés dans une concession de mines, et à déterminer le genre de société qu'une semblable association peut emprunter.

Le titre V établit les rapports juridiques existant entre les exploitants de mines et les *possesseurs* de terrains de la surface.

Le droit d'occuper les terrains nécessaires aux travaux de l'exploitation est consacré dans les termes les plus généraux par le § 135, sous la réserve des terrains couverts de bâtiments *d'habitation, d'exploitation agricole ou industrielle*, et des *cours clôturées y attenantes* (§ 136).

De même qu'au § 6, concernant les recherches, le § 137 impose l'obligation au concessionnaire de mine de payer *à l'avance*, chaque année, le dommage causé par la privation de l'emploi au *possesseur* du terrain, et de restituer ce terrain dès qu'il ne lui est plus nécessaire. Une caution peut être exigée pour garantir cette obligation et le propriétaire du terrain a le droit de demander que le concessionnaire de la mine, au lieu de lui rembourser seulement la moins-value, en acquière la propriété, notamment, s'il est certain que l'occupation du terrain durera plus de trois ans (§ 138).

L'indemnité annuelle à payer à l'avance pour occupation de terrain, ainsi que le droit de forcer l'acquisition sont applicables, en cas de morcellement, aux parties restantes devenues improductives (§ 129).

Les §§ 140, 141, 142, 143, 144, 145, 146, 147 règlent les formes et les conditions de l'expropriation.

La nouvelle loi du 24 juin 1865, pour la Prusse, n'admet pas le payement de l'indemnité au *double* du produit ou de la valeur du terrain, comme le font les articles 43 et 44 de la loi de 1810.

Le concessionnaire de mine est tenu de payer en entier les dommages causés à la propriété foncière ou à ses dépendances par l'exploitation de la mine, souterraine ou superficielle, sans considérer si l'exploitation s'est faite ou non sous la propriété endommagée, si le dommage provient ou de la faute du concessionnaire de mine, et s'il pouvait être ou n'être pas prévu (§ 148).

La loi prussienne du 24 juin 1865 a déclaré dans son § 150 « que le concessionnaire de mine n'est pas tenu de payer les dommages causés par l'exploitation de la mine à des bâtiments ou d'autres établissements, lorsque ceux-ci ont été installés à une époque où le danger qui les menaçait, par suite de cette exploitation, ne pouvait pas rester inconnu au possesseur du sol, si celui-ci y portait une attention ordinaire. Lorsqu'à cause d'un danger pareil, l'érection de pareils établissements ne p   avoir lieu, le possesseur du sol n'a pas droit à un dédommagement de la moins-value que le terrain subit, s'il ressort des faits que l'intention d'ériger ces établissements n'est manifestée par lui que pour obtenir ce dédommagement. »

Le § 151 a fixé un délai de trois ans à partir du moment où le dommage et son auteur sont connus de la partie lésée; après ce délai l'action n'est plus recevable.

Le titre VI, relatif à *la déclaration de déchéance de la propriété des mines*, attribuée à l'administration supérieure des mines en certains cas, est réglée par les §§ 156 à 164.

Le titre VII de la loi prussienne traite des *associations de prévoyance des ouvriers mineurs* (§§ 163-186).

Des dispositions particulières existent en Belgique sur cette matière.

Il en est de même du titre VIII, concernant l'administration et le service des mines (§§ 187-195).

L'exploitation des mines est placée sous la surveillance de police des autorités des mines par les §§ 106 inclus 206. Ces dispositions seront consultées avec fruit pour le règlement administratif à élaborer à ce sujet.

Les infractions aux prescriptions de police des mines sont punies par la loi prussienne, selon les circonstances, d'amendes s'élevant jusqu'à 50 *thales* (87 fr. 50), et parfois aux termes des §§ 70 et 75 de l'*interdiction de l'exploitation,* lorsque l'exploitation est conduite contrairement à certaines *prescriptions de l'administration des mines* (§ 207).

Enfin le § 209 porte que les employés de district doivent dresser procès-verbal des infractions. Ces procès-verbaux sont remis pour la poursuite de l'affaire au ministère public.

Le jugement appartient aux tribunaux ordinaires. Ceux-ci n'ont pas à examiner la nécessité de la convenance, mais seulement la validité légale des mesures de police prises par les autorités des mines.

Le titre X, comprenant des dispositions relatives à la législation des diverses provinces, le titre XI, contenant des mesures transitoires, et le titre XII des dispositions finales, sont uniquement applicables au royaume de Prusse.

Le § 245 de ce dernier titre dispose qu'il n'est rien changé aux prescriptions sur le payement, l'évaluation et la perception des impôts miniers. Il n'est dû à l'État qu'une redevance proportionnelle de 2 0/0 de la valeur des produits vendus, comptée au moment de la vente.

En examinant attentivement la loi prussienne du 24 juin 1865, il est facile de voir qu'elle a été le fruit de longues méditations ; elle renferme un grand nombre de dispositions nouvelles très importantes et fort utiles à consulter, principalement pour les formalités administratives, qui sont très simplifiées.

VII

LÉGISLATION ESPAGNOLE

Manuel Ruiz Zorilla, Ministre de Fomento en Espagne, a présenté, le 29 décembre 1868, des bases générales pour une nouvelle législation des mines. Le *Moniteur des intérêts matériels* (n° 18 du 2 mai 1869) a reproduit ce document intéressant qui prouve que tous les gouvernements se préoccupent de l'amélioration des lois relatives à l'exploitation des mines.

Ce sont des modifications à la loi actuelle plutôt qu'une loi complète que l'honorable ministre espagnol a proposées. Par l'article 33 il déclare que le Gouvernement présentera aux Cortès un projet de loi des mines.

Les événements politiques ont probablement retardé l'exécution de cette promesse dans ce pays si riche en minéraux.

Voici, au surplus, les principales améliorations conseillées par le Ministre du Fomento.

Les exploitations minérales seraient divisées, comme dans la loi française de 1810, en trois catégories : 1· les productions minérales dont l'ensemble forme les *carrières*; 2· les substances entrant dans les minières; puis 3· les mines et en outre les substances salines, les eaux souterraines, etc.

Le sol, qui ne comprend que la superficie proprement dite, constitue une propriété privée ou du domaine public, et sauf le cas d'expropriation, jamais le propriétaire ne perd son droit sur lui, ni celui de l'exploiter. (*Art.* 5 *et* 6.)

Le sous-sol s'étend indéfiniment en profondeur à partir de l'endroit où se termine le sol ; il se trouve originairement

23

sous le domaine de l'État, lequel pourra, suivant les circonstances et sans autres règles que sa convenance, le céder pour l'utilité commune, le donner gratuitement au propriétaire du sol ou le vendre, moyennant une redevance à payer par les particuliers ou sociétés qui en feront la demande, en se soumettant à certaines prescriptions.

Les substances comprises dans la première catégorie (*carrières*) peuvent être exploitées par le propriétaire de la superficie, sans autres restrictions que le contrôle administratif au point de vue de la sécurité des travaux. (*Art.* 7.)

Les minerais de la 2ᵉ catégorie se trouvant sous des terrains *particuliers*, pourront être cédés à ceux qui demanderont à les exploiter, si le propriétaire ne les exploite pas lui-même, à la condition que l'entreprise sera auparavant déclarée d'utilité publique, et que le propriétaire sera indemnisé de la superficie expropriée et des dommages causés. (*Art.* 8.)

Les substances de la 3ᵉ catégorie ne peuvent être exploitées qu'en vertu d'une concession par le Gouvernement; cette concession constitue une propriété distincte de celle du sol. (*Art.* 9.)

Tout espagnol ou étranger peut faire librement des recherches ou des fouilles ne dépassant pas dix mètres d'étendue en longueur et en profondeur dans le but de découvrir du minerai sur les terrains du domaine public, en en donnant simplement avis à l'autorité locale. (*Art.* 10.)

Pour les recherches dans la propriété privée, l'autorisation du propriétaire est nécessaire.

L'unité de mesure pour les concessions de la 2ᵉ et 3ᵉ catégorie consiste en un solide à base carrée de 100 mètres de côté, mesurés horizontalement dans la direction indiquée par le pétitionnaire et d'une profondeur indéfinie pour les substances de la 3ᵉ catégorie. Quant à celles de la 2ᵉ, la profondeur finit où finit la matière exploitable. (*Art.* 11.)

Une seule concession peut contenir au maximum quatre *pertenancias* (ou unités de mesure de 10 mètres d'étendue (*art.* 12.)

Les articles 15 inclus 23 contiennent les formalités à remplir pour les demandes en concession.

On y voit figurer à l'article 16 le principe que la priorité dans la présentation de la demande de concession, donne un droit de préférence ; à l'article 17, l'obligation de démarcation des limites est imposée lors même qu'il n'y aurait ni minerai découvert ni travaux exécutés.

Quand des travaux de mines doivent traverser des terrains déjà concédés, un accord est nécessaire entre les intéressés ; à défaut, on doit procéder à une expropriation. (*Article* 18.)

Les concessions sont à perpétuité, moyennant une redevance annuelle *par hectare* de 2 écus, soit fr. 5.26 pour les substances de la 2ᵉ catégorie ; pour celles métallurgiques à l'exception du fer, et pour les pierres précieuses, de 15 écus, soit 40 francs. Pour les substances combustibles, le fer et autres de la 3ᵉ catégorie, de 5 écus (fr. 13, 12). (*Art.* 19.)

Pour le cas où il serait impossible d'exploiter en même temps les différentes substances de la 2ᵉ et de la 3ᵉ catégorie, la concession est accordée au premier qui l'aura demandée (*Art.* 20).

Ne sont pas concessibles les produits miniers soumis au monopole de l'État. (*Art.* 21.)

L'exploitation des mines est déclarée libre ; soumise seulement aux prescriptions relatives à la police et à la sécurité par l'administration ou ses agents. (*Art.* 22.)

La déchéance des concessions n'est encourue que lorsque le propriétaire de la mine sera en retard pour payer le montant d'une annuité, et qu'à la suite de poursuites, il n'aura pas payé dans le délai de 15 jours ; ou s'il est reconnu insolvable. Dans ce cas, on déclarera nulle la concession, et la la mine sera mise aux enchères publiques ; sur la somme qui sera obtenue, l'administration retiendra ce qui lui était dû, les frais occasionnés, et 5 0/0 sur le total ; le surplus sera remis au propriétaire déchu.

Si trois enchères successives ne donnaient pas de résultat, on déclarera le terrain libre (*Art.* 23).

Tant que le propriétaire n'aura pas prévenu le gouvernement de son désistement ou abandon, il sera soumis aux charges et prescriptions des lois et règlements sur la matière. (*Art.* 23.)

Les articles 24, 25, 26, 27 et 28, traitent des droits et devoirs des mineurs (exploitants).

Ils doivent faciliter la ventilation des mines voisines, sauf indemnité correspondante ; payer les indemnités pour dommages-intérêts occasionnés à d'autres mines ; s'entendre avec les propriétaires de la surface pour l'établissement des magasins, ateliers, lavoirs, bureaux, dépôt de décombres ou de scories, installation de machines, etc. ; à défaut d'un arrangement, il y a lieu à l'application de la loi sur l'utilité publique.

Les concessionnaires sont propriétaires des eaux qu'ils trouveront dans leurs travaux. — Règles à établir par une loi spéciale.

Un règlement de police fixera en détail les devoirs et les droits des mineurs, ainsi que les attributions de l'administration et notamment des prescriptions sur la salubrité publique, auxquelles toutes les mines seront soumises (*Art.* 29).

Les articles 30, 31 et 33 contiennent des mesures transitoires.

Ces bases générales pour la nouvelle législation des mines en Espagne sont dignes de fixer l'attention des légistes.

La séparation des mines de la propriété superficiaire, principe inauguré par la loi française du 21 avril 1810 ; la perpétuité de la concession restreinte seulement par la déchéance pour cause d'insolvabilité du concessionnaire ; la modicité des redevances au profit de l'État ; la liberté de l'exploitation des mines, soumises uniquement aux règlements de police pour la sécurité de tous ; le droit de désistement ou d'abandon de la concession sous certaines conditions équitables; le respect des mines voisines; l'obligation de leur venir en aide au besoin, sauf remboursement des frais; les indemnités pour dommages-intérêts à la propriété d'autrui, par estimation amiable ou à dire d'experts, et pour occupation de terrains par voie d'expropriation, sont certainement des dispositions qui se recommandent à la sollicitude des législateurs de tous les pays où se rencontrent des richesses minérales, et qui font honneur à l'Espagne.

———

VIII

LÉGISLATION ANGLAISE

On sait qu'en Angleterre les mines appartiennent exclusivement au propriétaire du sol. Par une conséquence du droit d'aînesse qui existe dans toute sa rigueur et que maintient l'aristocratie anglaise basée sur la grande propriété, les biens sont plus divisés et l'exploitation des mines est livrée à des fermiers qui, la plupart du temps, gaspillent les richesses minérales pendant leur fermage, moyennant une redevance convenue avec le propriétaire de la surface, cette redevance est désignée sous le nom de *Royalty*.

L'État reste complètement étranger à l'exploitation des mines. Les exploitants y sont placés sous la seule responsabilité de leurs actes. A ce régime de laisser-faire, il est permis, sans doute, de préférer comme en France, en Belgique, en Autriche, en Prusse, en Sardaigne et en Espagne, la surveillance administrative, réduite à des conseils prévoyants, donnés par des ingénieurs capables et dévoués, tels que nous en possédons, et qui ont pour mission de veiller sans cesse à la sécurité des ouvriers, des habitations et des exploitations de mines.

Sans doute, quelles que soient leur activité et leur prudence, les accidents, dans ces travaux souterrains, sont toujours possibles; mais la vie humaine en est semée. Par une surveillance continue, l'administration publique du moins remplit un devoir de protection que les lois sociales lui imposent.

Du reste, une réaction se manifeste sous ce rapport en Angleterre. Déjà, à la suite d'enquêtes, des dispositions d'ordre public très rigoureuses ont été prises pour la surveillance des fabriques incommodes ou insalubres.

Deux lois du 10 août 1872 sont venues modifier ce que les prescriptions administratives avaient de trop suranné.

IV

DISPOSITIF COMPARÉ

TITRE PREMIER.

Des mines et carrières.

Article premier.

Les masses de substances minérales ou fossiles, renfermées dans le sein de la terre ou existant à la surface, sont classées *relativement aux règles de l'exploitation de chacune d'elles :* sous les trois qualifications de mines, minières et carrières.

Art. 2.

Seront considérées comme mines *celles connues pour contenir en filons, en couches ou en amas,* de l'or, du platine, du mercure, du plomb, du fer en filons ou couches, du cuivre, de l'étain, du zinc, de la *calamine,* du bismuth, du cobalt, de l'arsenic, du manganèse, de l'antimoine, du molybdène; de la *plombagine* ou autres matières métal-

TITRE PREMIER.

Des mines et carrières.

Article premier.

Les masses de substances minérales renfermées dans le sein de la terre ou existant à la surface sont classées *relativement au régime légal de l'exploitation de chacune d'elles sous les deux qualifications de mines et carrières.*

Art. 2.

Seront considérés comme mines *les gîtes minéraux* d'or, d'argent, de platine, de mercure, de plomb, de fer de cuivre, d'étain, de zinc, de bismuth, de nickel, de cobalt, d'arsenic, de manganèse, d'antimoine, de molybdène, ou autres matières métalliques, *de soufre, de combustibles minéraux (anthracite, houille, lignite, etc.), de gra-*

LOI DE 1810.	PROPOSITIONS NOUVELLES.

liques, du soufre, *du charbon de terre ou de pierre, du bois fossile, des bitumes*, de l'alun et des sulfates à base métallique.

phite, de bitume et roches bitumineuses de toutes sortes, de sel gemme et des roches qui l'accompagnent, d'alun, de terres pyriteuses et alumineuses d'aluminium, de magnesium, et de sulfates métalliques, de sources minérales et autres substances non métalliques et en général de toutes les substances pour lesquelles les progrès de la science et les découvertes futures réclameraient une exploitation rationnelle et la surveillance administrative au double point de vue de la sécurité publique et du bon aménagement des richesses minérales.

Art. 3.

Les minières comprennent *les minerais de fer dits d'alluvion*, les terres pyriteuses propres a être converties en sulfate de fer, les terres alumineuses et les tourbes.

Art. 3.

Supprimé.

Art. 4.

Les carrières renferment les ardoises les grés, pierres à bâtir et autres, les marbres, granits, pierres à chaux, pierres à plâtre, les pouzzolanes, le trap, les basaltes, les laves, les marnes, craies, sables, pierres à fusil, argiles, kaolin, terres à foulon, terres à poterie, les substances terreuses et les cailloux de toute nature, *les terres pyriteuses regardées comme engrais, le tout exploité à ciel ouvert ou avec des galeries souterraines.*

Art. 4.

(Conforme, sauf la phrase dernière ainsi modifiée :)

... de toute nature, *les tourbes, ainsi qu'it est dit au titre VI, les terres pyriteuses et autres substances regardées comme engrais.*

LOI DE 1810.	PROPOSITIONS NOUVELLES.

Article additionnel.

Article additionnel.

Si une substance classée comme carrière dans le présent article ou assimilable par sa nature à celles qui y sont dénommées vient à être extraite d'une exploitation de mines, sans être employée par le concessionnaire pour matériaux de construction, soit dans les travaux de mine, soit pour les dépendances de l'exploitation, le propriétaire aura la faculté de la réclamer, sauf à payer au concessionnaire une indemnité pour frais d'exploitation et d'extraction, à régler par experts.

Néant.

Faute par le propriétaire de la surface d'avoir fait cette revendication dans le délai de *deux mois*, les matières minérales appartiendront désormais au concessionnaire.

TITRE II

De la propriété des mines.

TITRE II

De la propriété des mines.

Art. 5.

Art. 5.

Les mines ne peuvent être exploitées qu'en vertu d'un acte de concession délibéré en Conseil d'État.

Les mines ne peuvent être exploitées qu'en vertu d'une concession instituée comme il sera dit ci-après:

Néanmoins le gouvernement pourra proposer aux Chambres, dans les cas de mines existant en pays colonial la mise en adjudication des mines découvertes en se conformant au principe de la propriété minière (art. 7, 17, 18, 19, 20, 21 et aux dispositions de l'art. 6 de la loi du 27 avril 1838.)

24

LOI DE 1810.	PROPOSITIONS NOUVELLES.

Art. 6.

Cet acte règle les droits des propriétaires de la surface sur le produit des mines concédées.

Art. 6.

Cet acte règle les droits des *inventeurs du gîte* des propriétaires de la surface et des ouvriers mineurs sur le produit des mines concédées *et, si l'exploitation le comporte : 1° la participation aux bénéfices du personnel ouvrier et employé de l'exploitation, en prenant pour base les chiffres établis pour la redevance proportion nelle ; 2° les conditions spéciales du travail, de la sécurité, des salaires et des caisses de prévoyance.*

Art. 7.

Il donne la propriété perpétuelle de la mine, laquelle est dès lors disponible et transmissible comme tous les autres biens, et dont on ne peut être exproprié que dans les cas et selon les formes prescrites pour les autres propriétés, conformément au Code Napoléon et au Code de procédure civile. Toutefois, une mine ne peut être vendue par lots ou partagée sans une autorisation préalable du gouvernement donnée dans les mêmes formes que la concession.

Art. 7.

Il donne la propriété perpétuelle de la mine, laquelle est dès lors disponible et transmissible comme tous les autres biens, et dont on ne peut être exproprié que dans les cas et selon les formes prescrites pour les autres propriétés, conformément au Code civil et au Code de procédure civile, *sous la réserve résultant de l'art. 49 et des dispositions de la loi du 27 avril 1838.*

Art. 8.

Les mines sont immeubles ; sont aussi immeubles les bâtiments, machines, puits, galeries et autres travaux établis à demeure, conformément à l'article 524 du Code civil.

Ne sont considérés comme chevaux attachés à l'exploitation, que ceux qui sont exclusivement attachés aux travaux intérieurs des mines.

Art. 8.

Idem.

Néanmoins, les actions ou intérêts dans une société ou entreprise pour l'exploitation des mines seront réputés meubles conformément à l'article 529 du Code civil.

Art. 9.

Sont meubles, les matières extraites, les approvisionnements et autres objets mobiliers.

TITRE III

**Des actes
qui précèdent la demande
en concession de mines.**

SECTION I.

**De la recherche
et de la découverte des mines.**

Art. 10.

Nul ne peut faire des recherches pour découvrir des mines, enfoncer des sondes ou tarières sur un terrain qui ne lui appartient pas, que du consentement du propriétaire de la surface, ou avec l'autorisation du gouvernement, donnée après avoir consulté l'administration des mines, à la charge d'une préalable indemnité envers le propriétaire et après qu'il aura été entendu.

Art. 9.

Idem.

TITRE III

**Des actes
qui précèdent la demande
en concession de mines.**

SECTION I.

**De la recherche
et de la découverte des mines.**

Art. 10.

§ 1er. Nul ne peut faire des recherches pour découvrir des mines, enfoncer des sondes ou tarières sur un terrain qui ne lui appartient pas, que du consentement du propriétaire de la surface, ou avec l'autorisation du gouvernement, donnée après avoir consulté l'administration des mines, à la charge d'une préalable indemnité envers le propriétaire et après qu'il aura été entendu.

§ 2. L'indemnité d'occupation de terrains sera réglée par les tribunaux sur

LOI DE 1810.

PROPOSITIONS NOUVELLES.

Néant.

le pied du double droit comme pour les mines concédées.

§ 3. Le permis de recherches, émanant du Gouvernement, sera délivré par le ministre des travaux publics.

§ 4. Il spécifiera la faculté, pour le permissionnaire, de vendre ou utiliser les produits des recherches et fixera les droits du propriétaire de la surface sur les produits extraits.

§ 5. Il ne sera valable que pour deux ans; il pourra être renouvelé.

§ 6. La demande en permis de recherches sera adressée au préfet; à cette demande, il sera joint un plan en triple expédition, à l'échelle cadastrale de 1/2500, indiquant la place de la surface sollicitée pour champ de recherches.

§ 7. Le demandeur devra également joindre à sa pétition un reçu régulier du receveur des consignations, attestant le versement d'une somme de 500 francs par hectare demandée, à titre de caution préalable, pour le paiement des indemnités dues au propriétaire de la surface et des frais de bornage.

§ 8. Dans le délai d'un mois, le préfet notifiera cette pétition au propriétaire de la surface et la transmettra au Ministre avec son avis, après avoir consulté l'Ingénieur des mines.

§ 9. Il devra être statué ensuite dans un sens ou dans l'autre par le Ministre des travaux publics, dans le délai d'un deuxième mois.

§ 10. Il ne pourra être accordé deux permis de recherches au même demandeur, à moins qu'il ne s'agisse de

LOI DE 1810.	PROPOSITIONS NOUVELLES.

périmètres espacés de plus d'un kilomètre.

§ 11. Le bornage du périmètre de recherches, afférent à chaque permis, sera effectué aux frais du permissionnaire, en présence de l'Ingénieur des mines, ou du garde-mines, dans le délai de quinze jours, à dater de la délivrance du permis,

§ 12. La durée du permis datera de l'époque du bornage.

§ 13. L'inventeur aura un droit de préférence sur tout autre pour les recherches à effectuer sur le gîte par lui découvert. Il devra faire constater après sa déclaration de découverte à la préfecture, son droit d'invention présumé par l'ingénieur des mines et faire sa demande de permis de recherches dans le délai d'un mois après la fin du jour de la découverte.

L'inventeur sera également privilégié dans les mêmes formes pour les recherches à effectuer sur la continuation du gîte par lui découvert.

Art. 11.

(Loi des 27-28 juillet 1880).

Nulle permission de recherches, ni concession de mines ne pourra, sans le consentement des propriétaires de la surface, donner le droit de faire du sondage, d'ouvrir des puits ou galeries, ni d'établir des machines, ateliers ou magasins dans les enclos murés, cours et jardins.

Les puits et galeries ne peuvent être ouverts dans un rayon de 50 mètres des habitations et des terrains compris dans les clôtures murés y attenant

Art. 11.

Idem.

LOI DE 1810.	PROPOSITIONS NOUVELLES.

sans le consentement des propriétaires de ces habitations.

Art. 12.	Art. 12.

Le propriétaire pourra faire des recherches sans formalité préalable dans les lieux réservés par le précédent article, comme dans les autres parties de sa propriété ; mais il sera obligé d'obtenir une concession avant d'établir une exploitation. Dans aucun cas les recherches ne pourront être autorisées dans un terrain déjà concédé.

Le propriétaire qui voudra faire des recherches dans sa propriété devra en faire la déclaration au préfet qui aussitôt en donne acte.

Aucune recherche de substance concessible ne pourra être autorisée dans un terrain où cette substance est déjà concédée.

SECTION II.

De la préférence à accorder pour les concessions.

SECTION II.

De la préférence à accorder pour les concessions.

Art. 13.	Art. 13.

Tout Français ou tout étranger naturalisé ou non en France, agissant isolément ou en société a le droit de demander et peut obtenir, s'il y a lieu, une concession de mines.

Idem.

... ou en société *ou en syndicat ouvrier a le droit:*....

Art. 14.	Art. 14.

L'individu ou la société, doit justifier des facultés nécessaire pour entreprendre et conduire les travaux, et des moyens de satisfaire aux redevances, indemnités qui lui seront imposées par l'acte de concession.

L'individu ou la société *ou le syndicat ouvrier* doit.....

Idem.

LOI DE 1810.   PROPOSITIONS NOUVELLES.

Art. 15.

Il doit aussi, le cas arrivant de travaux à faire sous les maisons ou lieux d'habitation, sous d'autres exploitations ou dans leur voisinage immédiat, donner caution de payer toute indemnité, en cas d'accident : les demande ou oppositions des intéressés seront, en ce cas, portées devant nos tribunaux et cours.

Art. 15.

Idem.

Art. 16.

Le Gouvernement juge des motifs ou considérations d'après lesquels la préférence doit être accordée aux divers demandeurs en concession, qu'ils soient inventeurs, propriétaires de la surface ou autres.

En cas que l'inventeur n'obtienne pas la concession d'une mine, il aura droit à une indemnité de la part du concessionnaire, elle sera réglée par l'acte de concession.

Art. 16.

Idem.

(Ajouter le paragraphe suivant).

L'inventeur est celui qui a fait connaître d'abord le lieu où se trouve une substance minérale, et ensuite la possibilité de son utile exploitation.

Art. 17.

L'acte de concession fait après l'accomplissement des formalités prescrites purge, en faveur du concessionnaire tous les droits des proprié taires de la surface et des inventeurs, ou de leurs ayants droits, chacun dans leur ordre après qu'ils ont été entendus ou appelés légalement, ainsi qu'il sera ci-après réglé.

Art. 17.

Idem.

LOI DE 1810.	PROPOSITIONS NOUVELLES.

Art. 18.

La valeur des droits résultant en faveur du propriétaire de la surface, en vertu de l'article 6 de la présente loi, demeurera réunie à la valeur de ladite surface, et sera affectée avec elle aux hypothèques prises par les créanciers du propriétaire.

Art. 18.

Idem.

Art. 19.

Du moment où une mine sera concédée, même au propriétaire de la surface, cette propriété sera distinguée de celle de la surface, et désormais considérée comme propriété nouvelle, sur laquelle de nouvelles hypothèques pourront être assises, sans préjudice de celles qui auraient été ou seraient prises sur la surface et la redevance, comme il est dit à l'article précédent.

Si la concession est faite au propriétaire de la surface, ladite redevance sera évaluée pour l'exécution dudit article.

Art. 19.

Idem.

Art. 20.

' Une mine concédée pourra être affectée, par privilège, en faveur de ceux qui, par acte public et sans fraude, justifieraient avoir fourni des fonds pour les recherches de la mine, ainsi que pour les travaux de construction ou confection de machines nécessaires à son exploitation, à la charge de se conformer aux articles 2103 et autres du Code civil, relatifs aux privilèges.

Art. 20.

Idem.

LOI DE 1810.

PROPOSITIONS NOUVELLES.

Art. 21.

Les autres droits de privilège et d'hypothèques pourront être acquis sur la propriété de la mine, aux termes et en conformité du Code civil, comme sur les autres propriétés immobilières.

Art. 21

Idem.

TITRE IV

Des concessions.

TITRE IV

Des concessions.

SECTION I.

De l'obtention des concessions.

SECTION I.

De l'obtention des concessions.

Art. 22.

La demande en concession sera faite par voie de simple pétition adressée au préfet qui sera tenu de la faire enregistrer, à sa date, sur un registre particulier, et d'ordonner les publications et affiches dans les dix jours.

Art. 22.

Idem.

Art. 23.

(De la loi des 27-28 juillet 1880 remplaçant l'art. 23 de la loi de 1810.)

L'affichage aura lieu pendant deux mois aux chefs-lieux du département et de l'arrondissement où la mine est située, dans la commune où le demandeur est domicilié et dans toutes les communes sur le territoire desquelles la concession peut s'étendre, les affiches seront insérées deux fois, à un mois d'intervalle, dans les journaux du département et dans le *Journal officiel.*

Art. 23.

Idem.

LOI DE 1810.	PROPOSITIONS NOUVELLES.

Art. 24.

Les publications des demandes en concession de mines auront lieu devant la porte de la maison commune et des églises paroissiales et consistoriales, à la diligence des maires à l'issue de l'office, un jour de dimanche et au moins une fois par mois pendant la durée des affiches. Les maires seront tenus de certifier ces publications.

Art. 25.

Le secrétaire-général de la préfecture délivrera au requérant un extrait certifié de l'enregistrement de la demande en concession.

Art. 26.

De la loi du 28 juillet 1880, remplaçant le même article de la loi de 1810.

Les oppositions et demandes en concurrence seront admises devant le Préfet jusqu'au dernier jour du second mois à compter de la date de l'affiche. Elles seront notifiées par actes extra-judiciaires, à la préfecture du département où elles seront enregistrées sur le registre indiqué à l'article 22. Elles seront également notifiées aux parties intéressées et le registre sera ouvert à tous ceux qui en demanderont communication.

Art. 27.

A l'expiration du délai des affiches et publications et sur la preuve de l'accomplissement des formalités por-

---

Art. 24.

Idem.

Art. 25.

Idem.

Art. 26.

Idem.

Art. 27.

Idem.

LOI DE 1810.

PROPOSITIONS NOUVELLES.

tées aux articles précédents, dans le mois qui suivra, au plus tard, le préfet du département, sur l'avis de l'ingénieur des mines et après avoir pris des informations sur les droits et les facultés du demandeur, donnera son avis et le transmettra au Ministre de l'Intérieur.

... au Ministre des Travaux publics.

Art. 28.

Il sera définitivement statué sur la demande en concession par un décret impérial délibéré en Conseil d'État.

Jusqu'à l'émission du décret, toute opposition sera admissible devant le Ministre de l'Intérieur ou le secrétaire général du Conseil d'État; dans ce dernier cas, elle aura lieu par une requête signée et présentée par un avocat au Conseil comme il a été pratiqué pour les affaires contentieuses, et dans tous les cas elle sera notifiée aux parties intéressées. Si l'opposition est motivée sur la propriété de la mine acquise par concession ou autrement les parties seront renvoyées devant les tribunaux et cours.

Art. 28.

Il sera définitivement statué sur la demande en concession par une loi présentée aux chambres par le président de la République sur le rapport du ministre des travaux publics, sur avis motivé et inséré du Conseil d'État et du Conseil général des mines.

En cas de refus le demandeur en sera avisé immédiatement par décision ministérielle.

La demande pourra être reproduite. Jusqu'à la promulgation de la loi, toute opposition sera admissible devant le Ministre des Travaux publics ou le secrétaire général du Conseil d'État; dans ce dernier cas, elle aura lieu par une requête signée et présentée par un avocat au Conseil comme il a été pratiqué pour les affaires contentieuses et dans tous les cas elle sera notifiée aux parties intéressées. Si l'opposition est motivée sur la propriété de la mine acquise par concession ou autrement les parties seront renvoyées devant les tribunaux et cours.

LOI DE 1810.	PROPOSITIONS NOUVELLES.
Art. 29.	**Art. 29.**
L'étendue de la concession sera déterminée par l'acte de concession ; elle sera limitée par des points fixes, pris à la surface du sol et passant par les plans verticaux menés de cette surface dans l'intérieur de la terre à une profondeur indéfinie, à moins que les circonstances et les localités nécessitent un autre mode de limitation.	L'étendue de la concession sera déterminée par l'acte de concession ; elle sera limitée par des plans verticaux passant par des points fixes, pris à la surface du sol, et menés de cette surface à l'intérieur de la terre, à une profondeur indéfinie.
Art. 30.	**Art. 30.**
Un plan régulier de la surface, en triple expédition, et sur une échelle de 10 millimètres pour 100 mètres, sera annexé à la demande. Ce plan devra être dressé ou vérifié par l'ingénieur des mines et certifié par le Préfet du département.	(Maintien du texte actuel avec addition du paragraphe suivant.) Le périmètre des concessions est, immédiatement après la loi d'institution, reporté par les soins de l'ingénieur des mines sur une carte générale des concessions à l'échelle de 1/10000. Cette carte restera déposée dans le bureau de l'ingénieur et le public pourra en prendre connaissance.
Art. 31.	**Art. 31.**
Plusieurs concessions pourront être réunies entre les mains du même concessionnaire soit comme individu, soit comme représentant une Compagnie, mais à la charge de tenir en activité l'exploitation de chaque concession.	*Idem.* (Ajouter le paragraphe suivant) : Tous actes de partage de concessions opérés en opposition à l'article 7 seront considérés comme nuls et non avenus et pourront donner lieu au retrait des concessions.

LOI DE 1810.	PROPOSITIONS NOUVELLES.
SECTION II	SECTION II
Des obligations des propriétaires de mines.	**Des obligations des propriétaires de mines.**
Art. 32.	Art. 32.
L'exploitation des mines n'est pas considérée comme un commerce et n'est pas sujette à patente.	*Idem.*
Art. 33.	Art. 33.
Les propriétaires de mines sont tenus de payer à l'État une redevance fixe et une redevance proportionnelle au produit de l'extraction.	*Idem.*
Art. 34.	Art. 34.
La redevance fixe sera annuelle et réglée d'après l'étendue de celle-ci : elle sera de 10 fr. par kilomètre carré. La redevance proportionnelle sera une contribution annuelle à laquelle les mines seront assujetties sur leurs produits.	*Idem.*
Art. 35.	Art. 35.
La redevance proportionnelle sera réglée chaque année par le budget de l'État comme les autres contributions publiques; toutefois, elle ne pourra jamais s'elever au-dessus de 5 0/0 du produit net. Il pourra être fait un abonnement pour ceux des propriétaires de mines qui le demanderont.	La redevance proportionnelle sera réglée chaque année à 5 0/0 des revenus nets distribués ou réalisés.

LOI DE 1810.	PROPOSITIONS NOUVELLES.

Art. 36.

Il sera imposé en sus un décime par franc lequel formera un fonds de non valeur à la disposition du Ministre de l'Intérieur pour dégrèvement en faveur des propriétaires des mines qui éprouveront des pertes ou des accidents.

Art. 36.

Idem.

... éprouveront des pertes *ou pour les accidents et les institutions de prévoyance des ouvriers mineurs.*

Art. 37.

La redevance proportionnelle sera *imposée* et perçue comme la contribution foncière.

Les réclamations, à fin de dégrèvement ou de rappel à l'égalité proportionnelle, seront jugées par les Conseils de préfecture. Le dégrèvement sera de droit quand l'exploitant justifiera que sa redevance excède 5 0/0 du produit net de son exploitation.

Art. 37.

La redevance proportionnelle sera perçue comme la contribution mobilière.

Les réclamations à fin de dégrèvement ou de rappel à l'égalité proportionnelle seront jugées par les Conseils de préfecture.

Art. 38.

Le gouvernement accordera, s'il y a lieu, pour les exploitations qu'il en jugera susceptibles, et par un article de l'acte de concession, ou par un décret spécial délibéré en Conseil d'État pour les mines déjà concédées, la remise en tout ou partie du payement de la redevance proportionnelle, pour le temps qui sera jugé convenable ; et ce, comme encouragement, en raison de la difficulté des travaux : semblable remise pourra être aussi accordée comme dédommagement, en cas d'accident de force majeure qui surviendrait pendant l'exploitation.

Art. 38.

Idem.

Art. 39.

Le produit de la redevance fixe et de la redevance proportionnelle formera un fonds spécial, dont il sera tenu un compte particulier au trésor public, et qui sera appliqué aux dépenses de l'administration des mines et à celles des recherches, ouverture et mises en activité des mines nouvelles, ou rétablissement des mines anciennes.

Art. 39.

... et qui *pourra* être appliqué aux dépenses de l'administration des mines ou à celles des recherches d'intérêt public et à l'exploitation *momentanée* d'office de certaines mines en cas de grève ou de contraventions aux lois et règlements.

Art. 40.

Les anciennes redevances dues à l'État, soit en vertu de lois, ordonnances ou règlements, soit d'après les conditions énoncées en l'acte de concession, soit d'après les baux et adjucations au profit de la régie du domaine cesseront d'avoir cours à compter du jour où les redevances nouvelles seront établies.

Art. 40.

Idem.

Art. 41.

Ne sont point comprises dans l'abrogation des anciennes redevances celles dues à titre de rentes, droits et prestations quelconques, pour cession de fonds ou autres causes semblables, sans déroger toutefois à l'application des lois qui ont supprimé les droits féodaux.

Art. 41.

Idem.

Art. 42.
(De la loi du 27 juillet 1880.)

Le droit attribué par l'article 6 de la présente loi aux propriétaires de la

Art. 42.

Le droit attribué par l'article 6 de la présente loi aux propriétaires de la sur-

LOI DE 1810.	PROPOSITIONS NOUVELLES.

surface et à l'inventeur, sera réglé sous la forme fixée par l'acte de concession.

face et à l'inventeur sera réglé à une somme déterminée ou une redevance proportionnelle aux bénéfices distribués ou réalisés.

Art. 43.
(De la loi du 27 juillet 1880.)

Le concessionnaire peut être autorisé par arrêté préfectoral pris après que les propriétaires auront été mis à même de présenter leurs observations, à occuper, dans le périmètre de sa concession, les terrains nécessaires à l'exploitation de sa mine, à la préparation mécanique du minerai et au lavage du combustible, à l'établissement des routes ou à celui du chemin de fer ne modifiant pas le relief du sol.

Si les travaux entrepris par le concessionnaire ou par un explorateur muni d'un permis de recherches mentionné à l'article 10 ne sont que passagers, et si le sol où ils ont eu lieu peut être mis en culture, au bout d'un an, comme il l'était auparavant, l'indemnité sera réglée à une somme double du produit net du terrain endommagé.

Lorsque l'occupation ainsi faite prive le propriétaire de la jouissance du sol pendant plus d'une année ou, lorsque, après l'exécution des travaux, les terrains occupés ne sont plus propres à la culture, les propriétaires peuvent exiger du concessionnaire ou de l'explorateur l'acquisition du sol.

La pièce de terre endommagée ou dégradée sur une trop grande partie

Art. 43.

Idem.

de sa surface doit être achetée en totalité, si le propriétaire l'exige.

Le terrain à acquérir ainsi sera toujours estimé au double de la valeur qu'il avait avant l'occupation.

Les contestations relatives aux indemnités réclamées par les propriétaires du sol aux concessionnaires de mines en vertu du présent article, seront soumises aux tribunaux civils.

Les dispositions des paragraphes 2 et relatives au mode de calcul de l'indemnité due au cas d'occupation ou d'acquisition des terrains, ne sont pas applicables aux autres dommages causés à la propriété par les travaux de recherche ou d'exploitation : la réparation de ces dommages reste soumise au droit commun.

Idem.

Art. 44 de la loi de 1880.

Un décret rendu au Conseil d'État peut déclarer d'utilité publique les canaux et les chemins de fer, modifiant le relief du sol, à exécuter dans l'intérieur du périmètre, ainsi que les canaux, les chemins de fer, les routes nécessaires à la mine, et les travaux de secours, tels que puits ou galeries destinés à faciliter l'aérage et l'écoulement des eaux, à exécuter en dehors du périmètre. Les voies de communication créées en dehors du périmètre pourront être affectées à l'usage du public, dans les conditions établies par le cahier des charges. Dans le cas prévu par le présent article, les dispositions de la loi du 3 mai 1841 relatives à la dépossession des terrains et au règle-

Art. 44.

Idem.

|

ment des indemnités seront appliquées.

Art. 45.

Lorsque, par l'effet du voisinage ou pour toute autre cause, les travaux d'exploitation d'une mine occasionnent des dommages à l'exploitation d'une autre mine, à raison des eaux qui pénètrent dans cette dernière en plus grande quantité ; lorsque, d'un autre côté, ces mêmes travaux produisent un effet contraire, et tendent à évacuer tout ou partie des eaux d'une autre mine, il y aura lieu à indemnité d'une mine en faveur de l'autre ; le règlement s'en fera par experts.

Art. 45.

Idem.

Art. 46.

Toutes les questions d'indemnités à payer par les propriétaires de mines, à raison des recherches aux travaux antérieurs à l'acte de concession, seront décidées conformément à l'article 4 de la loi du 28 pluviose an VIII.

Art. 46.

Les questions d'indemnités à payer *par les concessionnaires des mines aux explorateurs ou anciens exploitants,* pour recherches ou travaux antérieurs à l'acte de concession, seront décidées conformément à l'article 4 de la loi du 28 pluviôse, an VIII.

Les haldes d'anciennes mines, situées dans le périmètre de la concession, pourront être exploitées par le concessionnaire, pour l'extraction des matières minérales concédées, sous la double réserve de payer aux propriétaires du sol des indemnités d'occupation à régler par les tribunaux, et de payer, s'il y a lieu, aux anciens explorateurs ou anciens exploitants, les indemnités spécifiées à l'article 45 et réglées par les Conseils de préfecture.

TITRE V

De l'exercice de la surveillance sur les mines par l'administration.

Art. 47.

Les ingénieurs des mines exerceront, sous les ordres du ministre de l'Intérieur et des préfets, une surveillance de police pour la conservation des édifices et la sûreté du sol, de la mine et des mineurs suivant les clauses introduites dans l'acte de concession en vertu de l'article 6.

Art. 48.

Ils observeront la manière dont l'exploitation sera faite, soit pour éclairer les propriétaires sur ses inconvénients ou son amélioration, soit pour avertir l'administration des vices, abus ou dangers qui s'y trouveraient.

Art. 49.

Si l'exploitation est restreinte ou suspendue, de manière à inquiéter pour la sûreté publique ou les besoins des consommateurs, les préfets, après avoir entendu les propriétaires, en rendront compte au ministre de l'Intérieur, pour y être pourvu ainsi qu'il appartiendra.

TITRE V

De l'exercice de la surveillance sur les mines par l'administration.

Art. 47.

Idem.

Art. 48.

Idem.

Art. 49.

Toutes les fois qu'une concession de mines sera restée inexploitée pendant deux ans révolus, le préfet du département prescrira au concessionnaire un délai pour la mise en activité des travaux, qui ne pourra être moindre que six mois, ni supérieur à un an.

Si les travaux ne sont pas commencés ou repris dans le délai fixé, le retrait de la concession *sera prononcé* par le Ministre des Travaux publics, et il sera procédé à la mise en adjudication de la mine, conformément à l'article 6 de la loi du 27 avril 1838.

LOI DE 1810.	PROPOSITIONS NOUVELLES.

Le retrait de la concession *pourra* avoir lieu dans les mêmes formes pour infraction grave aux règlements généraux et spéciaux.

Art. 50 de la loi de 1880.

Si les travaux de recherche ou d'exploitation d'une mine sont de nature à compromettre la sécurité publique, la conservation de la mine, la sûreté des ouvriers mineurs, la conservation des voies de communication, celle des eaux minérales, la solidité des habitations, l'usage des sources qui alimentent des villes, villages, hameaux et établissements publics, il y sera pourvu par le préfet.

Art. 50.

Idem.

(Ajouter à la suite de l'article ci-contre un paragraphe ainsi conçu :)

L'article 1er de la loi du 27 avril 1838 est modifié ainsi qu'il suit : « Lorsque plusieurs mines situées dans des concessions différentes seront atteintes ou menacées d'une inondation commune qui sera de nature à compromettre leur existence, le Gouvernement pourra obliger les concessionnaires à exécuter en commun et à leurs frais les travaux nécessaires soit pour dessécher en tout ou partie les mines inondées, soit pour arrêter les progrès de l'inondation ; l'application de cette mesure sera soumise aux formalités et dispositions prescrites par la loi du 27 avril 1838. »

PROPOSITIONS NOUVELLES.

TITRE VI

Des concessions ou jouissance des mines antérieures à la présente loi.

§ 1ᵉʳ. — *Des anciennes concessions en général.*

Art. 51.

Les concessionnaires antérieurs à la presente loi deviendront, du jour de sa publication, propriétaires incommutables, sans aucune formalité préalable d'affiches, vérifications de terrain ou autres préliminaires, à la charge seulement d'exécuter, s'il y en a, les conventions faites avec les propriétaires de la surface, et sans que ceux-ci puissent se prévaloir des articles 6 et 42.

Art. 52.

Les anciens concessionnaires seront, en conséquence, soumis au paiement des contributions, comme il est dit à la section ii du titre IV, art. 33 et 34, à compter de l'année 1811, et les nouvelles dispositions de la présente lo n'auront d'effet que pour l'institution des concessions futures.

§ 2. — *Des exploitations pour lesquelles on n'a pas exécuté la loi de 1791.*

Art. 53.

Quant aux exploitants de mines qui n'ont pas exécuté la loi de 1791, et qui

TITRE VI

Des concessions ou jouissance des mines antérieures à la présente loi.

§ 1ᵉʳ. — *Des anciennes concessions en général.*

Art. 51.

Supprimé.

Art. 52.

§ 2. — *Des exploitations pour lesquelles on n'a pas exécuté la loi de 1791.*

Art. 53.

Supprimé.

LOI DE 1810.	PROPOSITIONS NOUVELLES.

n'ont pas fait fixer, conformément à cette loi, les limites de leurs concessions, ils obtiendront les concessions de leurs exploitations actuelles, conformément à la présente loi ; à l'effet de quoi les limites de leurs concessions seront fixées sur leur demande ou à la diligence des préfets, à la charge seulement d'exécuter les conventions faites avec les propriétaires de la surface, et sans que ceux-ci puissent se prévaloir des articles 6 et 42 de la présente loi.

Supprimé.

Art. 54.

Ils payeront, en conséquence, les redevances, comme il est dit à l'article 52.

Art. 54.

Supprimé.

Art. 55.

Art. 35.

En cas d'usages locaux ou d'anciennes lois qui donneraient lieu à la décision de cas extraordinaires, les cas qui se présenteront seront décidés par les actes de concession ou par les jugements de nos Cours et Tribunaux, selon les droits résultant pour les parties des usages établis, des prescriptions légalement acquises ou des conventions réciproques.

Supprimé.

Art. 56.

Art. 56.

Les difficultés qui s'élèveraient entre l'administration et les exploitants, relativement à la limitation des mines, seront décidées par l'acte de concession.

A l'égard des contestations qui auraient lieu entre des exploitants voisins, elles seront jugées par les tribunaux et Cours.

Supprimé.

TITRE VII	TITRE VII
Règlement sur la propriété et l'exploitation des minières, et sur l'établissement des forges, fourneaux et usines.	**Règlement sur la propriété et l'exploitation des minières, et sur l'établissement des forges, fourneaux et usines.**

SECTION I

Des minières.

Art. 57.	Art. 57.
L'exploitation des minières est assujettie à des règles spéciales. Elle ne peut avoir lieu sans permission.	Supprimé.
Art. 58.	Art. 58.
La permission détermine les limites de l'exploitation et les règles, sous les rapports de sûreté et de salubrité publiques.	Supprimé.

SECTION II

De la propriété et de l'exploitation des minerais de fer d'alluvion.	De la propriété et de l'exploitation des minerais de fer d'alluvion.
Art. 59.	Art. 59.
Le propriétaire du fonds sur lequel il y a du minerai de fer d'alluvion est tenu d'exploiter en quantité suffisante pour fournir, autant que faire se pourra, aux besoins des usines établies dans le voisinage avec autorisation légale; en ce cas, il ne sera assujetti qu'à en faire la déclaration au préfet du départe-	Supprimé.

LOI DE 1810.	PROPOSITIONS NOUVELLES.

ment : elle contiendra la désignation des lieux; le préfet donnera acte de cette déclaration, ce qui vaudra permission pour le propriétaire, et l'exploitation aura lieu par lui sans autre formalité.

Art. 60.

Si le propriétaire n'exploite pas, les maîtres de forges auront la faculté d'exploiter à sa place, à la charge : 1° d'en prévenir le propriétaire, qui, dans un mois, à compter de la notification, pourra déclarer qu'il entend exploiter lui-même; 2° d'obtenir du préfet la permission, sur l'avis de l'Ingénieur des mines, après avoir entendu le propriétaire.

Art. 60.

Supprimé.

Art. 61.

Si, après l'expiration du délai d'un mois, le propriétaire ne déclare pas qu'il entend exploiter, il sera censé renoncer à l'exploitation; le maître de forges pourra, après la permission obtenue, faire des fouilles immédiatement dans les terres incultes et en jachère, et, après la récolte, dans toutes les autres terres.

Art. 61.

Supprimé.

Art. 62.

Lorsque le propriétaire n'exploitera pas en quantité suffisante, ou suspendra ses travaux d'extraction pendant plus d'un mois, sans cause légitime, les maîtres de forges se pourvoiront auprès du préfet pour obtenir la permission d'exploiter à sa place.

Art. 62.

Supprimé.

LOI DE 1810.   PROPOSITIONS NOUVELLES.

Si le maître de forges laisse écouler un mois sans faire usage de cette permission, elle sera regardée comme non avenue, et le propriétaire du terrain rentrera dans tous ses droits.

Supprimé.

Art. 63.

Quand un maître de forges cessera d'exploiter un terrain, il sera tenu de le rendre propre à la culture, ou d'indemniser le propriétaire.

Art. 63.

Supprimé.

Art. 64.

En cas de concurrence entre plusieurs maîtres de forges pour l'exploitation dans un même fonds, le préfet déterminera, sur l'avis de l'ingénieur des mines, les proportions dans lesquelles chacun d'eux pourra exploiter, sauf le recours au Conseil d'État.

Le préfet réglera de même les proportions dans lesquelles chaque maître de forges aura droit à l'achat du minerai, s'il est exploité par le propriétaire.

Art. 64.

Supprimé.

—

Art. 65.

Lorsque les propriétaires feront l'extraction du minerai pour le vendre aux maîtres de forges, le prix en sera réglé entre eux de gré à gré, ou par des experts choisis ou nommés d'office qui auront égard à la situation des lieux, aux frais d'extraction et aux dégâts qu'elle aura occasionnés.

Art. 65.

Supprimé.

Art. 66.

Lorsque les maîtres de forges auront

Art. 66.

Supprimé.

LOI DE 1810.	PROPOSITIONS NOUVELLES.

fait extraire le minerai, il sera dû au propriétaire du fonds, et avant l'enlèvement du minerai, une indemnité qui sera aussi réglée par experts, lesquels auront égard à la situation des lieux, aux dommages causés, à la valeur du minerai, distraction faite des frais d'exploitation.

Art. 67.	**Art. 67.**

Si les minerais se trouvent dans les forêts royales, dans celles des établissements publics ou des communes, la permission de les exploiter ne pourra être accordée qu'après avoir entendu l'administration forestière. L'acte de permission déterminera l'étendue des terrains dans lesquels les fouilles pourront être faites : ils seront tenus, en outre, de payer les dégâts occasionnés par l'exploitation, et de repiquer en glands ou plants les places qu'elle aurait endommagées, ou une autre étendue proportionnelle déterminée par la permission.

Supprimé.

Art. 68.	**Art. 68.**

Les propriétaires ou maîtres de forges ou d'usines exploitant les minerais de fer d'alluvion ne pourront, dans cette exploitation, pousser des travaux réguliers par des galeries souterraines, sans avoir obtenu une concession, avec les formalités et sous les conditions exigées par les articles de la section I du titre III et les dispositions du titre IV.

Supprimé.

LOI DE 1810.	PROPOSITIONS NOUVELLES.

Art. 69.

Il ne pourra être accordé aucune concession pour minerai d'alluvion ou pour des mines en filons ou couches, que dans les cas suivants :

1° Si l'exploitation à ciel ouvert cesse d'être possible, et si l'établissement de puits, galeries et travaux d'art, est nécessaire ;

2° Si l'exploitation, quoique possible encore, doit durer peu d'années, et rendre ensuite impossible l'exploitation avec puits et galeries.

Art. 70.

En cas de concession, le concessionnaire sera tenu toujours : 1° de fournir aux usines qui s'approvisionnaient de minerai sur les lieux compris en la concession, la quantité nécessaire à leur exploitation, au prix qui sera porté au cahier des charges ou qui sera fixé par l'administration ; 2° d'indemniser les propriétaires au profit desquels l'exploitation avait lieu, dans la proportion du revenu qu'ils en tiraient.

SECTION III

Des terres pyriteuses et alumineuses.

Art. 71.

L'exploitation des terres pyriteuses

Art. 69.

Supprimé.

Art. 70.

Supprimé.

(L'article 70 de la loi de 1880 est abrogé).

SECTION III

Des terres pyriteuses et alumineuses.

Art. 71.

Supprimé.

LOI DE 1810.	PROPOSITIONS NOUVELLES.
et alumineuses sera assujettie aux formalités prescrites par les articles 57 et 58, soit qu'elle ait lieu par les propriétaires des fonds, soit par d'autres individus qui, à défaut par ceux-ci d'exploiter, en auraient obtenu la permission.	Supprimé.
Art. 72.	**Art. 72.**
Si l'exploitation a lieu par des non-propriétaires, ils seront assujettis, en faveur des propriétaires, à une indemnité qui sera réglée de gré à gré ou par experts.	Supprimé.
SECTION IV	SECTION IV
Des permissions pour l'établissement des fourneaux, forges et usines.	**Des permissions pour l'établissement des fourneaux, forges et usines.**
Art. 73.	**Art. 73.**
Les fourneaux à fondre les minerais de fer et autres substances métalliques, les forges et martinets pour ouvrer le fer et le cuivre, les usines servant de patouillets et bocards, celles pour le traitement des substances salines et pyriteuses, dans lesquelles on consomme des combustibles, ne pourront être établis que sur une permission accordée par un règlement d'administration publique.	Supprimé.
Art. 74.	**Art. 74.**
La demande en permission sera adressée au préfet, enregistrée le jour	Supprimé.

de la remise sur un registre spécial à ce destiné, et affichée pendant quatre mois dans le chef-lieu du département, dans celui de l'arrondissement, dans la commune où sera situé l'établissement projeté, et dans le lieu du domicile du demandeur.

Le préfet, dans le délai d'un mois, donnera son avis tant sur la demande que sur les oppositions et les demandes en préférence qui seraient survenues; l'administration des mines donnera le sien sur la quotité du minerai à traiter; l'administration des forêts, sur l'établissement des bouches à feu en ce qui concerne les bois et l'administration des ponts et chaussées sur ce qui concerne les cours d'eau navigables ou flottables.

Supprimé.

Art. 75.

Les impétrants des permissions pour les usines supporteront une taxe une fois payée, laquelle ne pourra être au-dessous de 50 francs, ni excéder 300 francs.

Art. 75.

Supprimé.

SECTION V

Dispositions générales sur les permissions.

SECTION V

Dispositions générales sur les permissions.

Art. 76.

Les permissions seront données à la charge d'en faire usage dans un délai déterminé; elles auront une durée indéfinie, à moins qu'elles n'en contiennent la limitation.

Art. 76.

Supprimé.

LOI DE 1810.	PROPOSITIONS NOUVELLES.
Art. 77.	**Art. 77.**
En cas de contraventions, le procès-verbal dressé par les autorités compétentes sera remis au procureur impérial, lequel poursuivra, dans les formes prescrites ci-dessus, article 67, la révocation de la permission, s'il y a lieu, et l'application des lois pénales qui y sont relatives.	Supprimé.
Art. 78.	**Art. 78.**
Les établissements actuellement existants sont maintenus dans leur jouissance, à la charge par ceux qui n'ont jamais eu de permission, ou qui ne pourraient représenter la permission obtenue précédemment, d'en obtenir une avant le 1ᵉʳ janvier 1813, sous peine de payer un triple droit de permission pour chaque année pendant laquelle ils auront négligé de n'en pourvoir et continué de s'en servir.	Supprimé.
Art. 79.	**Art. 79.**
L'acte de permission d'établir des usines à traiter le fer autorise les impétrants à faire des fouilles, même hors de leurs propriétés, et à exploiter les minerais par eux découverts, ou ceux antérieurement connus, à la charge de se conformer aux dispositions de la section II.	Supprimé.
Art. 80.	**Art. 80.**
Les impétrants sont aussi autorisés à établir des batouillets, lavoirs et che-	Supprimé.

mins de charroi, sur les terrains qui ne leur appartiennent pas; mais sous les restrictions portées en l'article 11 ; le tout à charge d'indemnité envers les propriétaires du sol, et en les prévenant un mois d'avance.

TITRE VIII

SECTION I
Des carrières.

Art. 81 de la loi de 1880.

L'exploitation des carrières à ciel ouvert a lieu en vertu d'une simple déclaration faite au maire de la commune et transmise au préfet. Elle est soumise à la surveillance de l'administration et à l'observation des lois et règlements.

Les règlements généraux seront remplacés dans les département où ils sont en vigueur par des règlements locaux rendus sous la forme de décret en Conseil d'État.

Art. 82 de la loi de 1880.

Quand l'exploitation a lieu par galeries souterraines elle est soumise à la surveillance de l'administration des mines dans les conditions prévues par les articles 47, 48 et 50.

Dans l'intérieur de Paris l'exploitation des carrières souterraines de toute nature est interdite.

TITRE VIII

SECTION I
Des carrières.

Art. 81.

Idem.

Art. 82.

Idem.

elle est soumise *outre la nécessité de la déclaration* à la surveillance, etc.

LOI DE 1810.	PROPOSITIONS NOUVELLES.

Sont abrogées les dispositions ayant force de loi des deux décrets du 22 mars et 4 juillet 1813 et du décret portant règlement général du 22 mars 1813 relatif à l'exploitation des carrières dans les départements de la Seine et de Seine-et-Oise.

SECTION II

Des tourbières.

Art. 83.

Les tourbes ne peuvent être exploitées que par le propriétaire du terrain, ou de consentement.

Art. 84.

Tout propriétaire actuellement exploitant, ou qui voudra commencer à exploiter des tourbes dans son terrain, ne pourra continuer ou commencer son exploitation, sous peine de 100 francs d'amende, sans en avoir préalablement fait la déclaration à la sous-préfecture et obtenu l'autorisation.

Art. 85.

Un règlement d'administration publique déterminera la direction générale des travaux d'extraction dans le terrain où sont situées les tourbes, celles des rigoles de desséchement, enfin toutes les mesures propres à faciliter l'écoulement des eaux dans les vallees et l'atterrissement des entailles tourbées.

SECTION II

Des tourbières.

Art. 83.

Art. 84.

Art. 85.

LOI DE 1810.	PROPOSITIONS NOUVELLES.

Art. 86.

Les propriétaires exploitants, soit particuliers soit communautés d'habitants, soit établissements publics, sont tenus de s'y conformer, à peine d'être contraints à cesser leurs travaux.

Art. 86.

Idem.

TITRE IX

Des expertises.

TITRE IX

Des expertises.

Art. 87.

Dans tous les cas prévus par la présente loi et autres naissant des circonstances où il y aura lieu à expertise, les dispositions du titre XIV du Code de procédure civile, art. 303 à 323, seront exécutés.

Art. 87.

Idem.

Art. 88.

Les experts seront pris parmi les ingénieurs des mines, ou parmi les hommes notables et expérimentés dans le fait des mines et de leurs travaux.

Art. 88.

(Ajouter au texte les mots suivants :)
Sous réserve de l'application des articles de la présente loi qui renvoient devant les Conseils de préfecture.

Art. 89.

Le procureur de la République sera toujours entendu, et donnera ses conclusions sur le rapport des experts.

Art. 89.

Idem.

Art. 90.

Nul plan ne sera admis comme pièce probante dans une contestation, s'il n'a

Art. 90.

Idem.

LOI DE 1810.

PROPOSITIONS NOUVELLES.

été levé ou vérifié par un ingénieur des mines. La vérification des plans sera toujours gratuite.

Art. 91.

Les frais et vacations des experts seront réglés et arrêtés, selon les cas, par les Tribunaux; il en sera de même des honoraires qui pourront appartenir aux ingénieurs des mines; le tout suivant le tarif qui sera fait par un règlement d'administration publique.

Toutefois, il n'y aura pas lieu à honoraires pour les ingénieurs des mines, lorsque leurs opérations auront été faites soit dans l'intérêt de l'administration, soit à raison de la surveillance et de la police publiques.

Art. 92.

La consignation des sommes jugées nécessaires pour subvenir aux frais d'expertise pourra être ordonnée par le tribunal contre celui qui poursuivra l'expertise.

Art. 91.

Idem.

Art. 92.

d m.

TITRE X

De la police et de la juridiction relatives aux mines.

TITRE X

De la police et de la juridiction relatives aux mines.

Art. 93.

Les contraventions des propriétaires de mines, exploitants, non encore concessionnaires ou autres personnes, aux lois et règlements seront dénoncées et

Art. 93.

Les contraventions des propriétaires de *carrières* de mines....

LOI DE 1810.

PROPOSITIONS NOUVELLES.

Idem.

constatées, comme les contraventions en matière de voirie et de police.

Art. 94.

Les procès-verbaux contre les contrevenants seront affirmés dans les formes et délais prescrits par les lois.

Art. 95.

Ils seront adressés en originaux à nos procureurs impériaux, qui seront tenus de poursuivre d'office les contrevenants devant les tribunaux de police correctionnelle, ainsi qu'il est réglé et usité pour les délits forestiers, et sans préjudice des dommages-intérêts des parties.

Art. 96.

Les peines seront d'une amende de 500 francs au plus, et de 100 francs au moins, double en cas de récidive, et d'une détention qui ne pourra excéder la durée fixée par le Code de police correctionnelle.

Art. 94.

Idem.

Art. 95.

Idem.

Art. 96.

Idem.

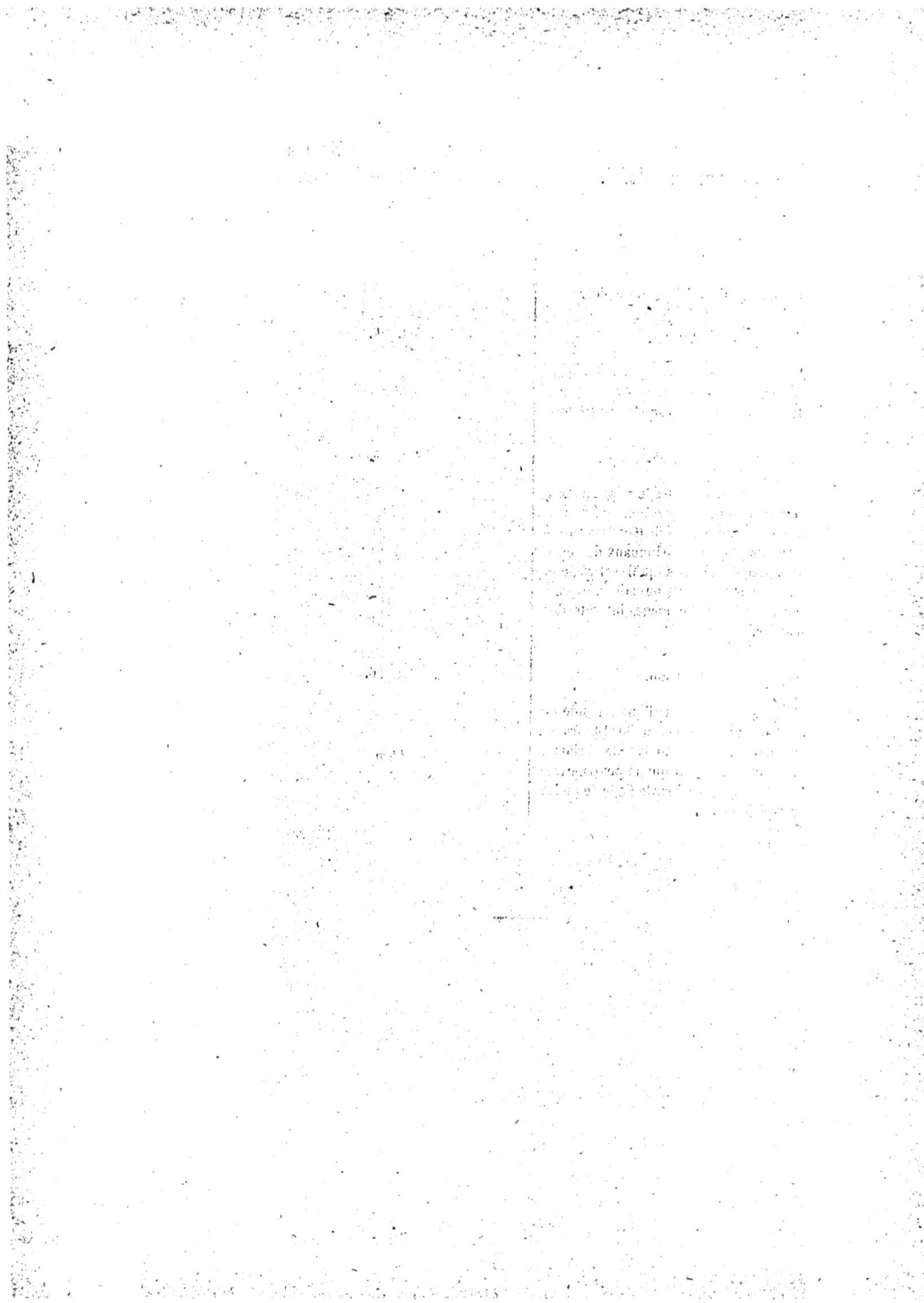

V

RÉSUMÉ ET CONCLUSIONS

Résumons maintenant le travail que nous venons d'accomplir.

Dans le titre Ier : **Classification,** nous avons essayé de faire pénétrer un esprit plus scientifique en ne limitant aucune des séries de corps concessibles considérés comme mines ou non concessibles considérés comme carrières. Nous avons émis le principe que toute substance peut devenir concessible si « les découvertes futures réclamaient son exploitation rationnelle et la surveillance administrative au double point de vue de la sécurité publique et du bon aménagement des richesses minérales. »

Nous avons supprimé les *minières*, intermédiaire mal défini entre les mines et les carrières, sorte de transaction qui avait sa raison d'être autrefois, mais qui, aujourd'hui, n'était plus qu'une entrave à l'essor industriel.

Dans le titre II : **Des mines,** à l'article 6, notamment, nous avons tenu à introduire certains principes de droit social, la participation possible des ouvriers aux bénéfices, ainsi que la réglementation facultative du travail, des salaires, des caisses, et les prescriptions particulières en vue de la sécurité des travailleurs, etc.

C'est cette sorte de droit que nous désirons voir reconnaître librement par le concessionnaire lors de la signature de l'acte de concession, puisqu'à ce moment l'État peut l'imposer en vertu de son droit régalien.

Au titre III : **De la recherche des mines,** nous avons introduit les prescriptions détaillées qui n'existaient pas dans la loi de 1810 relativement à tout ce qui touche au début des mines, le permis de recherches et le permis d'utilisation des produits, que nous unifions désormais, et dont nous réglementons l'obtention et la délivrance.

La réforme la plus importante de ce titre, à notre avis, et qui doit avoir sur la découverte de nos mines métalliques françaises une influence considérable, est la reconnaissance *du droit de préférence pour les recherches* accordé à l'inventeur d'un gîte. Cela se pratique en Prusse, et les mines métalliques de ce pays sont dans un état de grande prospérité.

Enfin, le propriétaire du sol n'était astreint à aucune déclaration lorsqu'il commençait des fouilles. Nous avons cru devoir, dans l'intérêt de la statistique, des plans de mines et de la sécurité, l'astreindre à une simple déclaration.

Dans la section II, à propos de la **préférence à accorder pour les concessions,** nous avons tenu à désigner les syndicats ouvriers comme pouvant posséder et exploiter une mine.

Au titre IV : **De l'obtention des concessions,** nous avons résolûment, même au prix de quelques lenteurs, écarté l'institution des concessions par décret, c'est-à-dire que désormais il nous semble indispensable que toute aliénation d'une parcelle quelconque du domaine ou des droits de l'État, tout ce qui réclame, en un mot, un acte de souveraineté, soit discuté et ratifié par le Parlement. Il faut entrer sans désemparer dans cette voie *pour toutes les concessions.* Afin de donner plus de poids et plus de clarté à l'acte de concession, nous demandons l'insertion dans la loi des avis du Conseil d'État et surtout du Conseil général des mines, jusqu'alors oublié.

Nous passons sous silence les petites réglementations relatives aux plans de concession, à leur publicité au bureau de l'ingénieur des mines, etc.

Nous maintenons à l'article 31, au nom de la liberté

d'association, le principe de la réunion possible des concessions, principe violé par le décret de 1852, que nous abrogeons. Ce retour à la loi de 1810, au nom de la liberté commerciale, pourra donner lieu à des controverses, mais nous sommes convaincu de l'excellence de la doctrine qui nous a guidé.

Dans la section II : **Des obligations des propriétaires de mines.** — Nous avons eu à traiter la question de la redevance proportionnelle due à l'État, et appliquant encore là un principe moderne, comme nous venions de le faire pour la liberté commerciale et le droit social, nous avons admis simplement l'impôt sur le revenu.

Le décime par franc destiné jadis aux propriétaires de mines ayant éprouvé des pertes (art. 36) a été consacré par nous à titre de simple indication aux accidents, ouvriers et caisses de prévoyance.

Le produit de la redevance fixe et proportionnelle due à l'État devait former, d'après l'article 39, un fonds spécial destiné à payer les dépenses de l'administration : recherches, ouvertures de mines nouvelles, etc. Nous avons admis qu'il ne pouvait être affecté à des exploitations d'État, mais qu'il pouvait parfois servir à des recherches d'un haut intérêt scientifique (comme le sondage de Sperenberg en Prusse), et aussi à l'exploitation d'office de certaines mines en cas de grève *provoquée* ou de contraventions aux lois et règlements. En effet, actuellement, pour Decazeville, on ne saurait où prendre les fonds nécessaires pour une exploitation momentanée.

Toutes les charges pécuniaires que supporte la mine étaient de différente nature fixes, ou non. — Nous avons admis qu'elles devaient être presque uniquement proportionnelles et que les droits du propriétaire du sol comme ceux de l'État, comme ceux de l'ouvrier, comme ceux de l'inventeur pouvaient se régler par un prélèvement proportionnel aux bénéfices. De la sorte les frais fixes disparaissent et la mine n'est véritablement grevée que lorsqu'elle gagne, ce qui est justice (art. 42).

A l'article 46, nous avons reglé le droit de propriété des haldes ou déchets d'extraction.

A l'article 49, nous avons cherché à résoudre le difficile problème du retrait des concessions. Nous l'avons rédigé ainsi :

Art. 49.

Toutes les fois qu'une concession de mines sera restée inexploitée pendant les deux ans révolus, le préfet du département prescrira au concessionnaire un délai pour la mise en activité des travaux, qui ne pourra être moindre que six mois, ni supérieur à un an.

Si les travaux ne sont pas commencés ou repris dans le délai fixé, le retrait de la concession *sera prononcé* par le Ministre des Travaux publics, et il sera procédé à la mise en adjudication de la mine, conformément à l'article 6 de la loi du 27 avril 1838.

Le retrait de la concession *pourra* avoir lieu dans les mêmes formes pour infractions graves aux lois et règlements généraux et spéciaux (ce dernier paragraphe à discuter).

On peut désormais, avec cet article, apurer toutes les situations de vieilles concessions et peut-être stimuler l'industrie minière.

En terminant, nous débarrassons la loi de 1810 de tous les articles traitant des minières, de l'établissement des fourneaux, des obligations réciproques des maîtres de forges, des exploitants de minières, et de tout cet arsenal de dispositions contradictoires que la loi du 9 mai 1866 et celle du 27 avril 1880 avaient en partie abrogées, mais qui demeuraient par cela même inextricables et obscures.

Par une simple disposition transitoire, nous stipulons que, dans le délai d'un an, les propriétaires de minières en « activité devront demander la concession, et que les concessionnaires indemniseront le propriétaire de la minière qu'ils voudront annexer. »

Tels sont les points principaux que nous avons cru devoir étudier.

Fidèle à nos prémisses, nous n'avons touché que bien légèrement et en nous servant d'une loi existante, celle de 1838, à la base de la propriété minière.

Nos modifications scientifiques dans la classification ont ouvert l'avenir à toutes les hypothèses et à toutes les découvertes.

L'ouvrier mineur et l'inventeur ont été l'objet de notre part d'une sollicitude que les courants modernes nous imposaient.

Nous avons appliqué les principes de la participation aux bénéfices, de l'impôt sur le revenu, de la liberté commerciale, sûr qu'avec de pareils guides nous ne pouvions pas faire fausse route.

Enfin, nous avons enlevé à la loi de 1810 son caractère transactionnel pour lui faire revêtir une forme véritablement organique, définitive et moderne.

Nous avons eu la bonne fortune de pouvoir conserver le même numérotage que celui de la loi de 1810 pour tous les articles principaux, c'est-à-dire pour les cinquante premiers.

Enfin, détail à enregistrer, notre travail a eu pour résultat d'alléger le Code minier de deux titres et de trente articles.

Les lois les plus courtes, dit-on, sont les meilleures.

Voici le dispositif complet :

VI

DISPOSITIF PROPOSÉ

TITRE PREMIER

Des mines et carrières.

Article premier.

Les masses de substances minérales renfermées dans le sein de la terre, ou existant à sa surface, sont classées relativement au régime légal de l'exploitation de chacune d'elles, sous les deux qualifications de mines et carrières.

Art. 2.

Seront considérés comme mines les gîtes minéraux d'or, d'argent, de platine, de mercure, de plomb, de fer, de cuivre, d'étain, de zinc, de bismuth, de nickel, de cobalt, d'arsenic, de manganèse, d'antimoine, de molybène, ou autres matières métalliques, de soufre, de combustibles minéraux, (anthracite, houille, lignite, etc.), de graphite, de bitume et roches bitumineuses de toutes sortes, de sel gemme et des roches qui l'accompagnent, d'alun, de terres pyriteuses et alumineuses, d'aluminium, de magnésium et de sulfates métalliques, de sources minérales et autres substances non métalliques et en général de toutes les substances pour lesquelles les progrès de la science et les découvertes futures réclameraient une exploitation rationnelle et la surveillance administrative au double point de vue de la sécurité publique et du bon aménagement des richesses minérales.

Art. 3.

Les carrières renferment les ardoises, les grés, pierres à bâtir et autres, les marbres, granits, pierre à chaux, pierre à plâtre, les pouzzolanes, le trapp, les basaltes, les laves, les marnes, craies, sables, pierres à fusil, argiles, kaolin, terres à foulon, terres à poterie, les substances terreuses et les cailloux de toute nature, les tourbes, comme il est dit au titre VI les terres pyriteuses et autres substances minérales regardées comme engrais.

Art. 4.

Si une substance classée comme carrière dans le précédent article ou assimilable par sa nature à celles qui y sont dénommées, vient à être extraite d'une exploitation de mines sans être employée par le concessionnaire pour matériaux de construction, soit dans les travaux de la mine, soit pour les dépendances de l'exploitation, le propriétaire aura la faculté de la réclamer, sauf à payer au concessionnaire une indemnité pour frais d'exploitation et d'extraction, à régler par experts.

Faute par le propriétaire de la surface d'avoir fait cette revendication dans le délai de six mois, les matières minérales appartiendront désormais au concessionnaire.

TITRE II

De la propriété des mines.

SECTION I

Des caractères de la propriété des mines.

Art. 5.

Les mines ne peuvent être exploitées qu'en vertu d'une concession instituée comme il sera dit ci-après.

Art. 6.

Cet acte règle les droits des inventeurs du gîte des propriétaires de la surface et des ouvriers mineurs sur le produit des mines concédées. Si l'exploitation comporte : 1° la participation aux bénéfices du personnel ouvrier et employé de l'exploitation, en prenant pour base les chiffres établis pour la redevance proportionnelle ; 2° les conditions spéciales du travail, de la sécurité, des salaires et des caisses de prévoyance.

Art. 7.

Il donne la propriété perpétuelle de la mine, laquelle est dès lors disponible et transmissible comme tous les autres biens, et dont on ne peut être exproprié que dans les cas et selon les formes prescrites pour les autres propriétés conformément au Code civil et au Code de procédure civile, sous la réserve résultant de l'article 49 et des dispositions de la loi du 27 avril 1838.

Art. 8.

(Texte intégral de 1810.)

Les mines sont immeubles; sont sont aussi immeubles les machines, puits, galeries et autres travaux établis à demeure, conformément à l'article 524 du Code civil.

Ne sont considérés comme chevaux attachés à l'exploitation, que ceux qui sont exclusivement attachés aux travaux intérieurs des mines.

Néanmoins, les actions ou intérêts dans une société ou entreprise pour l'exploitation des mines seront réputés meubles conformément à l'article 529 du Code civil.

Art. 9.

(Texte intégral de 1810.)

Sont meubles, les matières extraites, les approvisionnements et autres objets mobiliers.

TITRE III

SECTION II

De la recherche et de la découverte des mines.

Art. 10.

§ 1er. Nul ne peut faire des recherches pour découvrir des mines, enfoncer des sondes ou tarières sur un terrain qui ne lui appartient pas, que du consentement du propriétaire de la surface, ou avec l'autorisation du Gouvernement, donnée après avoir consulté l'administration des mines, à la charge d'une préalable indemnité envers le propriétaire et après qu'il aura été entendu.

§ 2. L'indemnité d'occupation de terrains sera réglée par les tribunaux sur le pied du double droit comme pour les mines concédées.

§ 3. Le permis de recherches, émanant du Gouvernement, sera délivré par le Ministre des Travaux publics.

§ 4. Il spécifiera la faculté, pour le permissionnaire, de vendre ou utiliser les produits des recherches fixera et les droits du propriétaire de la surface sur les produits extraits.

§ 5. Il ne sera valable que pour deux ans; il pourra être renouvelé.

§ 6. La demande en permis de recherches sera adressée au préfet; à cette demande, il sera joint un plan en triple expédition, à l'échelle cadastrale de 1/2500, indiquant la place de la surface sollicitée pour champ de recherches.

§ 7. Le demandeur devra également joindre à sa pétition

un reçu régulier du receveur des contributions, attestant le versement d'une somme de 500 francs par hectare demandée, à titre de caution préalable, pour le payement des indemnités dues au propriétaire de la surface et des frais de bornage.

§ 8. Dans le délai d'un mois, le préfet notifiera cette pétition au propriétaire de la surface et la transmettra au Ministre avec son avis, après avoir consulté l'Ingénieur des mines.

§ 9. Il devra être statué ensuite dans un sens ou dans l'autre par le Ministre des Travaux publics, dans le délai d'un deuxième mois.

§ 10. Il ne pourra être accordé deux permis de recherches au même demandeur, à moins qu'il ne s'agisse de périmètres espacés de plus d'un kilomètre.

§ 11. Le bornage du périmètre de recherches, afférent à chaque permis, sera effectué aux frais du permissionnaire, en présence de l'Ingénieur des mines, ou du garde-mines, dans le délai de quinze jours à dater de la délivrance du permis.

§ 12. La durée du permis datera de l'époque du bornage.

§ 13. L'inventeur aura un droit de préférence sur tout autre pour les recherches à effectuer sur le gîte par lui découvert. Il devra faire constater après sa déclaration découverte à la préfecture, son droit d'invention présumé par l'ingénieur des mines et faire sa demande de permis de recherches dans le délai d'un mois après la fin du jour de la découverte.

L'inventeur sera également privilégié dans les mêmes formes pour les recherches à effectuer sur la continuation du gîte par lui découvert.

Art. 11.

(Loi des 27-28 juillet 1880.)

Nulle permission de recherches, ni concession de mines ne pourra, sans le consentement des propriétaires de la surface, donner le droit de faire des sondages, d'ouvrir des puits ou galeries, ni d'établir des machines, ateliers ou magasins dans les enclos murés, cours et jardins.

Les puits et galeries ne peuvent être ouverts dans un rayon de 50 mètres des habitations et des terrains compris dans les clôtures murés y attenant sans le consentement des propriétaires de ces habitations.

Art. 12.

Le propriétaire qui voudra faire des recherches dans sa propriété devra en faire la déclaration préalable au Préfet qui aussitôt en donne acte.

Aucune recherche de substance concessible ne pourra être autorisée dans un terrain où cette substance est déjà concédée.

SECTION II

De la préférence à accorder pour les concessions de mines.

Art. 13.

Tout Français ou tout étranger naturalisé ou non en France, agissant isolément ou en société ou en syndicat ouvrier, a le droit de demander et peut obtenir, s'il y a lieu, une concession de mines.

Art. 14.

L'individu ou la société ou le syndicat ouvrier doit justifier des facultés nécessaires pour entreprendre et conduire les travaux, et des moyens de satisfaire aux redevances, indemnités qui lui seront imposées par l'acte de concession.

Art. 15.

(Texte intégral de 1810.)

Il doit aussi, le cas arrivant de travaux à faire sous les maisons ou lieux d'habitation, sous d'autres exploitations ou dans leur voisinage immédiat, donner caution de payer toute indemnité, en cas d'accident : les demandes ou oppositions des intéressés seront, en ce cas, portées devant nos tribunaux et cours.

Art. 16.

Le Gouvernement juge des motifs ou considérations d'après lesquels la préférence doit être accordée aux divers demandeurs en concession, qu'ils soient inventeurs, propriétaire de la surface ou autres.

En cas que l'inventeur n'obtienne pas la concession d'une mine, il aura droit à une indemnité de la part du concessionnaire, elle sera réglée par l'acte de concession.

L'inventeur est celui qui a fait connaître, d'abord le lieu où se trouve une substance minérale, et ensuite la possibilité de son utile exploitation.

Art. 17.

(Texte intégral de 1810.)

L'acte de concession fait après l'accomplissement des formalités prescrites purge, en faveur du concessionnaire tous les droits des propriétaires de la surface et des inventeurs, ou de leurs ayants-droit, chacun dans leur ordre, après qu'ils ont été entendus ou appelés légalement, ainsi qu'il sera ci-après réglé.

Art. 18.

(Texte intégral de 1810.)

La valeur des droits résultant en faveur du propriétaire de la surface, en vertu de l'article 6 de la présente loi, demeurera réunie à la valeur de ladite surface, et sera affectée avec elle aux hypothèques prises par les créanciers du propriétaire.

Art. 19.

(Texte intégral de 1810.)

Du moment où une mine sera concédée, même au propriétaire de la surface, cette propriété sera distinguée de celle de la surface, et désormais considérée comme propriété nouvelle, sur laquelle de nouvelles hypothèques pourront être assises, sans préjudice de celles qui auraient été ou seraient prises sur la surface et la redevance, comme il est dit à l'article précédent.

Si la concession est faite au propriétaire de la surface, ladite redevance sera évaluée pour l'exécution dudit article.

Art. 20.

(Texte intégral de 1810.)

Une mine concédée pourra être affectée, par privilège, en faveur de ceux qui, par acte public et sans fraude, justifieraient avoir fourni des fonds pour les recherches de la mine, ainsi que pour les travaux de construction ou confection de machines nécessaires à son exploitation, à la charge de se conformer aux articles 2103 et autres du Code civil, relatifs aux privilèges.

Art. 21.

(Texte intégral de 1810.)

Les autres droits de privilège et d'hypothèque pourront être acquis sur la propriété de la min, aux termes et en conformité du Code civil, comme sur les autres propriétés immobilières.

TITRE IV

Des concessions.

SECTION I

De l'obtention des concessions.

Art. 22.

(Texte intégral de 1810.)

La demande en concession sera faite par voie de simple pétition adressée au préfet qui sera tenu de la faire enregistrer, à sa date, sur un registre particulier, et d'ordonner les publications et affiches dans les dix jours.

Art. 23.

(Texte de la loi des 27-28 juillet 1880 remplaçant l'article 23 de la loi de 1810.)

L'affichage aura lieu pendant deux mois aux chefs-lieux du département et de l'arrondissement où la mine est située, dans la commune où le demandeur est domicilié et dans toutes les communes sur le territoire desquelles la concession peut s'étendre, les affiches seront insérées deux fois, à un mois d'intervalle, dans les journaux du département et dans le *Journal officiel*.

Art. 24.

(Texte intégral de 1810.)

Les publications des demandes en concession de mines auront lieu devant la porte de la maison commune et des églises paroissiales et consistoriales, à la diligence des maires à l'issue de l'office, un jour de dimanche et au moins une fois par mois pendant la durée des affiches. Les maires seront tenus de certifier ces publications.

Art. 25.

(Texte intégral de 1810.)

Le secrétaire général de la préfecture délivrera au requérant un extrait certifié de l'enregistrement de la demande en concession.

Art. 26.

(De la loi du 28 juillet 1880, remplaçant le même article de la loi de 1880.)

Les oppositions et demandes en concurrence seront admises devant le Préfet jusqu'au dernier jour du second mois à compter de la date de l'affiche. Elles seront notifiées par actes extrajudiciaires, à la préfecture du département où elles seront renregistrées sur le registre indiqué à l'article 22. Elles seront également notifiées aux parties intéressées et le

registre sera ouvert à tous ceux qui en demanderont communication.

Art. 27.

(Texte intégral de 1810.)

A l'expiration du délai des affiches et publications et sur
la preuve de l'accomplissement des formalités portées aux
articles précédents, dans le mois qui suivra, au plus tard, le
préfet du département, sur l'avis de l'ingénieur des mines et
après avoir pris des informations sur les droits et les facultés
du demandeur, donnera son avis et le transmettra au Ministre
des Travaux publics.

Art. 28.

Il sera définitivement statué sur la demande en concession par une loi présentée aux Chambres par le Président de
la République sur le rapport du Ministre des Travaux publics,
sur avis motivés et insérés du Conseil d'État et du Conseil
général de mines.

En cas de refus, le demandeur en sera avisé immédiatement par décision ministérielle.

La demande pourra être reproduite.

Jusqu'au vote de la loi toute opposition sera admissible
devant le Ministre des Travaux publics ou le secrétaire géné-
du Conseil d'État ; dans ce dernier cas, elle aura lieu par une
requête signée et présentée par un avocat au Conseil comme
il a été pratiqué pour les affaires contentieuses et dans tous
les cas elle sera notifiée aux parties intéressées. Si l'opposition est motivée sur la propriété de la mine acquise par concession ou autrement les parties seront renvoyées devant les
tribunaux et cours.

Art. 29.

L'étendue de la concession sera déterminée par l'acte de concession; elle sera limitée par des plans verticaux, passant par des points fixes pris à la surface du sol et menés de cette surface à l'intérieur de la terre, à une profondeur indéfinie.

Art. 30.

Un plan régulier de la surface, en triple expédition, et sur une échelle de 10 millimètres pour 100 mètres, sera annexé à la demande.

Ce plan devra être dressé ou vérifié par l'ingénieur des mines et certifié par le préfet du département.

Le périmètre des concessions est, immédiatement après la loi d'institution, reporté par les soins de l'ingénieur des mines sur une carte générale des concessions à l'échelle de 1/10000. Cette carte restera déposée dans le bureau de l'ingénieur et le public pourra en prendre connaissance.

Art. 31.

(Texte intégral de 1810.)

Plusieurs concessions pourront être réunies entre les mains du même concessionnaire soit comme individu, soit comme représentant une Compagnie, mais à la charge de tenir en activité l'exploitation de chaque concession.

Tous actes de partage de concessions opérés en opposition à l'article 7, seront considérés comme nuls et non avenus et pourront donner lieu au retrait des concessions.

SECTION II

De l'obligation des propriétaires des mines.

Art 32.

(*Texte intégral de* 1810.)

L'exploitation des mines n'est pas considérée comme un commerce et n'est pas sujette à patente.

Art. 33.

(*Texte intégral de* 1810.)

Les propriétaires de mines sont tenus de payer à l'État une redevance fixe et une redevance proportionnée au produit de l'extraction.

Art. 34.

(*Texte intégral de* 1810.)

La redevance fixe sera annuelle et réglée d'après l'étendue de celle-ci : elle sera de 10 francs par kilomètre carré.

La redevance proportionnelle sera une contribution annuelle à laquelle les mines seront assujetties sur leurs produits.

Art. 35.

La redevance proportionnelle sera réglée chaque année à 5 0/0 des revenus nets distribués ou réalisés.

Art. 36.

Il sera imposé en sus un décime par franc, lequel formera un fonds de non valeur à la disposition du Ministre de l'Intérieur pour dégrèvement en faveur des propriétaires des mines qui éprouveront des pertes ou pour les accidents et les institutions de prévoyance des ouvriers mineurs.

Art. 37.

La redevance proportionnelle sera perçue comme la contribution mobilière.

Les réclamations à fin de dégrèvement ou de rappel à l'égalité proportionnelle seront jugées par les Conseils de préfecture.

Art. 38.

(Texte intégral de 1810.)

Le gouvernement accordera, s'il y a lieu, pour les exploitations qu'il en jugera suceptibles, et par un article de l'acte de concession, ou par un décret spécial délibéré en Conseil d'État pour les mines déjà concédées, la remise en tout ou partie du payement de la redevance proportionnelle, pour le temps qui sera jugé convenable; et ce, comme encouragement, en raison de la difficulté des travaux : semblable remise pourra être aussi accordée comme dédommagement, en cas d'accident de force majeure qui surviendrait pendant l'exploitation.

Art. 39.

Le produit de la redevance fixe et de la redevance proportionnelle formera un fonds spécial, dont il sera tenu un

compte particulier au trésor public, et qui sera appliqué aux
dépenses de l'administration des mines et à celles des recherches et d'intérêt public et à l'exploitation d'office de certaines mines en cas de grève provoquée ou de contraventions
aux lois et règlements.

Art. 40.

(Texte intégral de 1810.)

Les anciennes redevances dues à l'État, soit en vertu de
lois, ordonnances ou règlements, soit d'après les conditions
énoncées en l'acte de concession, soit d'après les baux et adjudications au profit de la régie du domaine cesseront d'avoir
cours à compter du jour où les redevances nouvelles seront
établies.

Art. 41.

(Texte intégral de 1810.)

Ne sont point comprises dans l'abrogation des anciennes
redevances celles dues à titre de rente, droits et prestations
quelconques, pour cession de fonds ou autres causes semblables, sans déroger toutefois à l'application des lois qui ont
supprimé les droits féodaux.

Art. 42.

Le droit attribué par l'article 6 de la présente loi aux propriétaires de la surface et à l'inventeur, sera réglé à une somme
déterminée ou à une redevance proportionnelle aux bénéfices
distribués ou réalisés fixés par l'acte de concession.

31

Art. 43.

(Texte de la loi du 27 juillet 1880.)

Le concessionnaire peut être autorisé par arrêté préfectoral pris après que les propriétaires auront été mis à même de présenter leurs observations, à occuper, dans le périmètre de sa concession, les terrains nécessaires à l'exploitation de sa mine, à la préparation mécanique du minerai et au lavage du combustible, à l'établissement des routes ou à celui du chemin de fer ne modifiant pas le relief du sol.

Si les travaux entrepris par le concessionnaire ou par un explorateur muni d'un permis de recherches mentionné à l'article 10 ne sont que passagers, et si le sol où ils ont eu lieu peut être mis en culture, au bout d'un an, comme il l'était auparavant, l'indemnité sera réglée à une somme double du produit net du terrain endommagé.

Lorsque l'occupation ainsi faite prive le propriétaire de la jouissance du sol pendant plus d'une année ou, lorsque, après l'exécution des travaux, les terrains occupés ne sont plus propres à la culture, les propriétaires peuvent exiger du concessionnaire ou de l'explorateur l'acquisition du sol.

La pièce de terre endommagée ou dégradée sur une trop grande partie de sa surface doit être achetée en totalité, si le propriétaire l'exige.

Le terrain à acquérir ainsi sera toujours estimé au double de la valeur qu'il avait avant l'occupation.

Les contestations relatives aux indemnités réclamées par les propriétaires du sol aux concessionnaires des mines en vertu du présent article, seront soumises aux tribunaux civils.

La disposition des paragraphes 2 et 3 relative au mode de calcul de l'indemnité due au cas d'occupation ou d'acquisition des terrains, ne sont pas applicables aux autres dommages causés à la propriété par les travaux de recherche ou d'exploitation : la réparation de ces dommages reste soumise au droit commun.

Art. 44.

(Texte de la loi de 1880.)

Un décret rendu en Conseil d'État peut déclarer d'utilité publique les canaux et les chemins de fer, modifiant le relief du sol, à exécuter dans l'intérieur du périmètre, ainsi que les canaux, les chemins de fer, les routes nécessaires à la mine, et les travaux de secours, tels que puits ou galeries destinés à faciliter l'aérage et l'écoulement des eaux, à exécuter en dehors du périmètre. Les voies de communication créées en dehors du périmètre pourront être affectées à l'usage du public, dans les conditions établies par le cahier des charges. Dans le cas prévu par le présent article, les dispositions de la loi du 3 mai 1841 relatives à la dépossession des terrains et au règlement des indemnités seront appliquées.

Art. 45.

(Texte intégral de 1810.)

Lorsque, par l'effet du voisinage ou pour toute autre cause, les travaux d'exploitation d'une mine occasionnent des dommages à l'exploitation d'une autre mine, à raison des eaux qui pénètrent dans cette dernière en plus grande quantité ; lorsque, d'un autre côté, ces mêmes travaux produisent un effet contraire, et tendent à évacuer tout ou partie des eaux d'une autre mine, il y aura lieu à indemnité d'une mine en faveur de l'autre, le règlement s'en fera par experts.

Art. 46.

Les questions d'indemnités à payer par les concessionnaires des mines aux explorateurs ou anciens exploitants, pour recherches ou travaux antérieurs à l'acte de concession, seront décidées conformément à l'article 4 de la loi du 28 pluviôse, an VIII.

Les haldes d'anciennes mines, situées dans le périmètre de la concession, pourront être exploitées par le concessionnaire, pour l'extraction des matières minérales concédées, sous la double réserve de payer aux propriétaires du sol des indemnités d'occupation à régler par les tribunaux, et de payer, s'il y a lieu, aux anciens explorateurs ou anciens exploitants, les indemnités spécifiées à l'article 45 et réglées par les conseils de préfecture.

TITRE V

De l'exercice de la surveillance sur les mines par l'administration.

Art. 47.

Les ingénieurs des mines exerceront, sous les ordres du Ministre de l'Intérieur et des préfets, une surveillance de police pour la conservation des édifices et la sûreté du sol, celle de la mine et des mineurs suivant les clauses introduites dans l'acte de concession en vertu de l'article 6.

Art. 48.

(Texte intégral de 1810.)

Ils observeront la manière dont l'exploitation sera faite, soit pour éclairer les propriétaires sur ses inconvénients ou son amélioration, soit pour avertir l'administration des vices, abus ou dangers qui s'y trouveraient.

Art. 49.

Toutes les fois qu'une concession de mines sera restée inexploitée pendant les deux ans révolus, le préfet du département prescrira au concessionnaire un délai pour la mise en activité des travaux, qui ne pourra être moindre que six mois, ni supérieur à un an.

Si les travaux ne sont pas commencés ou repris dans le délai fixé, le retrait de la concession sera prononcé par le Ministre des Travaux publics, et il sera procédé à la mise en adjudication de la mine, conformément à l'article 6 de la loi du 27 avril 1838.

Le retrait de la concession pourra avoir lieu dans les mêmes formes pour infractions graves aux lois et réglements généraux et spéciaux.

Art. 50.

Si les travaux de recherche ou d'exploitation d'une mine sont de nature à compromettre la sécurité publique, la conservation de la mine, la sûreté des ouvriers mineurs, la conservation des voies de communication, celle des eaux minérales, la solidité des habitations, l'usage des sources qui alimentent des villes, villages, hameaux et établissements publics, il y sera pourvu par le préfet.

(L'article premier de la loi du 27 avril 1838 est modifié ainsi qu'il suit :) « Lorsque plusieurs mines situées dans des concessions différentes seront atteintes ou menacées d'une inondation commune qui sera de nature à compromettre leur existence, le Gouvernement pourra obliger les concessionnaires à exécuter en commun et à leurs frais les travaux nécessaires soit pour dessécher en tout ou partie les mines inondées, soit pour arrêter les progrès de l'inondation ; l'application de cette mesure sera soumise aux formalités et dispositions prescrites par la loi du 27 avril 1838. »

TITRE VI

SECTION I

Des carrières.

Art. 51.

(Texte de la loi de 1880.)

L'exploitation des carrières à ciel ouvert a lieu en vertu d'un simple déclaration faite au maire de la commune et transmise au préfet. Elle est soumise à la surveillance de l'administration et à l'observation des lois et règlements.

Les règlements généraux seront remplacés dans les départements où ils sont en vigueur par des règlements locaux rendus sous la forme de décret en Conseil d'État.

Art. 52.

Quand l'exploitation a lieu par galeries souterraines elle est soumise, indépendamment de la déclaration, à la surveillance de l'administration des mines dans les conditions prévues par les articles 47, 48 et 50.

Dans l'intérieur de Paris l'exploitation des carrières souterraines de toute nature est interdite.

Sont abrogées les dispositions ayant force de loi des deux décrets du 22 mars et 4 juillet 1813 et du décret portant règlement général du 22 mars 1813 relatif à l'exploitation des carrières dans les départements de la Seine et de Seine-et-Oise.

SECTION II

Des tourbières

Art. 53.

(Texte intégral de 1810.)

Les tourbes ne peuvent être exploitées que par le propriétaire du terrain, ou de consentement.

Art. 54.

(Texte intégral de 1810.)

Tout propriétaire actuellement exploitant, ou qui voudra commencer à exploiter des tourbes dans son terrain, ne pourra continuer ou commencer son exploitation, sous peine de 100 francs d'amende, sans en avoir préalablement fait la déclaration à la sous-préfecture et obtenu l'autorisation.

Art. 55.

(Texte intégral de 1810.)

Un règlement d'administration publique déterminera la direction générale des travaux d'extraction dans le terrain où sont situées les tourbes, celles des rigoles de desséchement, enfin toutes les mesures propres à faciliter l'écoulement des eaux dans les vallées et l'atterrissement des entailles tourbées.

Art. 56.

(Texte intégral de 1810.)

Les propriétaires exploitants, soit particuliers soit communautés d'habitants, soit établissements publics, sont tenus de s'y conformer, à peine d'être contraints à cesser leurs travaux.

TITRE VII

Des expertises.

Art. 57.

(Texte intégral de 1810.)

Dans tous les cas prévus par la présente loi et autres naissant des circonstances où il y aura lieu à expertise, les dispositions du titre XIV du Code de procédure civile, articles 303 à 323, seront exécutées.

Art. 58.

(Texte intégral de 1810.)

Les experts seront pris parmi les ingénieurs des mines, ou parmi les hommes notables et expérimentés dans le fait des mines et de leurs travaux.

Art. 59.

(Texte intégral de 1810.)

Le procureur de la République sera toujours entendu, et donnera ses conclusions sur le rapport des experts.

Art. 60.

(Texte intégral de 1810.)

Nul plan ne sera admis comme pièce probante dans une contestation, s'il n'a été levé ou vérifié par un ingénieur des mines. La vérification des plans sera toujours gratuite.

Art. 61.

(Texte intégral de 1810.)

Les frais et vacations des experts seront réglés et arrêtés, selon les cas, par les Tribunaux : il en sera de même des honoraires qui pourront appartenir aux ingénieurs des mines ; le tout suivant le tarif qui sera fait par un règlement d'administration publique.

Toutefois, il n'y a aura pas lieu à honoraires pour les ingénieurs des mines, lorsque leurs opérations auront été faites soit dans l'intérêt de l'administration, soit à raison de la surveillance et de la police publiques.

Art. 62.

(Texte intégral de 1810.)

La consignation des sommes jugées nécessaires pour subvenir aux frais d'expertise pourra être ordonnée par le tribunal contre celui qui poursuivra l'expertise.

32

TITRE VIII

De la police et de la juridiction relative aux mines et aux carrières.

Art. 63.

(Texte intégral de 1810.)

Les contraventions des propriétaires de carrières, de mines, exploitants, non encore concessionnaires ou autres personnes, aux lois et règlements seront dénoncées et constatées, comme les contraventions en matière de voirie et de police.

Art. 64.

(Texte intégral de 1810.)

Les procès-verbaux contre les contrevenants seront affirmés dans les formes et délais prescrits par les lois.

Art. 65.

(Texte intégral de 1810.)

Ils seront adressés en originaux à nos procureurs impériaux, qui seront tenus de poursuivre d'office les contrevenants devant les tribunaux de police correctionnelle, ainsi qu'il est réglé et usité pour les délits forestiers, et sans préjudice des dommages-intérêts des parties.

Art. 66.

(Texte intégral de 1810.)

Les peines seront d'une amende de 500 francs au plus, et de 100 francs au moins, double en cas de récidive, et d'une détention qui ne pourra excéder la durée fixée par le Code de police correctionnelle.

Art. 67.

Sont abrogés le décret du 23 octobre 1852, la loi du 9 mai 1866, et les dispositions des décrets sur la matière et des lois du 21 avril 1810, 27 avril 1838 et 17 juin 1840 contraires à la présente loi.

Disposition transitoire pour les minières.

Dans l'année qui suivra la promulgation de la présente loi, les propriétaires de minières en activité formuleront des demandes en concession.

Les concessionnaires de mines indemniseront le propriétaire de la minière qu'ils voudront annexer, par une redevance équivalente au revenu net que le propriétaire aurait pu tirer de l'exploitation et qui sera fixée par les tribunaux.

ANNEXES

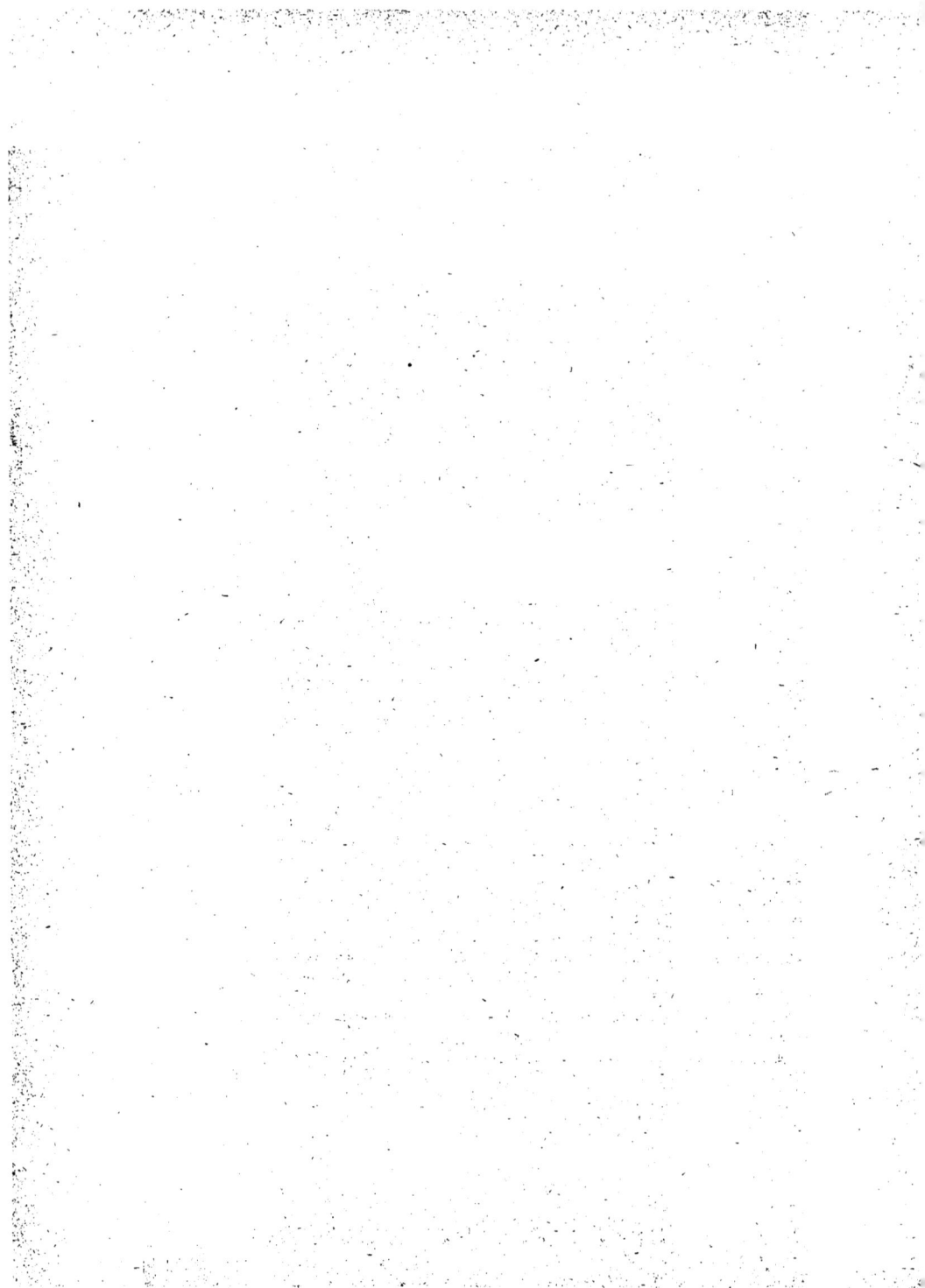

ANNEXE A

LOI DU 27 AVRIL 1838

Article premier.

Lorsque plusieurs mines situées dans des concessions différentes seront atteintes ou menacées d'une inondation commune qui sera de nature à compromettre leur existence, la sûreté publique ou les besoins des consommateurs, le gouvernement pourra obliger les concessionnaires de ces mines à exécuter, en commun et à leurs frais, les travaux nécessaires soit pour assécher tout ou partie des mines inondées, soit pour arrêter les progrès de l'inondation.

L'application de cette mesure sera précédée d'une enquête administrative à laquelle tous les intéressés seront appelés, et dont les formes seront déterminées par un réglement d'administration publique.

Art. 2.

Le Ministre décidera, d'après l'enquête, quelles sont les concessions inondées ou menacées d'inondation qui doivent opérer, à frais communs, les travaux d'asséchement.

Cette décision sera notifiée administrativement aux concessionnaires intéressés. Le recours contre cette décision ne sera pas suspensif.

Les concessionnaires ou leurs représentants, désignés ainsi qu'il sera dit à l'article 7 de la présente loi, seront convoqués en assemblée générale à l'effet de nommer un syndicat, composé de trois ou cinq membres, pour la gestion des intérêts communs.

Le nombre des syndics, le mode de convocation et de délibération de l'Assemblée générale seront réglés par un arrêté du préfet.

Dans les délibérations de l'assemblée générale, les concessionnaires ou les représentants auront un nombre de voix proportionnel à l'importance de chaque concession.

Cette importance sera déterminée d'après le montant des redevances proportionnelles acquittées par les mines en activité d'exploitation, pendant les trois dernières années d'exploitation, ou par les mines inondées, pendant les trois années qui auront précédé celle où l'inondation aura envahi les mines.

La délibération ne sera valide qu'autant que les membres présents surpasseraient en nombre le tiers des concessions, et qu'ils représenteraient entre eux plus de la moitié des voix attribuées à la totalité des concessions comprises dans le syndicat.

En cas de décès ou de cessation des fonctions des syndics, ils seront remplacés par l'assemblée générale dans les formes qui auront été suivies pour leur nomination.

Art. 3.

Une ordonnance royale rendue dans la forme des réglements d'administration publique, et après que les syndics auront été appelés à faire connaître leurs propositions, et les intéressés leurs observations, déterminera l'organisation définitive et les attributions du syndicat, les bases de la répartition, soit provisoire, soit définitive, de la dépense entre les concessionnaires intéressés, et la forme dans laquelle il sera rendu compte des recettes et des dépenses.

Un arrêté ministériel déterminera, sur la proposition des syndics, le système et le mode d'exécution et d'entretien des travaux d'épuisement, ainsi que les époques périodiques où les taxes devront être acquittées par les concessionnaires.

Si le ministre juge nécessaire de modifier la proposition du syndicat, le syndicat sera entendu de nouveau. Il lui sera fixé un délai pour produire ses observations.

Art. 4.

Si l'assemblée générale, dûment convoquée, ne se réunit pas, ou si elle ne nomme point le nombre de syndics fixé par l'arrêté du préfet, le ministre, sur la proposition de ce dernier, instituera d'office une Commission composée de trois ou cinq personnes, qui sera investie de l'autorité et des attributions des syndics.

Si les syndics ne mettent point à exécution les travaux d'asséchement, ou s'ils contreviennent au mode d'exécution et d'entretien réglé par l'arrêté ministériel, le ministre, après que la contravention aura été constatée, les syndics préalablement appelés, et après qu'ils auront été mis en demeure, pourra, sur la proposition du préfet, suspendre les syndics de leurs fonctions, et leur substituer un nombre égal de commissaires.

Les pouvoirs des commissaires cesseront de droit à l'époque fixée pour l'expiration de ceux des syndics. Néanmoins le ministre, sur la proposition du préfet, aura toujours la faculté de les faire cesser plus tôt.

Les commissaires pourront être rétribués ; dans ce cas, le ministre, sur la proposition du préfet, fixera le taux des traitements, et leur montant sera acquitté sur le produit des taxes imposées aux concessionnaires.

Art. 5.

Les rôles de recouvrement des taxes réglées en vertu des articles précédents seront dressés par les syndics et rendus exécutoires par le préfet.

Les réclamations des concessionnaires sur la fixation de leur quote-part dans lesdites taxes seront jugées par le Conseil de préfecture, sur mémoire des réclamants, communiqués au syndicat, et après avoir pris l'avis de l'ingénieur des mines.

Les réclamations relatives à l'exécution des travaux seront jugées comme en matière de travaux publics.

Le recours, soit au Conseil de préfecture, soit au Conseil d'État, ne sera pas suspensif.

Art. 6.

A défaut de payement, dans le délai de deux mois, à dater de la sommation qui aura été faite, la mine sera réputée abandonnée ; le ministre pourra prononcer le retrait de concession, sauf le recours au roi en son Conseil d'État, par la voie contentieuse.

La décision du ministre sera notifiée aux concessionnaires déchus, publiée et affichée à la diligence du préfet.

L'administration pourra faire l'avance du montant des taxes dues par la concession abandonnée, jusqu'à ce qu'il ait été procédé à une concession nouvelle, ainsi qu'il sera dit ci-après.

A l'expiration du délai de recours, ou en cas de recours, après la notification de l'ordonnance confirmative de la décision du ministre, il sera procédé publiquement, par voie administrative, à l'adjudication de la mine abandonnée. Les concurrents seront tenus de justifier des facultés suffisantes pour satisfaire aux conditions imposées par le cahier des charges.

Celui des concurrents qui aura fait l'offre la plus favorable sera déclaré concessionnaire, et le prix de l'adjudication, déduction faite des sommes avancées par l'État, appartiendra au concessionnaire déchu ou à ses ayants-droit. Ce prix, s'il y a lieu, sera distribué judiciairement et par ordre d'hypothèques.

Le concessionnaire déchu pourra, jusqu'au jour de l'adjudication, arrêter les effets de la dépossession en payant toutes les taxes arriérées et en consignant la somme qui sera jugée nécessaire pour sa quote-part dans les travaux qui resteront encore à exécuter.

S'il ne se présente aucun soumissionnaire, la mine restera à la disposition du domaine, libre et franche de toutes charges provenant du fait du concessionnaire déchu. Celui-ci pourra, en ce cas, retirer les chevaux, machines et agrès qu'il aura attachés à l'exploitation, et qui pourront être séparés sans préjudice pour la mine, à la charge de payer toutes les taxes dues jusqu'à la dépossession, et sauf au domaine à retenir, à dire d'experts, les objets qu'il jugera utiles,

33

Art. 7.

Lorsqu'une concession de mine appartiendra à plusieurs personnes ou à une société, les concessionnaires ou la société devront, quand ils seront requis par le préfet, justifier qu'il est pourvu, par une convention spéciale, à ce que les travaux d'exploitation soient soumis à une direction unique et coordonnés dans un intérêt commun.

Il seront pareillement tenus de désigner, par une déclaration authentique faite au secrétariat de la préfecture, celui des concessionnaires ou tout autre individu qu'ils auront pourvu des pouvoirs nécessaires pour assister aux assemblées générales, pour recevoir toutes notifications et significations, et, en général, pour les représenter vis-à-vis de l'administration, tant en demandant qu'en défendant.

Faute par les concessionnaires d'avoir fait, dans le délai qui leur aura été assigné, la justification requise par le paragraphe premier du présent article, ou d'exécuter les clauses de leurs conventions qui auraient pour objet d'assurer l'unité de la concession, la suspension de tout ou de partie des travaux pourra être prononcée par un arrêté du préfet, sauf recours au Ministre, et, s'il y a lieu, au Conseil d'État, par la voie contentieuse, sans préjudice d'ailleurs de l'application des articles 93 et suivants de la loi du 21 avril 1810.

Art. 8.

Tout puits, toute galerie ou tout autre travail d'exploitation ouvert en contravention aux lois ou réglements sur les mines pourront aussi être interdits dans la forme énoncée en l'article précédent, sans préjudice également de l'application des articles 93 et suivants de la loi du 21 avril 1810.

Art. 9.

Dans tous les cas où les lois et règlements sur les mines autorisent l'administration à faire exécuter des travaux dans les mines aux frais des concessionnaires, le défaut de payement de la part de ceux-ci donnera lieu contre eux à l'application des dispositions de l'article 6 de la présente loi.

Art. 10.

Dans tous les cas prévus par l'article 49 de la loi du 21 avril 1810, le retrait de la concession et l'adjudication de la mine ne pourront avoir lieu que suivant les formes prescrites par le même article de la présente loi.

ANNEXE B

LOI SUR LE SEL

AU PALAIS DES TUILERIES, 17 JUIN 1840.

Louis Philippe, roi des Français, à tous présents et à venir, salut.

Nous avons proposé, les Chambres ont adopté, nous avons ordonné et ordonnons ce qui suit:

Article premier.

Nulle exploitation de mines de sel, de sources ou de puits d'eau salée naturellement ou artificiellement, ne peut avoir lieu qu'en vertu d'une concession consentie par ordonnance royale délibérée en Conseil d'État.

Art. 2.

Les lois et règlements généraux sont applicables aux exploitations des mines de sel.

Un règlement d'administration publique déterminera selon la nature de la concession, les conditions auxquelles l'exploitation sera soumise.

Le même règlement déterminera aussi les formes des enquêtes qui devront précéder les concessions de sources ou de puits d'eau salée.

Seront applicables à ces concessions les dispositions des titres V et X de la loi du 21 avril 1810, (IX série.)

Art. 3.

Les concessions seront faites de préférence aux propriétaires des établissements légalement existants.

Art. 4.

Les concessions ne pourront excéder 20 kilomètres carrés {s'il s'agit d'une mine de sel, et 1 kilomètre carré pour l'exploitation d'une source ou d'un puits d'eau salée.

Dans l'un et l'autre cas, les actes de concession régleront les droits du propriétaire de la surface conformément aux articles 6 et 42 de la loi du 21 avril 1810.

Art. 5.

Les concessionnaires de mines de sel, de sources ou de puits d'eau salée, seront tenus: 1° de faire, avant toute exploitation ou fabrication, la déclaration prescrite par l'article 51 de la loi du 24 avril 1806 ; 2° d'extraire ou de fabriquer au minimum et annuellement une quantité de cinq cent mille kilogrammes de sel, pour être livrés à la consommation intérieure et assujettis à l'impôt.

Toutefois une ordonnance royale pourra, dans des circonstances particulières, autoriser la fabrication au-dessous du minimum. Cette autorisation pourra toujours être retirée.

Des règlements d'administration publique détermineront, dans l'intérêt de l'impôt, les conditions auxquelles l'exploitation et la fabrication seront soumises, ainsi que le mode de surveillance à exercer, de manière à ce que le droit soit perçu sur les quantités de sel réellement fabriqué.

Les dispositions du présent article sont applicables aux exploitations ou fabriques actuellement existantes.

Art. 6.

Tout concessionnaire ou fabricant qui voudra cesser d'exploiter ou de fabriquer, est tenu d'en faire la déclaration au moins un mois d'avance.

Le droit de consommation sur les sels extraits ou fabriqués qui seraient encore en la possession du concessionnaire ou du fabricant un mois après la cessation de l'exploitation ou de la fabrication sera exigible immédiatement.

L'exploitation ou la fabrication ne pourront être reprises qu'après un nouvel accomplissement des obligations mentionnées en l'article 5.

Art. 7.

Toute exploitation ou fabrication de sel entreprise avant l'accomplissement des formalités prescrites par l'article 5 sera frappée d'interdiction par voie administrative; le tout sans préjudice, s'il y a lieu, des peines portées en l'article 10.

Les arrêtés d'interdiction rendus par les préfets seront exécutoires par provision, nonobstant tout recours de droit.

Art. 8.

Tout fabricant ou exploitant de sel dont les produits n'auront pas atteint le maximum déterminé par l'article 5 sera passible d'une amende égale au droit qui aurait été perçu sur les quantités de sel manquant pour atteindre le minimum.

Art. 9.

L'enlèvement ou le transport des eaux salées et des matières salifères sont interdits pour toute destination autre que celle d'une fabrique régulièrement autorisée, sauf l'exception portée en l'article 12.

Des règlements d'administration publique détermineront les formalités à observer pour l'enlèvement et la circulation.

Art. 10.

Toute contravention aux dispositions des articles 5, 6, 7 et 9, et des ordonnances qui en règleront l'application, sera punie de la confiscation des eaux salées, matières salifères, sels fabriqués, ustensiles de fabrication, moyens de transport, d'une amende de 500 francs à 5.000 francs, et dans tous les cas, du paiement du double droit sur le sel pur, mélangé ou dissous dans l'eau, fabriqué, transporté ou soustrait à la surveillance.

En cas de récidive, le maximum de l'amende sera prononcé. L'amende pourra même être portée jusqu'au double.

Art. 11.

Les dispositions des articles 5, 6, 7, 9 et 10, sauf l'obligation du maxaimum de fabrication, sont applicables aux établissements de produits chimiques dans lesquels il produit en même temps du sel marin.

Dans les fabriques de salpêtre qui n'opèrent pas exclusivement sur les matériaux de démolition, et dans les fabriques de produits chimiques, la quantité de sel marin résultant des préparations sera constatée par les exercices des employés des contributions indirectes.

Art. 12.

Des règlements d'administration publique détermineront les conditions auxquelles pourront être autorisées l'enlèvement, le transport et l'emploi en franchise ou avec modération des droits, du sel de toute origine, des eaux salées ou de matières salifères, à destination des exploitations agricoles ou manufacturières, et de la salaison, soit en mer, soit à terre, des poissons de toute sorte.

Art. 13.

Taute infraction aux conditions suus lesquelles la franchise ou la modération de droits aura été accordée en vertu de l'article précédent sera punie de l'amende prononcée par l'article 10, et, en outre, du paiement du droit sur toute quantité de sel pur ou contenu dans les eaux salées et les matières salifères qui aura été détournée en fraude.

La disposition précédente est applicable aux qualités de sel que représenteront, d'après les allocations qui auront été déterminées, les salaisons à l'égard desquelles il aura été contrevenu aux règlements.

Quant aux salaisons qui jouissent du droit d'employer le sel étranger, le double droit à payer pour amende sera calculé à raison de 60 francs pour 100 kilogrammes sans remise.

Les fabriques ou établissements, ainsi que les salaisons en mer ou à terre jouissant déjà de la franchise sont également soumis aux dispositions du présent article.

Art. 14.

Les contraventions prévues par la présente loi seront poursuivies devant les tribunaux de police correctionnelle, à la requête de l'administration des douanes ou de celles des contributions indirectes.

Art. 15.

Avant le 1er juillet 1841, une ordonnance royale réglera la remise accordée à titre de décret, en raison des lieux de production, et après les expériences qui auront constaté la déperdition réelle des sels, sans que, dans aucun cas, cette remise puisse excéder cinq pour cent.

Il n'est rien changé aux autres dispositions des lois et réglements relatifs à l'exploitation des marais salants.

Art. 16.

Jusqu'au 1er janvier 1851 des ordonnances royales régleront :

1° L'exploitation des petites salines des côtes de la Manche ;

2° Les allocations et franchises sur le sel dit de *troque*, dans les départements du Morbihan et de la Loire-Inférieure.

A cette époque, toutes les ordonnances rendues en vertu du présent article cesseront d'être exécutoires, et toutes les salines seront soumises aux prescriptions de la présente loi.

Art. 17.

Les salines et marais salants seront cotisés à la contribution foncière, conformément au décret du 15 octobre 1810 (1) savoir : les bâtiments qui en dépendent d'après leur valeur locative et les terrains et emplacements, sur le pied des meilleures terres labourables.

La somme dont les salines, salins et marais salants auront été dégrevés par suite de cette cotisation sera reportée sur l'ensemble de chacun des départements où ces propriétés sont situées.

_____

(1) IV Série, *Bulletin* 324, n° 6062.

Art. 18.

Les clauses et conditions du traité consenti entre le Ministre des Finances et la compagnie des salines et mines de sel de l'Est pour la résiliation du bail passé le 31 octobre 1825, sont et demeurent approuvées. Ce traité restera annexé à la présente loi.

Le Ministre des Finances est autorisé à effectuer les payements ou restitutions qui devront être opérés pour l'exécution dudit traité.

Il sera tenu un compte spécial où les dépenses seront successivement portées ainsi que les recouvrements qui seront opérés jusqu'au terme de l'exploitation.

Il est ouvert au Ministre des Finances, sur l'exercice 1841 un crédit de cinq millions, montant présumé de l'excédent de dépense qui pourra résulter de cette liquidation, dont le compte sera présenté aux Chambres.

Art. 19.

Les dispositions de la présente loi qui pourraient porter atteinte aux droits de la concession faite au domaine de l'État en exécution de la loi du 6 avril 1825 n'auront effet, dans les départements dénommés en ladite loi, qu'après le 1er octobre 1841. Jusqu'à cette époque, les lois et règlements existants continueront à recevoir leur application dans lesdits départements.

La présente loi discutée, et adoptée par la Chambre des Pairs et par celle des Députés, et sanctionnée par nous cejourd'hui, sera exécutée comme loi de l'État.

Donnons en mandement à nos cours et tribunaux, préfets, corps administratifs, et tous autres, que les présentes ils gardent et maintiennent, fassent garder, observer et maintenir et, pour les rendre plus notoires à tous, ils les fassent publier et enregistrer par tout, où besoin sera ; et afin que ce soit chose ferme et stable à toujours, nous y avons fait mettre notre sceau.

Fait au palais des Tuileries, le 17e jour du mois de juin, l'an 1840.

Signé : LOUIS-PHILIPPE.

Vu et scellé du grand sceau,

Le garde des sceaux de France, Ministre,
secrétaire d'État au département de la Justice et des Cultes,
Signé : VIVIEN.

Par le Roi,
Le pair de France, Ministre,
secrétaire d'État au département des Finances,
Signé : PELLET (de la Lozère).

ANNEXE C

DÉCRET DU 23 OCTOBRE 1852.

Décret qui fait défense à tout concessionnaire de mines de réunir sa ou ses concessions à d'autres concessions de même nature, sans l'autorisation du Gouvernement.

DU 23 OCTOBRE 1852.

Louis-Napoléon, Président de la République Française,

Sur le rapport du Ministre des Travaux publics;

Vu les nombreuses réclamations adressées au Gouvernement contre les réunions de mines opérées sans autorisation administrative sur divers points du territoire;

Considérant que dans certains cas ces réunions sont de nature à porter un grave préjudice aux intérêts du commerce et de l'industrie;

Considérant dès lors qu'il est du devoir de l'autorité publique de s'y opposer;

Vu la loi du 21 avril 1810 sur les mines;

Vu l'article 6 de la constitution;

Sur le rapport du Ministre des Travaux publics, et de l'avis du Conseil des ministres,

Décrète :

Article premier.

Défense est faite à tout concessionnaire de mines, de quelque nature qu'elles soient, de réunir sa ou ses concessions à d'autres concessions de même nature, par association ou acquisition, ou de toute autre manière, sans l'autorisation du Gouvernement.

Art. 2.

Tous actes de réunion opérés en opposition à l'article précédent seront en conséquence considérés comme nuls et non avenus, et pourront donner lieu au retrait des concessions sans préjudice des poursuites que les concessionnaires des mines réunies pourraient avoir encourues en vertu des articles 414 et 419 du code pénal.

Art. 3.

Le Ministre des Travaux publics et le Garde des Sceaux, Ministre de la Justice sont chargés, chacun en ce qui le concerne, de l'exécution du présent décret, qui sera inséré au *Bulletin des Lois.*

Fait au palais de Saint-Cloud, le 23 octobre 1852.

Signé : LOUIS-NAPOLÉON.

Par le Président de la République,

Le Ministre des Travaux publics,

Signé : P. MAGNE.

ANNEXE D

LOI DU 9 MAI 1866 SUR LES MINIÈRES ET FOURNEAUX

Loi qui, 1° abroge les dispositions de la loi du 21 avril 1810, relatives à l'établissement des forges, fourneaux et usines et aux droits établis à leur profit sur les minières du voisinage ; 2° modifie les articles 57 et 58 de la même loi, relatifs à l'exploitation des minières.

Napoléon, par la grâce de Dieu et la volonté nationale, Empereur des Français, à tous présent et à venir; salut.

Avons sanctionné et sanctionnons, promulgué et promulguons ce qui suit :

LOI

Extrait du procès-verbal des séances du Corps législatif.

Le Corps législatif a adopté le projet de loi dont la teneur suit :

Article premier.

Sont abrogés les articles 73 et 78 de la loi du 21 avril 1810, ayant pour objet de soumettre à l'obtention d'une permission préalable l'établissement des fourneaux, forges et mines.

2. — Sont également abrogés les articles 59 à 67, 79 et 80 de la même loi, ainsi que l'article 70, dans celle de ses dispositions qui, dans les cas de concession prévus par cet article, oblige le concessionnaire à fournir à certaines usines la quantité de minerai nécessaire à leur exploitation.

Néanmoins, les dispositions desdits articles continueront à être applicables jusqu'au 1er janvier 1876 aux usines établies, avec permission, antérieurement à la promulgation de la présente loi.

3. — Les articles 57 et 58 de la même loi sont modifiés ainsi qu'il suit :

Art. 57.

Si l'exploitation des minières doit avoir lieu à ciel ouvert le propriétaire est tenu, avant de commencer à exploiter, d'en faire la déclaration au préfet. Le préfet donne acte de cette déclaration et l'exploitation a lieu sans autre formalité.

Cette disposition s'applique aux minerais de fer en couches et en filons, dans le cas où, conformément à l'article 69, ils ne sont pas concessibles.

Si l'exploitation doit être souterraine, elle ne peut avoir lieu qu'avec une permission du préfet. La permission détermine les conditions spéciales auxquelles l'exploitant est tenu, en ce cas, de se conformer.

Art. 58.

Dans les deux cas prévus par l'article précédent, l'exploitant doit observer les règlements généraux ou locaux concernant la sûreté et la salubrité publiques auxquels est assujettie l'exploitation des minières.

Les articles 93 à 96 de la présente loi sont applicable aux contraventions commises par les exploitants de minières aux dispositions de l'article 57 et aux règlements généraux et locaux dont il est parlé dans le présent article.

Délibéré en séance publique, à Paris, le 6 avril 1866.

Le Président,

Signé : A. WALEWSKI.

Les Secrétaires,

Signé : LAFOND DE SAINT-MUR,
THOINNET DE LA TURMELIÈRE,
ALFRED DARIMON.

ANNEXE E

TEXTE DE LA LOI DES 27-28 JUILLET 1880

Qui modifie la loi du 21 avril 1810 concernant les mines.

BULLETIN N° 9567

Article unique.

Les articles 11, 23, 26, 42, 43, 44, 50, 70, 81 et 82 de la loi du 21 avril 1810, sont modifiés ainsi qu'il suit :

Art. 11. — Nulle permission de recherches, ni concession de mines ne pourra, sans le consentement du propriétaire de la surface, donner le droit de faire des sondages, d'ouvrir des puits ou galeries, ni d'établir des machines, ateliers ou magasins dans les enclos murés, cours et jardins.

Les puits et galeries ne peuvent être ouverts dans un rayon de 50 mètres des habitations et des terrains compris dans les clôtures murées y attenantes, sans le consentement des propriétaires de ces habitations.

Art. 23. — L'affichage aura lieu pendant deux mois, aux chefs-lieux du département et de l'arrondissement où la mine est située, dans la commune où le demandeur est domicilié et dans toutes les communes sur le territoire desquelles la concession peut s'étendre ; les affiches seront insérées deux fois, à un mois d'intervalle, dans les journaux du département et dans le *Journal officiel.*

Art. 26. — Les oppositions et demandes en concurrence seront admises devant le Préfet jusqu'au dernier jour du second mois à compter de la date de l'affiche. Elles seront modifiées par actes extra-judiciaires, à la préfecture du département, où elles seront enregistrées sur le registre indiqué à l'article 22. Elles seront également notifiées aux parties intéressées et le registre sera ouvert à tous ceux qui en demanderont communication.

Art. 42. — Le droit accordé par l'article 6 de la présente loi au propriétaire de la surface sera réglé sous la forme fixée par l'acte de concession.

Art. 43. — Le concessionnaire peut être autorisé, par arrêté préfectoral pris après que les propriétaires auront été mis à même de présenter leurs observations, à occuper, dans le périmètre de sa concession, les terrains nécessaires à l'exploitation de sa mine, à la préparation mécanique des minerais et au lavage des combustibles, à l'établissement des routes ou à celui des chemins de fer ne modifiant pas le relief du sol.

Si les travaux entrepris par le concessionnaire ou par un explorateur, muni du permis de recherches mentionné à l'article 10, ne sont que passagers, et si le sol où ils ont eu lieu peut être mis en culture au bout d'un an, comme il l'était auparavant, l'indemnité sera réglée à une somme double du produit net du terrain endommagé.

Lorsque l'occupation ainsi faite prive le propriétaire de la jouissance du sol pendant plus d'une année, ou lorsque, après l'exécution des travaux, les terrains occupés ne sont plus propres à la culture, les propriétaires peuvent exiger du concessionnaire ou de l'explorateur, l'acquisition du sol. La pièce de terre trop endommagée ou dégradée sur une trop grande partie de sa surface doit être achetée en totalité, si le propriétaire l'exige.

Le terrain à acquérir ainsi sera toujours estimé au double de la valeur qu'il avait avant l'occupation.

Les contestations relatives aux indemnités réclamées par les propriétaires du sol aux concessionnaires de mines, en vertu du présent article, seront soumises aux tribunaux civils.

Les dispositions des paragraphes 2 et 3, relatives au mode de calcul de l'indemnité due au cas d'occupation ou d'acquisition des terrains, ne sont pas applicables aux autres dommages causés à la propriété par les travaux de recherche ou d'exploitation : la réparation de ces dommages reste soumise au droit commun.

Art. 44. — Un décret rendu en conseil d'État peut déclarer d'utilité publique les canaux et les chemins de fer, modifiant le relief du sol, à exécuter dans l'intérieur du périmètre, ainsi que les canaux, les chemins de fer, les routes nécessaires à la mine et les travaux de secours, tels que puits ou galeries destinés à faciliter l'aérage et l'écoulement des eaux, à exécuter en dehors du périmètre pourront être affectées à l'usage du public, dans les conditions établies par le cahier des charges. Dans le cas prévu par le présent article, les dispositions de la loi du 3 mai 1841, relatives à la dépossession des terrains et au règlement des indemnités, seront appliquées.

Art. 50. — Si les travaux de recherche ou d'exploitation d'une mine sont de nature à compromettre la sécurité publique, la conservation de la mine, la sûreté des ouvriers-mineurs, la conservation des voies de communication, celle des eaux minérales, la solidité des habitations, l'usage des sources qui alimentent des villes, villages, hameaux et établissements publics, il y sera pourvu par le Préfet.

Art. 70. — Lorsque le Ministre des Travaux publics après la concession d'une mine de fer, interdit aux propriétaires des minières de continuer une exploitation qui ne pourrait se prolonger sans rendre ensuite impossible l'exploitation avec puits et galeries régulières, le concessionnaire de la mine est tenu d'indemniser les propriétaires des minières dans la proportion du revenu net qu'ils en tiraient.

Un décret rendu en Conseil d'État peut, alors même que les minières sont exploitables à ciel ouvert ou n'ont pas encore été exploitées, autoriser la réunion des minières à une mine, sur la demande du concessionnaire.

Dans ce cas, le concessionnaire de la mine doit indemniser le propriétaire de la minière, par une redevance équivalente au revenu net que ce propriétaire aurait pu tirer de l'exploitation et qui sera fixée par les tribunaux civils.

Art. 81. — L'exploitation des carrières à ciel ouvert a lieu en vertu d'une simple déclaration faite au maire de la commune et transmise au préfet. Elle est soumise à la surveillance de l'administration et à l'observation des lois et règlements.

Les règlements généraux sont remplacés, dans les départements où ils sont en vigueur, par des règlements locaux rendus sous la forme des décrets en Conseil d'État.

Art. 82. — Quand l'exploitation a lieu par galeries souterraines, elle est soumise à la surveillance de l'administration des mines, dans les conditions prévues par les articles 47, 48 et 50.

Dans l'intérieur de Paris, l'exploitation des carrières souterraines de toute nature est interdite.

Sont abrogées les dispositions ayant force de loi des deux décrets des 22 mars 1813, relatifs à l'exploitation des carrières dans les départements de la Seine et Seine-et-Oise.

TABLE DES MATIÈRES

Paris. — A. QUANTIN, imprimeur de la Chambre des Députés, 7, rue Saint-Benoît.

PROJET DE LOI

Le Président de la République française

Décrète :

Le projet de loi dont la teneur suit sera présenté à la Chambre des Députés par le Ministre des Travaux publics qui est chargé d'en exposer les motifs et d'en soutenir la discussion.

TITRE I

Classification légale des substances minérales.

Article premier. — Les gîtes naturels de substances minérales ou fossile sont classés, relativement à leur régime légal, dans les deux catégories de mines et de carrières.

Art. 2. — Sont considérés comme mines les gîtes de :

1° Houille, lignite et tous autres combustibles fossiles autres que la tourbe; graphite, bitume, pétroles et autres huiles minérales ;

2° Substances métallifères telles que: minerais d'or, argent, platine, mercure, plomb, fer, cuivre, étain, zinc, bismuth, cobalt, nickel, manganèse, antimoine, molybdène, tungstène, chrôme ;

3° Soufre et arsenic, soit seuls, soit combinés avec les métaux; alun et sels solubles à base de métaux indiqués au 2° ;

4° Sel gemme et autres sels associés dans le même gisement, qui sont soumis ainsi que les sources salées aux dispositions spéciales du titre X.

Art 3. — Sont considérés comme carrières les gîtes non classés dans les mines.

Art. 4. — En cas de contestation sur la classification légale d'un gîte de substance minérale ou fossile, il est statué par un décret rendu en la forme des règlements d'administration publique, après avis du Conseil général des mines.

Art. 5. — Le droit de rechercher et le droit d'exploiter les mines ne peuvent être acquis et possédés qu'en suivant les dispositions de la présente loi.

Le propriétaire de la surface n'a aucun droit sur les mines qui peuvent existent dans son fonds. Il ne peut revendiquer, à raison de la recherche ou de l'exploitation de ces mines, que les droits qui lui sont conférés par la présente loi.

Art. 6. — Les carrières appartiennent au propriétaire du sol qui peut en disposer librement et les exploiter sans autres restrictions que celles résultant des dispositions du titre XI (Section I et II).

Art. 7. — Le propriétaire du sol peut être autorisé par le Préfet à exploiter ou à laisser exploiter à ciel ouvert et sans travaux d'art, conformément aux dispositions de l'article 124, les gîtes métallifères superficiels non compris dans le périmètre d'une mine de même nature déjà instituée.

Cette exploitation devra cesser dès que le Préfet aura décidé, l'exploitant entendu, qu'elle ne peut être continuée sans inconvénient pour l'exploitation ultérieure du gîte.

Elle cessera de plein droit dès que le terrain où elle se trouve sera compris dans le périmètre d'une mine de même nature.

Art. 8. — L'exploitation des sables métallifères dans les cours d'eau ou sur le rivage de la mer est libre sous réserve de l'observation des règlements généraux relatifs à la police des cours d'eau ou du rivage de la mer, ainsi que des règlements particuliers qui pourraient être rendus pour de pareilles exploitations.

Toutefois, l'administration reste juge du moment où ces exploitations, par suite de leur développement ou de leurs conditions spéciales, rentrent dans la catégorie des mines.

TITRE II

Recherches de mines.

Art. 9. — Les recherches de mines ne peuvent être entreprises qu'en vertu d'un permis administratif.

Ne seront pas considérées comme recherches les fouilles superficielles faites par le propriétaire dans son terrain.

Art. 10. — Toute demande de permis est adressée au préfet qui en donne récépissé.

Elle est inscrite sous son numéro d'ordre aux date et heure de son dépôt sur un registre spécial tenu à la disposition du public.

Le demandeur doit, dans la quinzaine du dépôt de sa demande, à peine de perdre son droit de priorité :

1º Fournir, en double expédition, un extrait dûment certifié du plan cadastral et de la matrice cadastrale avec indication du périmètre demandé ;

2º Justifier par acte extra-judiciaire qu'il a signifié sa demande aux propriétaires du sol intéressés ;

3° Faire élection de domicile dans le département.

Ces formalités accomplies, le préfet délivre, suivant l'ordre de priorité, le permis de recherches pour celles des parcelles cadastrales reconnues libres dans le périmètre demandé; il rejette la demande qui est considérée comme nulle pour les parcelles légalement occupées par un autre permissionnaire au moment du dépôt de la demande.

Le périmètre ne pourra s'étendre sur plus de 50 hectares, et sa plus petite diagonale ne pourra être inférieure au tiers de la plus grande.

Le permis est inséré dans le recueil des actes administratifs de la préfecture; il est publié et affiché dans les communes sur lesquelles il porte.

Art. 11. — Le permis donne le droit exclusif de rechercher des mines dans les parcelles du périmètre pour lesquelles il a été délivré, à l'exception de celles pour lesquelles le propriétaire du sol serait régulièrement autorisé à exploiter par application des articles 7 et 124. Il est valable pour deux ans et peut être prorogé par le préfet. A l'expiration de sa durée il est prorogé de plein droit pour l'explorateur déclaré inventeur conformément aux dispositions de l'article 29.

L'explorateur dont le permis n'a pas été prorogé ne peut obtenir un nouveau permis sur le même terrain pendant un délai de trois ans.

Art. 12. — A défaut d'entente avec le propriétaire de la surface, l'explorateur permissionné peut être autorisé, en se conformant aux dispositions de l'article 70, à occuper, dans les limites indiquées par son permis, les terrains nécessaires aux travaux de recherches.

Il pourra d'ailleurs être tenu, si le propriétaire superficiaire l'exige, à donner caution pour la réparation de tous les dommages qui résulteraient des travaux de recherches et dont il restera en tous cas responsable.

Aucune recherche de mine ne pourra être entreprise et poursuivie, sans le consentement formel du propriétaire, dans ou sous les bâtiments, enclos murés, cours et jardins, ni dans ou sous les terrains lui appartenant à une distance de 50 mètres desdits bâtiments et des clôtures murées qui en dépendent.

Art. 13. — L'explorateur peut céder son permis ou y renoncer. Pour être valables, la cession et la renonciation doivent être déclarées au préfet, qui en donne acte et en inscrit la déclaration au registre mentionné à l'article 10.

Art. 14. — L'explorateur ne peut disposer des substances abattues dans ses travaux, et rentrant dans la classe des mines, sans une permission délivrée par le préfet, après paiement au Trésor d'une somme de 50 francs.

Il ne pourra disposer que pour l'usage de ses travaux, des substances abattues par lui qui rentrent dans la classe des carrières.

Art. 15. — Les travaux de recherches sont soumis à la surveillance de 'administration, conformément au Titre VIII.

Le Préfet, après mise en demeure, peut ordonner l'arrêt, par voie administrative, de tous travaux de recherches qui auraient dégénéré en travaux d'exploitation; en ce cas, le permis de vente devient nul de plein droit.

Art. 16. — Aucun permis de recherches ne peut être délivré dans le périmètre d'une mine qu'après accomplissement par le demandeur des formalités prescrites à l'article 10, et signification de sa demande au propriétaire de la mine.

Le Préfet décide si le permis de recherches, sollicité par le propriétaire de la mine dans la quinzaine de ladite signification, peut lui être accordé de préférence.

Le permis, s'il est accordé à une personne autre que le propriétaire de la mine, fixe les conditions auxquelles les travaux de recherches seront assujettis pour ne pas nuire aux travaux d'exploitation de la mine.

Art. 17. — Tout permis de recherches est annulé de plein droit si les terrains pour lesquels il a été délivré viennent à être englobés dans le périmètre d'une mine,

A dater de l'institution de cette mine, l'explorateur pourvu d'un permis de vente cesse de pouvoir disposer des produits provenant de ses recherches.

Art. 18. — Nul ne peut occuper simultanément deux périmètres de recherches dont les sommets les plus rapprochés sont distants de moins de 1 kilomètre.

Aucun droit d'invention ne peut être valablement acquis par leur détenteur dans de pareils périmètres.

Art. 19. — La constatation de l'avancement et des résultats des travaux de recherches est faite par l'Ingénieur des Mines, sur la demande et aux frais de l'explorateur.

TITRE III

Institution de la propriété des mines.

Section I.

Procédure de l'institution.

Art. 20. — La propriété de la mine est attribuée à l'inventeur qui en fait la demande dans les délais prescrits ; à défaut, elle sera attribuée par voie d'adjudication publique.

Est réputé inventeur l'explorateur qui aura le premier établi matériellement dans un périmètre de recherche, légalement détenu par lui, l'existence d'un gîte naturel paraissant techniquement susceptible d'exploitation.

Serait déchu de son droit d'inventeur, l'explorateur qui ne revendiquerait pas la propriété de la mine avant l'expiration de son permis de recherches.

Art. 21. — Un décret rendu dans les formes des règlements d'Administration publique peut désigner des régions dans lesquelles les mines de certaines substances ne pourront être attribuées que par adjudication, sous réserve des droits d'invention qui auraient été régulièrement acquis avant la promulgation dudit décret.

Art. 22. — Le propriétaire d'une mine doit une indemnité aux explorateurs évincés, pour ceux de leurs travaux de recherches compris dans le périmètre de ladite mine qui seraient utilisés ou pourraient l'être, ou qui auraient donné des indications utiles pour son exploitation.

Cette indemnité est évaluée d'après l'utilité directe ou indirecte desdits travaux, au moment de l'institution de la propriété de la mine.

Elle sera fixée par le Conseil de préfecture.

Art. 23. — L'explorateur qui veut obtenir la propriété d'une mine présente sa demande par écrit au Préfet qui en donne récépissé et l'inscrit avec la mention de la date et de l'heure de son dépôt sur un registre spécial tenu à la disposition du public.

La demande fait connaître la nature du gîte et le domicile élu par le pétitionnaire dans le département.

Art. 24. — Dans les quinze jours du dépôt, la demande, à peine de nullité, doit être complétée par :

1° Un plan de la surface, dûment certifié, en quadruple expédition, à l'échelle de 1/10.000, sur lequel sont portées et définies les limites du périmètre demandé;

2° Un récépissé de versement de la somme fixée pour faire face aux frais de l'instruction.

Art. 25. — Sur le vu de l'accomplissement des formalités précédentes, le Préfet ordonne les affiches et publications de la demande, pendant un mois, aux chefs-lieux du département, de l'arrondissement et des communes sur lesquels porte le périmètre de la mine, ainsi que de la commune du domicile du demandeur.

Les maires certifient ces affiches et publications.

La pétition est insérée par extraits, deux fois à dix jours au moins d'intervalle, dans le *Journal officiel* et dans l'un des journaux du département

Art. 26. — Les oppositions ne seront recevables que si elles ont été signifiées au Préfet par acte extrajudiciaire pendant le mois de l'enquête.

Tout opposant doit justifier, dans la même période et sous la même sanction, que son opposition a été notifiée par lui au demandeur, et faire connaître le domicile élu par lui dans le département.

Les oppositions sont inscrites sur le registre spécial mentionné à l'article 23.

Art. 27. — Immédiatement après la clôture de l'enquête, le Préfet transmet le dossier au Ministre des Travaux publics avec le rapport des Ingénieurs des mines et son avis.

Art. 28. — Il est statué sur chaque demande par un décret, rendu en Conseil d'État dans les formes prévues à l'article 31, d'après l'ordre de priorité du registre spécial mentionné à l'article 23.

Toute personne qui, dans l'enquête locale, a revendiqué des droits d'inventeur ou s'est portée opposant au titre d'inventeur, peut demander, au cours de ladite enquête, à être entendue dans ses observations orales par le Conseil général des mines.

2

Jusqu'à l'émission de l'avis du Conseil d'État, le demandeur et les opposants pourront présenter des observations au Conseil d'État par le ministère d'un avocat au Conseil.

Art. 29. — Sera rejetée comme nulle toute demande en institution de propriété de mine, qui aura été faite avant que l'existence du gîte demandé ait été matériellement établie.

Le décret qui rejette la demande pour défaut d'invention de la part du demandeur, fait connaître, suivant le cas, quel est l'opposant déclaré inventeur, ou si la mine dont l'existence aurait été reconnue, doit être attribuée par voie d'adjudication.

Art. 30. — L'opposant déclaré inventeur sera considéré comme ayant introduit sa demande en institution de propriété de mine à la date de la demande à laquelle il a fait opposition.

Il sera déchu de ses droits d'inventeur s'il n'a pas présenté sa demande en institution de propriété avant le décret qui lui a reconnu cette qualité, ou au plus tard dans le mois suivant.

Si la demande de l'opposant déclaré inventeur s'étend sur des terrains non compris dans la première enquête et au sujet desquels s'élèvent dans l'enquête spéciale à cette demande des oppositions à titre d'invention reconnues fondées, le décret, à défaut d'entente entre les intéressés, statue sur la délimitation des terrains contestés.

Art. 31. — Tout décret rendu par application des articles 28, 29 et 30 est motivé ; il reproduit les dispositifs des avis du Conseil général des mines, du Ministre des Travaux publics et du Conseil d'État.

Ce décret est inséré au *Bulletin des Lois* et au recueil des actes administratifs de la Préfecture ; il est affiché et publié dans les communes sur lesquelles a porté la demande s'il y a rejet, ou sur lesquelles s'étend le périmètre de la mine s'il y a institution ; il est signifié au demandeur et aux opposants à titre d'inventeurs ; mention du décret est faite sur le registre prévu à l'article 28.

Ce décret, régulièrement rendu après accomplissement des formalités légales, n'est susceptible d'aucun recours sur le fond.

Art. 32. — Le droit reconnu à l'inventeur par la présente loi est réputé mobilier ; il peut être cédé.

Art. 33. — Un règlement d'administration publique déterminera les formes suivant lesquelles auront lieu les adjudications de mines dans les cas prévus aux articles 20 et 21.

L'adjudication portera sur une somme à payer immédiatement à peine de nullité de l'adjudication.

Il ne pourra être exercé aucun recours contre l'État pour erreurs dans la contenance ou la délimitation du périmètre adjugé.

L'adjudication sera rendue définitive par un décret délibéré en Conseil d'État, qui ne sera susceptible d'aucun recours sur le fond.

Ce décret sera publié et affiché comme il est dit à l'article 31.

Art. 34. — Le propriétaire d'une mine peut à toute époque faire valoir les droits de propriété dérivant de son titre contre le propriétaire d'une mine instituée postérieurement à la sienne.

Art. 35. — Sauf le cas de limites communes avec une propriété de mines déjà instituée ou celui d'une autorisation spéciale de l'administration, le périmètre des mines sera déterminé par des lignes droites, ne présentant pas de parties rentrantes, et passant par des points fixes de la surface, faciles à définir et à retrouver.

Art. 36. — L'inventeur a droit au périmètre défini dans sa demande sous les réserves et conditions suivantes :

1° La superficie demandée ne doit pas dépasser 800 hectares pour les mines de combustibles ou 500 hectares pour les autres mines ;

2° La plus petite diagonale doit être au moins égale au tiers de la plus grande ;

3° Le point où a eu lieu la découverte du gîte doit se trouver à l'intérieur du périmètre.

Le tout sous réserve de l'application de l'article 30, en cas de concurrence de droit d'invention.

L'inventeur peut, durant le mois de l'enquête locale, modifier le périmètre indiqué par lui, pourvu que le nouveau périmètre reste compris dans le premier ; la demande de modification sera adressée par écrit au préfet et accompagnée de nouveaux plans dûment certifiés, en quadruple expédition à l'échelle de 1/10.000 ; mention en sera faite au registre de l'article 23, sans qu'il soit besoin de procéder à une nouvelle enquête.

Le décret d'institution pourra rectifier les limites définitivement choisies par l'inventeur, sous la réserve que la superficie ne soit pas augmentée ou diminuée de plus d'un dixième et que le périmètre institué ne porte pas sur d'autres communes que le périmètre demandé, sans préjudice d'ailleurs de la suppression des parties qui empièteraient sur des mines déjà instituées.

SECTION II.

Bornage des mines.

Art. 37. — Le bornage d'une mine peut être demandé par le propriétaire de la mine ou prescrit par le Préfet.

Il est fait par les soins et aux frais du propriétaire, en présence de l'Ingénieur des mines qui en dresse procès-verbal.

Le procès-verbal est homologué par le Ministre des Travaux publics, après constatation de la régularité des opérations.

Art. 38. — Si deux mines sont limitrophes, ou si plusieurs mines ont un sommet commun, l'opération de bornage se fera pour ces parties aux frais communs des exploitants intéressés, en leur présence ou eux dûment appelés.

Art. 39. — S'il s'élève des contestations, pendant le cours du bornage, sur l'emplacement des sommets du périmètre, les opérations seront suspendues jusqu'à ce qu'il ait été statué sur le litige au point de vue de l'interprétation des titres d'institution.

Art. 40. — Les propriétaires du sol sont tenus de supporter, moyennant réparation de tous préjudices, les opérations auxquelles devront procéder pour le bornage les agents de l'Administration ou ceux de l'exploitant dûment autorisés à cet effet par le Préfet.

Toutefois, ces agents ne pourront pénétrer dans les lieux clos qu'avec l'assistance du maire.

Les propriétaires du sol sont tenus de laisser poser les bornes, moyennant indemnité pour l'occupation des terrains et les préjudices, comme il sera dit au titre V.

TITRE IV

Propriété des mines.

SECTION I.

Caracteres de la propriété des mines.

Art. 41. — La propriété d'une mine confère le droit d'exploiter, jusqu'à leur épuisement, tous les gîtes naturels des substances dénommées au titre d'institution, qui se trouvent à l'intérieur de la surface verticale passant par le périmètre.

Elle donne en outre le droit de disposer librement desdites substances, ainsi que des produits de même nature provenant d'anciennes mines ou de travaux de recherche situés dans le périmètre de la mine.

Art. 42. — Le propriétaire de la mine peut disposer des substances rentrant dans la classe des mines qui ne seraient pas dénommées dans son titre d'institution, si, par suite de leur connexité avec celles dénommées dans le titre, elles donnent lieu à un abatage simultané.

Toutefois, dans le cas de superposition de mines de nature différente, celui des propriétaires auquel n'appartiendraient pas les substances abattues par lui, devrait les remettre à leur propriétaire contre payement, s'il y a lieu, d'une juste indemnité.

Art. 43. — Le propriétaire de la mine ne peut disposer que pour le service de ladite mine et de ses dépendances légales, des substances, abattues dans ses travaux, qui rentreraient dans la classe des carrières.

Le propriétaire du sol peut réclamer celles de ces substances sorties au jour et non utilisées par l'exploitant, contre payement, s'il y a lieu, d'une juste indemnité.

Art. 44. — Une mine constitue une propriété immobilière, distincte de celle de la surface. Elle est soumise à toutes les dispositions du droit commun concernant les immeubles par nature, en tant que ces dispositions n'ont rien de contraires à celles des lois spéciales aux mines.

Art. 45. — Sont immeubles constituant les dépendances de la mine : les puits et galeries ; les bâtiments et machines pour l'exploitation, établis à demeure par le propriétaire ; les places de dépôt et de chargement et voies de communication établies sur des terrains lui appartenant.

Sont immeubles par destination les agrès, outils, ustensiles, servant à l'exploitation, et les chevaux attachés aux travaux intérieurs.

Les dépendances immobilières de la mine, mentionnées dans les deux paragraphes précédents, ne peuvent être engagées ou saisies qu'avec la mine elle-même.

Art. 46. — Sont meubles les matières extraites et les approvisionnements·

SECTION II.

Cession de la propriété des mines.

Art. 47. — Toute cession de la propriété d'une mine doit faire l'objet d'une déclaration au Préfet dans le délai d'un mois compté du jour de la cession.

Lorsque la cession a lieu entre vifs, soit à titre gratuit, soit à titre onéreux, la déclaration est faite par le cédant ; elle donne le nom et le domicile du concessionnaire.

SECTION III.

Amodiation des mines.

Art. 48. — Il y a amodiation lorsque le propriétaire cède le droit d'exploiter sa mine à temps, encore que la durée n'ait pas été expressément stipulée.

L'amodiation est réputée vente mobilière.

Art. 49. — Toute amodiation partielle d'une mine est interdite à peine de nullité

Le Préfet peut suspendre, par voie administrative, les travaux entrepris ou poursuivis contrairement à cette interdiction, sauf recours au Ministre des Travaux publics et, s'il y a lieu, au Conseil d'État, par la voie contentieuse.

Art. 50. — Le propriétaire qui amodie sa mine est tenu de faire à la Préfecture, dans le délai d'un mois, une déclaration faisant connaître le nom et le domicile de l'amodiataire, ainsi que la durée pour laquelle l'amodiation est consentie.

Une pareille obligation incombe à l'amodiataire qui cède son droit à un tiers.

Art. 51. — En fin de bail, l'amodiataire est tenu de laisser en bon état

3

d'entretien les puits, galeries, bâtiments et machines établis à demeure, en un mot toutes les installations qui seraient reconnues nécessaires pour assurer la continuité de l'exploitation ou dont l'enlèvement ne pourrait avoir lieu sans préjudice pour la mine.

Il y aura lieu à indemnité de la part du propriétaire en faveur de l'amodiataire pour toutes les installations laissées par ce dernier, qui constitueront une amélioration en vue de l'exploitation future, sauf stipulations contraires entre les parties.

Art. 52. — En cas d'amodiation d'une mine, le propriétaire reste responsable, tant envers les tiers qu'envers l'État, des obligations résultant des lois et règlements sur les mines ; il conserve son recours en garantie contre l'amodiataire.

SECTION IV.

Partage des mines.

Art. 53. — Une mine ne peut, à peine de nullité de toutes dispositions contraires, être vendue par lots ou partagées sans le consentement des créanciers hypothécaires et privilégiés, et sans l'autorisation préalable du Gouvernement donnée par décret délibéré en Conseil d'État à la suite d'une enquête faite dans les formes prévues par les articles 23 à 27.

SECTION V.

Réunion des mines.

Art. 54. — Plusieurs mines de même nature ne peuvent être réunies par association ou acquisition, ou de toute autre manière, qu'en vertu d'un décret délibéré en Conseil d'État, à la suite d'une enquête faite dans les formes prévues par les articles 23 à 27, le tout, à peine de nullité de tous actes de réunion opérés en opposition à la présente disposition et de la déchéance éventuelle de la propriété des mines indûment réunies.

Toutefois cette disposition ne préjudicie pas aux droits reconnus par le titre III, à l'inventeur de se faire attribuer la mine à laquelle son invention lui donne droit.

En tout cas, chacune des mines réunies reste soumise individuellement aux prescriptions de la présente loi.

Art. 55. — Le propriétaire de plusieurs mines contiguës, disposées de manière à pouvoir être comprises dans un même périmètre, peut les réunir en une seule, s'il y est autorisé par un décret délibéré en Conseil d'État à la suite d'une enquête faite dans les formes prévues par les articles 23 à 27.

S'il y a des créanciers hypothécaires ou privilégiés sur plusieurs des mines à réunir, le demandeur devra justifier de leur consentement en produisant l'acte authentique par lequel aura été réglé le rang des créances, qui devront toutes désormais porter sur la nouvelle mine.

SECTION VI.

Renonciation à la propriété des mines.

Art. 56. — Tout propriétaire peut renoncer à la propriété de la mine s'il n'y a pas de créanciers hypothécaires ou privilégiés, ou si tous ces créanciers consentent à la renonciation.

Ceux desdits créanciers qui ne consentiraient pas à la renonciation, peuvent, pendant deux mois à dater de la signification de la demande qui devra leur être faite par le propriétaire, provoquer à leurs frais la vente judiciaire de la mine et de ses dépendances; le prix en sera distribué judiciairement entre eux, et le solde remis au propriétaire.

Si le propriétaire justifie que la vente judiciaire n'a pas été provoquée dans le délai prescrit ou qu'elle n'a pas abouti, et qu'il a exécuté les travaux à lui ordonnés par le préfet, pour assurer la sécurité après l'abandon, la renonciation est acceptée par décret délibéré en Conseil d'État à la suite d'une enquête faite dans les formes prévues aux articles 23 à 27.

Jusqu'à ce que la renonciation ait été définitivement prononcée, le propriétaire reste astreint à toutes les prescriptions des lois et règlements sur les mines.

Art. 57. — La mine dont la renonciation a été régulièrement prononcée, redevient libre, comme si la propriété n'en avait jamais été instituée.

Le renonçant ne conserve plus aucun droit à raison des puits et galeries, et généralement de tous les travaux ou installations faits à l'intérieur.

Il conserve la propriété des terrains de surface, ainsi que des bâtiments et installations, et généralement de toutes les dépendances immobilières de la surface, lesquels à partir du décret de renonciation seront réputés détachés de la propriété de la mine.

Il reste personnellement responsable, jusqu'à prescription acquise, de tous les dommages qui seraient reconnus provenir de l'exploitation de la mine, à moins qu'elle ne soit dans l'intervalle redevenue la propriété d'un tiers.

SECTION VII.

Caractère de l'exploitation des mines.

Art. 58. — L'exploitation des mines n'est pas considérée comme un commerce.

Il en est de même de leur recherche.

Section VIII.

Copropriété de mines et sociétés de mines.

Art. 59. — Si une mine appartient à plusieurs personnes ou à une société régulièrement constituée, la part de chaque associé dans l'entreprise est réputée mobilière.

L'associé peut toujours céder librement sa part.

Art. 60. — A défaut d'un acte de Société, régulièrement passé, les relations, entre elles ou avec les tiers, de plusieurs personnes copropriétaires d'une mine, seront soumises aux règles du Code civil sur le contrat de société, sauf les modifications résultant de la présente loi.

Art. 61. — L'association ou la société sera réputée constituer une personne morale pour tous les actes relatifs à la propriété et à l'exploitation de la mine.

Art. 62. — Dans le cas même où la durée de l'association n'aurait pas été stipulée, l'associé ne pourra pas provoquer la licitation.

L'association ou la société continue, à moins de stipulations contraires, nonobstant la mort, l'interdiction ou la déconfiture de l'un des associés.

Toutefois les tribunaux pourront toujours, sur la requête de l'un des associés, ordonner, s'ils le jugent utile, la licitation de la mine.

Art. 63. — Toute association ou société doit désigner, par une déclaration authentique à la Préfecture, la personne chargée de la représenter vis-à-vis tant de l'Administration que des tiers.

A défaut par les associés de pouvoir s'entendre sur le choix de leur représentant, il sera désigné par l'autorité judiciaire à la requête de l'associé le plus diligent.

Le Préfet pourra suspendre par voie administrative, l'exploitation de toute mine pour laquelle il n'aurait pas été satisfait aux dispositions du présent article.

Art. 64. — Toute Société qui se constitue par actions, sera soumise aux lois sur les Sociétés par actions.

Art. 65. — Les règles du présent titre sur les associations ou sociétés s'appliquent à celles formées pour l'exploitation d'une mine amodiée ou pour la recherche des mines.

Section IX.

Domicile des exploitants des mines.

Art. 66. — Tout exploitant ou explorateur de mine doit élire dans le département du siège principal de l'exploitation, un domicile qu'il fait connaître par une déclaration à la Préfecture.

Une pareille obligation incombe au représentant de toute association ou société.

TITRE V.

Relations entre l'exploitant de mine et les propriétaires
de la surface.

Art. 67. — Aucune excavation souterraine ne peut être ouverte ou poursuivie à une distance horizontale de moins de 50 mètres des bâtiments de la surface, sans que l'exploitant de la mine en ait donné avis un mois d'avance au Préfet et aux propriétaires.

Le propriétaire ou l'occupant des bâtiments pourra toujours demander aux tribunaux que l'exploitant donne caution de payer le dommage éventuel desdits bâtiments.

Art. 68. — Le propriétaire d'une mine est tenu de réparer tous les dommages occasionnés à la surface par des travaux d'exploitation exécutés dans ladite mine ou ses dépendances, sauf son recours, s'il y a lieu, contre l'auteur desdits travaux.

Toutefois, toute action en indemnité sera prescrite trois ans après l'apparition du dommage à la surface.

Le montant de l'indemnité sera fixé conformément au droit commun.

Art. 69. — Lorsqu'une construction est établie à la surface malgré l'avertissement de l'exploitant de la mine, le tribunal pourra déclarer : 1° que l'exploitant n'est pas responsable des dommages résultant des travaux souterrains existant à ce moment sous la construction ou dans son voisinage immédiat ; 2° qu'il est redevable seulement d'une indemnité correspondant au préjudice causé par l'interdiction de bâtir.

Art. 70. — L'exploitant d'une mine peut occuper, avec autorisation du Préfet, après payement ou consignation d'une indemnité de dépossession au propriétaire de la surface, les terrains situés à l'intérieur ou à l'extérieur du périmètre, nécessaires : soit à l'exploitation de la mine, soit à la préparation mécanique des minerais et au lavage des combustibles, notamment pour tranchées, puits, sondages, galeries, places de dépôt et de chargement, prises de remblais, machines, magasins et ateliers, rigoles et conduites pour amener, évacuer ou recueillir des eaux.

En demandant l'autorisation, l'exploitant devra justifier que signification a été faite par lui aux propriétaires intéressés, qui auront un délai d'un mois, à partir de cette signification, pour produire leurs observations sur le projet que l'exploitant aura à déposer à la mairie de la commune.

Si l'occupation des terrains dure moins d'une année, l'indemnité de dépossession sera réglée au double du revenu net qu'aurait produit le sol occupé.

Si l'occupation dure plus d'une année, le propriétaire de la surface peut à toute époque, opter entre cette indemnité annuelle du double du revenu net et

4

l'acquisition des terrains par l'exploitant au double de la valeur, au moment de l'acquisition, du sol supposé dans son état primitif.

Le propriétaire peut également, sur les mêmes bases d'évaluation, requérir l'acquisition du terrain qui, occupé moins d'une année, ne peut être mis en culture comme il l'était auparavant.

Art. 71. — Aucune occupation ne pourra être autorisée sans le consentement formel du propriétaire de la surface, dans les enclos murés, cours et jardins.

Art. 72. — L'exploitant d'une mine pourra être autorisé, dans les conditions des articles 70 et 71, à occuper les terrains nécessaires pour relier entre elles les diverses dépendances de la mine ou des mines voisines lui appartenant, ou pour relier lesdites mines ou leurs dépendances aux voix publiques du voisinage, par une route, un chemin de fer aérien, ou un chemin de fer destiné à la circulation du matériel employé dans les travaux intérieurs de la mine.

Art. 73. — L'exploitant d'une mine peut être autorisé, par un arrêté du Préfet, rendu conformément à une décision du Ministre des Travaux publics, à exécuter en dehors de son périmètre ou du périmètre d'autres mines, à titre de travaux de secours, qui seront réputés dépendances de la mine, les puits et galeries, destinés à faciliter l'exploitation, notamment l'aérage, l'épuisement et le sortage.

L'autorisation qui fixera les conditions d'établissement de l'ouvrage ne sera donnée qu'après que les propriétaires intéressés auront été mis en demeure, par des significations individuelles faites par l'exploitant, de fournir leurs observations dans le délai d'un mois sur le projet de l'exploitant, qui restera déposé à la mairie de la commune pendant le même délai.

Art. 74. — Si un canal ou un chemin de fer, destiné à relier la mine à des voies publiques du voisinage, est déclaré d'utilité publique, la concession en est attribuée de préférence au propriétaire de la mine.

Les chemins de fer ainsi établis seront toujours réputés d'intérêt général.

Ces ouvrages publics pourront être affectés au service exclusif de la mine dans les conditions fixées au cahier des charges.

TITRE VI

Relations entre propriétaires de mines.

Art. 75. — Le préfet peut enjoindre à tout propriétaire de mines, sans qu'il y ait droit à indemnité, de laisser intact un massif de protection pour séparer la mine de celles du voisinage.

Ce massif pourra être traversé ou enlevé sur une autorisation préalable du préfet, et dans les conditions indiquées par lui.

Art. 76. — Lorsque deux mines sont superposées, le préfet, à défaut d'entente amiable entre leurs propriétaires, fixera, les parties entendues, la manière dont les travaux des deux mines devront être conduits pour prévenir, autant que possible, les préjudices réciproques.

Art. 77. — Dans le cas de mines voisines, un des propriétaires peut être autorisé par le préfet, à défaut d'entente amiable entre les intéressés, et ceux-ci entendus, à exécuter dans les autres mines, tous travaux de secours, distincts de ceux des dites mines, destinés à faciliter l'aérage, l'épuisement et le sortage.

Ces travaux seront considérés comme des dépendances de la mine pour le service de laquelle ils auront été exécutés.

Un propriétaire de mine peut également être autorisé, dans les mêmes conditions, à mettre ses travaux en communication avec ceux des mines voisines, pour le service de l'aérage ou de l'épuisement ou pour la sortie des ouvriers en cas de danger.

Art. 78. — Le propriétaire d'une mine est tenu de réparer les préjudices que ses travaux d'exploitation peuvent causer aux mines voisines ou superposées, notamment par suite de l'écoulement de l'eau et de l'exercice des servitudes mentionnées aux deux articles précédents.

Tout propriétaire de mine qui poursuivrait ses travaux dans une mine voisine, restera civilement responsable, jusqu'à l'expiration de la troisième année qui suivra la constatation du fait, nonobstant la prescription de l'action publique.

Art. 79. — Si une mine réalise une économie, à raison d'un travail exécuté pour le service d'une autre mine, il sera dû, par la première à la seconde, une indemnité équivalente à la moitié de l'économie réalisée, sans que cette indemnité puisse en aucun cas, être supérieure à la moitié des charges résultant de l'exécution et de l'entretien dudit travail.

Cette indemnité pourra être fixée sous forme d'une redevance annuelle.

Si une pareille économie est réalisée par plusieurs mines, l'indemnité calculée comme il vient d'être dit, sera répartie, s'il y a lieu, entre elles, à raison de l'économie réalisée par chacune.

Art. 80. — Les propriétaires de plusieurs mines voisines peuvent constituer un syndicat avec l'autorisation du Ministre des Travaux publics, donnée après une enquête publique, pour l'exécution et l'entretien, à frais communs, des puits, galeries ou autres travaux, ainsi que des voies de communication, dont l'établissement aura été reconnu utile aux mines syndiquées.

Art. 81. — Lorsque plusieurs mines voisines ont leur sécurité ou leur existence compromise par une cause commune quelconque, une décision ministérielle, rendue après enquête publique, détermine les mines dont les propriétaires seront obligés de constituer un syndicat en vue d'exécuter et d'entretenir les ouvrages reconnus nécessaires pour obvier au danger.

L'Assemblée générale appelée à nommer le syndicat se composera des propriétaires des mines intéressées. Chacun disposera d'un nombre de voix en rapport avec la valeur du produit brut de sa mine pendant les trois dernières années de son exploitation.

Le plan des travaux sera arrêté par le Ministre sur la proposition du syndicat.

Les taxes dues par chaque propriétaire intéressé, pour l'exécution et l'entretien des ouvrages, seront fixées à raison de son intérêt, par un rôle dressé par le syndicat et rendu exécutoire par le Préfet.

Ces taxes seront perçues et recouvrées comme en matière de contributions directes.

A défaut de payement de la taxe due, dans le délai de deux mois à dater de la sommation qui lui aura été faite, le propriétaire en retard pourra être déclaré déchu de sa propriété.

L'administration pourra faire les avances des frais dus par ledit propriétaire.

Si l'assemblée générale des propriétaires intéressés n'a pas constitué de syndicat, deux mois après l'invitation qui lui en aura été faite par le Préfet, ou si le syndicat omet de présenter le projet des travaux ou de les exécuter et entretenir dans les délais qui lui auraient été impartis, le syndicat pourra être remplacé par une commission syndicale nommée par le Ministre.

Art. 82. — Les ouvrages exécutés par les syndicats constitués en vertu des articles 80 et 81 formeront une propriété distincte des mines intéressées; elle sera soumise aux titres VIII, VI et V, en ce qui concerne la surveillance de l'administration, les relations avec les propriétés de la surface, et, s'il y a lieu, les mines voisines ou superposées.

Art. 83. — Un règlement d'administration publique fixera les conditions de fonctionnement des syndicats prévus au présent titre.

TITRE VII

Impôts spéciaux aux mines.

Art. 84. — Les propriétaires des mines sont tenus de payer annuellement à l'État une redevance fixe et une redevance proportionnelle au produit net de l'extraction, en deux semestres égaux, avant le 30 juin et le 31 décembre.

Art. 85. — La redevance fixe est établie d'après la surface limitée par le périmètre; elle sera de 50 centimes entre 0 et 50 hectares, de 1 franc par hectare en plus entre 51 et 100 hectares, de 2 francs par hectare en plus entre 101 et 500 hectares, de 3 francs par hectare en plus entre 501 et 1.500 hectares, et de 4 francs par hectare en plus au-dessus de 1.500 hectares.

Si plusieurs mines de même nature sont réunies entre les mêmes mains, elles seront imposées comme si elles ne formaient qu'une seule et même mine.

Art. 86. — La redevance proportionnelle sera réglée, chaque annnée, à 3 pour 100 du produit net déclaré de l'extraction faite pendant l'année précédente.

La déclaration détaillée de ce produit net sera remise au Préfet par l'exploitant avant le 1ᵉʳ mai; elle sera vérifiée, s'il y a lieu, en cours d'exercice, par voie d'expertise ordonnée par le Préfet. Si le produit net déclaré est inférieur de 10 pour 100 au produit réel, la redevance à payer par l'exploitant sera de 5 pour 100 du produit net, arrêté par le Conseil de préfecture ; l'exploitant supportera, en outre, les frais de l'expertise.

Toute mine dont l'exploitant n'aura pas fourni, en temps voulu, la déclaration ci-dessus, sera imposée d'office d'après les évaluations des Ingénieurs des mines. En cas de réclamation, il sera statué par le Conseil de préfecture, après expertise ; mais le dégrèvement ne pourra être, s'il y a lieu, que de la partie de la somme imposée qui dépassera le 5 0/0 du produit net, arrêté par le Conseil de préfecture ; les frais de l'expertise resteront à la charge de l'exploitant, quelle que soit la décision.

L'expertise sera confiée dans tous les cas à trois experts, désignés : l'un par l'exploitant, l'autre par le Préfet et le troisième par les deux premiers ou, à défaut d'entente entre eux, par le Conseil de Préfecture.

Les frais d'expertise seront arrêtés par le Conseil de Préfecture.

Art. 87. — Les redevances fixe et proportionnelle seront imposées et perçues comme en matière de contributions directes, en tant qu'il n'est pas disposé autrement par la présente loi ou les réglements d'administration publique faits pour son exécution.

Art. 88. — Un règlement d'administration publique déterminera le mode d'établissement du produit brut et les dépenses, pour l'évaluation du produit net imposable.

Art. 89. — Le privilège du Trésor public, pour le recouvrement des redevances, est réglé ainsi qu'il suit, et s'exerce avant tout autre pour l'année échue et l'année courante, savoir :

1° Sur les produits, loyers et revenus de toute nature de la mine ;

2° Sur tous les meubles et autres effets mobiliers appartenant aux redevables, en quelque lieu qu'ils se trouvent.

En outre, à défaut de payement de la redevance fixe pendant deux années consécutives, la déchéance de la propriété de la mine peut être prononcée.

TITRE VIII

Surveillance de l'exploitation des mines par l'Administration.

Art. 90. — L'exploitation des mines est soumise à la surveillance de l'administration en vue de pourvoir à la conservation de la mine et des mines voisines, des voies publiques et de leurs dépendances, des sources alimentant des villes, des villages, hameaux et établissements publics, ainsi qu'à la sécurité des ouvriers mineurs et des habitants de la surface.

Art. 91. — Cette surveillance s'exerce sous l'autorité du Ministre des Travaux publics, par le Préfet assisté des ingénieurs des mines et agents sous leurs ordres.

Des règlements d'administration publique déterminent les obligations auxquelles doit être soumise la conduite des travaux.

Le Ministre des Travaux publics peut rendre, en conformité et par délégation de ces décrets, des arrêtés réglementaires généraux ou locaux.

Le Préfet prescrit, l'exploitant entendu, les mesures spéciales nécessitées par les circonstances.

A défaut par l'exploitant de se conformer, après mise en demeure, aux mesures à lui prescrites aux fins de l'article précédent, elles peuvent être exécutées d'office, à ses frais, par les soins des Ingénieurs des mines. Les frais, rendus exécutoires par le Préfet, sont recouvrés comme en matière de contributions directes. A défaut de payement après sommation, la déchéance de la propriété peut être prononcée.

Art. 92. — Aucune indemnité n'est due à l'exploitant pour tout préjudice résultant de l'application des mesures énoncées aux deux articles précédents, sous réserve des stipulations du titre VI pour les relations entre exploitants de mines voisines.

Toutefois, quand il s'agit d'une mesure de protection pour une voie publique ou l'une de ses dépendances, dont la déclaration d'utilité publique est postérieure à l'institution de la propriété de la mine, l'exploitant devra être indemnisé de la valeur de la partie de ses installations rendue inutile ou du complément d'installation devenu nécessaire.

Art. 93. — Tout exploitant doit tenir à jour sur place :

1° Un plan des travaux, dont copie doit être envoyée annuellement aux Ingénieurs des mines ;

2° Un registre d'avancement, dans lequel sont mentionnés les faits importants de l'exploitation et les observations des Ingénieurs ;

3° Un registre de contrôle journalier des ouvriers occupés dans les travaux ;

4° Un registre d'extraction et de vente.

Ce plan et ces registres doivent toujours être représentés aux Ingénieurs des mines et agents sous leurs ordres, sur leur demande.

L'exploitant est tenu de fournir à l'Administration les projets de travaux et les renseignements statistiques relatifs à son exploitation, qui lui seraient demandés.

Art. 94. — Le Préfet peut exiger de l'exploitant qu'il formule dans un règlement intérieur les mesures spéciales de précaution à observer par le personnel dans l'intérêt de la sécurité de l'exploitation.

Ce règlement doit être affiché en permanence sur chaque centre d'exploitation de la mine ; il en est remis un extrait, pour les mesures qui le concernent, à chaque employé et ouvrier.

Art. 95. — L'entrée des travaux est interdite à toute personne en état d'ivresse.

Aucune personne étrangère au service ne peut pénétrer dans la mine sans la permission de l'exploitant et si elle n'est accompagnée d'un chef mineur.

Art. 96. — L'exploitant fait accompagner les Ingénieurs des mines et agents sous leurs ordres par les directeurs ou préposés dont le concours serait réclamé pour fournir les renseignements nécessaires à l'accomplissement de leur mission.

Il leur fournit tous les moyens de visiter les travaux et notamment de pénétrer sur tous les points qui pourraient exiger une surveillance spéciale.

Les ingénieurs des mines peuvent interroger, isolément ou en confrontation avec d'autres, tout ingénieur, employé ou ouvrier, soit au chantier, soit dans un local que l'exploitant doit à cet effet mettre à leur disposition.

Ils peuvent donner aux arbitres spéciaux, légalement constitués en cas de grève, les renseignements qu'ils auraient recueillis sur les mines soumises à leur surveillance.

Art. 97. — Dès que les travaux devront s'étendre à moins de 50 mètres de distance horizontale des bords d'une voie publique, l'exploitant en donnera avis au Préfet un mois au moins avant de dépasser cette limite.

Art. 98. — Lorsque la conservation de la mine ou des mines voisines, des voies publiques ou de leurs dépendances, des sources alimentant des villes, villages, hameaux et établissements publics, ou la sécurité des ouvriers mineurs ou des habitants de la surface peut être compromise par quelque cause que ce soit, l'exploitant est tenu d'en avertir immédiatement l'Ingénieur des mines.

Celui-ci se rend aussitôt sur les lieux et adresse au Préfet son rapport avec ses propositions.

Art. 99. — Lorsque l'Ingénieur des mines, en visitant une exploitation, reconnaît une cause de danger imminent, il prescrit sous sa responsabilité, au directeur des travaux les mesures qu'il y a lieu de prendre immédiatement à l'effet de conjurer le danger. Au besoin, il les fait exécuter d'office aux frais de l'exploitant.

Il adresse, s'il le faut, aux exploitants des mines voisines les réquisitions nécessaires de matériel, matériaux, animaux et hommes. Il peut aussi adresser ces réquisitions aux maires, qui sont tenus de les faire exécuter par les habitants de leurs communes. Nul ne peut refuser le service auquel il est propre, ni les animaux et fournitures dont il est en état de disposer.

Les frais d'exécution d'office seront recouvrés, s'il y a lieu, comme il est dit à l'article 91 et sous les mêmes sanctions.

Les travaux, s'il en est besoin, pourront être exécutés en dehors du périmètre de la mine.

Art. 100. — L'exploitant porte immédiatement, et par la voie la plus rapide, à la connaissance de l'ingénieur des mines, tout accident survenu dans la mine ou ses dépendances, par suite duquel une ou plusieurs personnes auraient été tuées ou grièvement blessées.

Sera réputée blessure grave toute lésion qui paraîtra de nature à entraîner soit la mort, soit une incapacité de travail absolue ou une incapacité de travai de la profession.

Art. 101. — L'ingénieur, ou à défaut le garde-mines, dès qu'il a connaissance d'un accident, se transporte sur les lieux; il en recherche les causes et en dresse un procès-verbal qui est transmis au Préfet et au Procureur de la République.

Les travaux de sauvetage peuvent être entrepris même en dehors du périmètre de la mine. Ils seront exécutés par les soins de la direction de cette mine, sous le contrôle et l'approbation de l'ingénieur des mines.

Au besoin l'Ingénieur des mines les fait exécuter d'office aux frais de l'exploitant. Ces frais seront recouvrés, s'il y a lieu, comme il est dit à l'article 91 et sous les mêmes sanctions.

Dans tous les cas, l'Ingénieur des mines et les Maires ont pour les travaux de sauvetage les pouvoirs de réquisition définis par l'article 99.

Art. 102. — Lorsque les cadavres des victimes d'un accident ont dû être laissés dans les travaux, constatation en est faite par l'Ingénieur des mines, et l'exploitant porte le fait à la connaissance du Maire qui en dresse un procès-verbal. Ce procès-verbal est transmis au Procureur de la République ; à la diligence de celui-ci et sur l'autorisation du Tribunal, cet acte est annexé au registre de l'état civil.

TITRE IX

Déchéance et retrait de la propriété des mines.

Art. 103. — Si une mine reste inexploitée pendant deux ans consécutifs, la déchéance pourra être prononcée après une mise en demeure de six mois adressée au propriétaire.

Lorsque, sans cause reconnue légitime, l'exploitation d'une mine est restreinte ou suspendue de manière à inquiéter pour les besoins des consommateurs, la déchéance pourra être prononcée après une mise en demeure de deux mois adressée au propriétaire.

Si l'exploitant d'une mine, en suspendant ou en restreignant son exploitation sans cause reconnue légitime, crée un danger public, la déchéance pourra être prononcée après une mise en demeure d'un mois adressée au propriétaire.

Art. 104. — Dans tous les cas où elle est prévue par la présente loi, la déchéance est prononcée par une décision du Ministre des Travaux publics, sauf recours au Conseil d'État par la voie contentieuse. Le délai de recours est de un mois dans le cas prévu au paragraphe 3 de l'article 103.

La décision du Ministre des Travaux Publics et l'arrêt du Conseil d'État sont signifiés par l'administration au propriétaire et aux créanciers inscrits.

A l'expiration du délai de recours ou, s'il y a eu recours, après la signification de l'arrêt confirmant la déchéance, le Ministre des Travaux publics pourra, s'il le juge convenable, ou devra, sur la requête du propriétaire déchu ou de l'un des créanciers hypothécaires ou privilégiés, faire procéder par voie administrative à l'adjudication de la mine et de ses dépendances immobilières ; le prix en sera distribué judiciairement, après prélèvement des sommes dues au Trésor.

La requête du propriétaire déchu ou des créanciers à fin d'adjudication n'est recevable que si le requérant fait l'avance des frais nécessaires pour procéder à l'adjudication.

Le propriétaire déchu ne peut pas se porter acquéreur.

Art. 105. — Si, dans un délai de deux mois après l'expiration du délai de recours ou après la signification de l'arrêt du Conseil d'État confirmant la déchéance, la vente n'a pas été décidée par le Ministre des Travaux publics ou n'a pas été provoquée par les ayants-droit, ou si elle n'a pas abouti, le retrait définitif de la propriété de la mine est prononcé par un décret rendu en Conseil d'État ; ce décret sera publié et affiché comme il est dit à l'article 31.

La mine pourra, dès lors, faire l'objet, après accomplissement des formalités réglementaires, de l'institution d'une nouvelle propriété qui sera libre et franche de toutes charges du fait du propriétaire déchu ou de ses créanciers, sans que ce propriétaire ou ses créanciers puissent réclamer aucune indemnité du nouveau propriétaire à raison des puits, galeries ou autres travaux d'exploitation que celui-ci utiliserait.

Art. 106. — Après le décret de retrait, le propriétaire peut être autorisé par le Ministre à retirer tous les objets mobiliers qui pourraient être enlevés sans préjudice pour la mine, dès qu'il aura exécuté les travaux prescrits par l'Administration pour assurer la sécurité, et payer s'il y a lieu les sommes restant dues au Trésor.

A défaut d'exécution desdits travaux par le propriétaire déchu dans les délais fixés, l'Administration peut les exécuter d'office. Elle se rembourse de ses avances par la vente des objets mobiliers précités et, pour le restant, par voie de recouvrement contre ledit propriétaire comme en matière de contributions directes.

Le propriétaire déchu conserve la propriété des terrains acquis ainsi que des bâtiments élevés par lui à la surface, lesquels, à partir du décret prononçant le retrait, seront réputés détachés de la propriété de la mine.

Si la mine retirée n'a pas fait l'objet d'une nouvelle propriété, le propriétaire déchu reste personnellement responsable, jusqu'à prescription acquise, des dommages qui pourraient résulter des travaux de ladite mine.

TITRE X

Dispositions spéciales aux exploitations de sel.

Art. 107. — La recherche de l'exploitation des gîtes de sel et des sources d'eau salée sont soumises aux mêmes dispositions que celles relatives aux autres mines sous réserve des modifications contenues dans le présent titre.

Art. 108. — Des gîtes de sel gemme et des sources d'eau salée ne peuvent pas être attribués dans un même périmètre à des propriétaires différents.

Art. 109. — Tout explorateur qui découvre un gîte de sel gemme ou une source d'eau salée, doit en donner immédiatement avis au Préfet, qui porte le fait à la connaissance du directeur des contributions indirectes, ou des douanes, suivant le cas.

Art. 110. — Aucune demande en institution de propriété ne peut être admise s'il n'est pas justifié que le gîte de sel gemme ou la source d'eau salée puisse donner lieu à une production annuelle de 500 tonnes de sel au moins.

Le plan mentionné à l'article 24 sera fourni en quintuple expédition.

Le titre de propriété ne sera délivré qu'après avis du Ministre des Finances.

Art. 111. — Un règlement d'administration publique déterminera les conditions spéciales auxquelles pourront être soumises les exploitations de sel, en vue de garantir la sécurité des habitants de la surface et la conservation des voies publiques et des sources alimentant des villes, villages, hameaux et établissements publics.

Art. 112. — Les exploitations de mines de sel et de sources d'eau salée ne sont pas soumises à la redevance proportionnelle.

Art. 113. — Les dispositions des articles 5 à 19 de la loi du 17 juin 1840, ainsi que l'ordonnance du 26 juin 1841, restent en vigueur, tant pour les concessions actuelles que pour les propriétés qui seraient ultérieurement instituées.

TITRE XI

Des exploitations faites par les propriétaires du sol.

Section I.

Carrières.

Art. 114. — Aucune exploitation de carrière ne peut être entreprise sans une déclaration faite à l'administration

Ne sont pas considérées comme une exploitation de carrière, pour l'application de la présente loi, les fouilles entreprises par le propriétaire du sol, ou son fermier, pour en retirer des amendements ou des matériaux à l'usage exclusif de la propriété et de ses dépendances.

Art. 115. — L'exploitation des carrières souterraines est soumise à la surveillance de l'administration, conformément aux dispositions du titre VIII, en ce qui concerne seulement la sécurité des personnes et la conservation des voies publiques.

Toutefois le préfet peut dispenser l'exploitant de tenir les plans ou registres mentionnés à l'article 93.

Art. 116. — L'exploitation des carrières à ciel ouvert est soumise à la surveillance du maire, sous l'autorité du Préfet.

Art. 117. — Un décret rendu dans la forme des règlements d'administration publique peut mettre sous la surveillance de l'administration, au même titre que les carrières souterraines, certains groupes de carrières à ciel ouvert.

Art. 118. — Des règlements d'administration publique fixent les conditions suivant lesquelles doit être conduite l'exploitation des carrières à ciel ouvert, pour ne pas nuire à la sécurité des personnes et à la conservation des voies publiques.

Art. 119. — Si l'exploitation d'une carrière située dans le voisinage ou dans le périmètre d'une mine ne peut être continuée sans nuire à l'exploitation de ladite mine, le Préfet peut, à la requête de l'exploitant de la mine, l'exploitant de la carrière entendu, interdire l'exploitation de ladite carrière, sous réserve de l'indemnité due à l'exploitant de la carrière par l'exploitant de la mine.

Art. 120. — L'exploitant d'une carrière qui abat des substances rentrant dans la classe des mines peut être autorisé à en disposer par une décision du Préfet, rendue sur le rapport des Ingénieurs des mines, si ces substances n'ont pas été abattues dans le périmètre d'une mine instituée.

Au cas contraire, l'exploitant de la carrière doit mettre ces substances à la disposition de l'exploitant de la mine, contre payement, s'il y a lieu, d'une juste indemnité.

Art. 121. — L'exploitation des carrières souterraines est et demeure interdite dans l'intérieur de Paris.

Un décret rendu dans la forme des règlements d'administration publique peut interdire l'exploitation des carrières souterraines sous des agglomérations d'habitants.

SECTION II.

Tourbières.

Art 122. — L'exploitation des Tourbières ne peut avoir lieu qu'après une autorisation du préfet fixant les conditions auxquelles l'exploitation sera soumise pour ne pas nuire à la salubrité publique.

Art. 123. — Un réglement d'Administration publique détermine, s'il en est besoin, la direction générale des travaux de tourbage, de dessèchement et de colmatage.

SECTION III.

Exploitation des gîtes métallifères superficiels.

Art. 124. — L'exploitation des gîtes métallifères superficiels que le propriétaire du sol ou son ayant-droit peut entreprendre aux termes de l'article 7, est subordonnée à l'autorisation du préfet.

L'arrêté d'autorisation détermine les mesures à prendre pour assurer la sécurité des personnes et la bonne exploitation des gîtes en prévision du cas où ils feraient l'objet d'une institution de mines.

Ces exploitations sont soumises à la surveillance de l'administration, conformément au Titre VIII, sauf dispense de la tenue des plans et registres mentionnés à l'article 93.

TITRE XII

Juridictions et pénalités.

Art. 125. — Les contestations entre particuliers, nées de l'exécution de la présente loi, ressortissent à l'autorité judiciaire à moins de dispositions contraires.

L'autorité judiciaire est incompétente pour prescrire, même à titre de réparation, l'exécution d'aucun travail d'exploitation de mine.

Art. 126. — Le Ministre des Travaux publics ne peut statuer en exécution des dispositions de la présente loi, qu'après avoir pris l'avis du Conseil général des mines; ni le préfet, sans l'avis préalable des ingénieurs des mines, sauf en ce qui concerne les carrières à ciel ouvert non assimilées aux carrières souterraines.

Art. 127. — Sera puni d'une amende de 100 à 500 francs :

1° Tout individu ayant exécuté des travaux de recherche de mines sans permis administratif;

2° Tout explorateur qui contrevient à l'article 109 ;

3° Tout exploitant de mine ou de source d'eau salée qui omet de faire à l'administration les déclarations prévues aux articles 47, 50, 63, 66, 67, 86 ;

4° Tout exploitant de carrières souterraines ou de carrières à ciel ouvert assimilées qui omet de faire la déclaration prévue à l'article 114.

Tout individu qui contrevient aux dispositions du titre VIII ou à celles des règlements d'administration publique, des arrêtés du Ministre ou du Préfet, rendus par application des articles 91, 115 et 117, à moins que l'infraction ne soit punie d'une peine plus forte en vertu de l'article 128 ci-après;

6° Tout individu qui exploite une tourbière sans autorisation ou contrevient aux règlements sur la police de l'exploitation des tourbières.

Art. 128. — Sera puni d'une amende de 500 francs à 1.000 francs :

1° Tout explorateur ayant disposé des produits de recherche de mine sans autorisation;

2° Tout individu se livrant à des travaux d'exploitation de mine sans la permission prescrite par l'article 7 ou sans être propriétaire ou amodiataire de la mine dans laquelle ont lieu ces travaux;

3° Tout exploitant de mines, de carrières souterraines ou de carrières à ciel ouvert assimilées qui pousse ses travaux à une distance des voies publiques interdite par les règlements.

Art. 129. — En cas de récidive dans les douze mois, les amendes prévues aux articles 127 et 128 seront portées au double et le tribunal pourra en outre prononcer un emprisonnement de trois jours à un mois.

Art. 130. — Les infractions prévues aux articles précédents sont constatées par des procès-verbaux dressés concurremment par les officiers de police judiciaire, les ingénieurs des mines, les gardes-mines et les agents de surveillance nommés par l'Administration et dûment assermentés.

Art. 131. — Les procès-verbaux dressés en vertu de l'article précédent sont visés pour timbre et enregistrés en débet. Ils sont adressés en originaux au Procureur de la République qui poursuivra les contrevenants devant les tribunaux de police correctionnelle.

S'ils sont dressés par des agents de surveillance assermentés, ils doivent doivent être affirmés dans les trois jours, à peine de nullité, devant le juge de paix ou le maire, soit du lieu de l'infraction, soit de la résidence de l'agent.

Art. 132. — Les infractions commises aux lois et règlements sur la police des exploitations de carrières à ciel ouvert non assimilées aux carrières souterraines, tombent sous la juridiction et les pénalités de simple police.

Toutefois le juge de paix pourra infliger une amende de 16 francs à 100 francs à tout exploitant de carrières à ciel ouvert qui poursuit ses travaux à une distance des voies publiques interdite par les règlements.

Art. 133. — L'article 463 du Code pénal est applicable aux condamnations qui seront prononcées en exécution de la présente loi.

TITRE XIII

Dispositions transitoires.

Section I

Des anciennes concessions.

Art. 134. — Les concessions de mines octroyées antérieurement à la promulgation de la présente loi sont confirmées avec les limites qui leur ont été attribuées.

Leurs propriétaires seront soumis aux dispositions de la présente loi, tant en ce qui concerne les obligations auxquelles ils seront astreints que les droits dont ils pourront se prévaloir.

Toutefois, jusqu'au 1er janvier 188 , les anciennes concessions continueront à être imposées à la redevance fixe et à la redevance proportionnelle d'après les règles actuelles.

A partir du 1er janvier 188 , elles seront imposées d'après les règles du titre VII de la présente loi, jusqu'à ce qu'il ait été statué sur les demandes en réduction de périmètre qui auraient été présentées. Les surfaces seront évaluées d'après lesdites demandes.

Art. 135. — Le propriétaire d'une ancienne concession peut en obtenir la réduction, soit par modification du périmètre, soit par division en plusieurs mines distinctes. Toutefois le propriétaire ne pourra laisser en dehors des nouveaux périmètres des parties du gîte déjà exploitées qu'avec le consentement du Gouvernement.

S'il n'y a pas de créanciers hypothécaires ou privilégiés, ou si ceux-ci donnent leur consentement, la réduction ou le partage de la concession primitive sera prononcé par décret délibéré en Conseil d'État, à la suite d'une enquête faite dans les formes prévues aux articles 23 à 27.

Ceux des créanciers hypothécaires ou privilégiés qui s'opposent à la réduction ou au partage, doivent dans un délai de deux mois, à partir de la signification qui leur a été faite par le concessionnaire, provoquer la vente judiciaire de la mine; le prix en sera distribué judiciairement. La mine passe à l'acquéreur, libre et franche de toutes charges de la part des créanciers.

Sur la preuve que lesdits créanciers n'ont pas, dans ledit délai de deux mois, provoqué la vente judiciaire, il est passé outre à leur opposition.

Les créances sont reportées dans le même rang sur chacune des mines remplaçant la concession primitive.

Art. 136. — Les redevances tréfoncières qui ont été attribuées aux propriétaires du sol, en vertu des articles 6 et 42 de la loi du 21 avril 1810, sont confirmées et resteront soumises aux dispositions de ladite loi qui les concernaient. Toutefois, le droit aux redevances tréfoncières est réputé charge immobilière de la mine; et les redevances que ce droit peut produire sont considérées comme en étant des fruits civils.

Art. 137. — Le propriétaire de la mine peut, à toute époque, procéder au rachat de ces redevances.

Si la redevance tréfoncière a été réglée à une rente fixe annuelle indépendante de l'extraction, elle sera rachetée par le versement d'un capital égal à 20 fois le montant de ladite rente.

Si la redevance est proportionnée au produit de l'extraction, le rachat aura lieu par le remboursement aux ayants droit, du capital représentant la valeur du droit aux redevances au moment où l'exploitant aura signifié son intention de le racheter. A défaut d'entente amiable entre les intéressés, l'évaluation de la somme à rembourser sera fixée par le Conseil de Préfecture qui pourra en prescrire le paiement, soit par un capital une fois versé, soit par annuités suffisamment garanties. Si des créanciers hypothécaires ou privilégiés ont des droits sur les redevances tréfoncières, ledit capital ou lesdites annuités seront consignés, pour le montant en être réparti judiciairement.

Le droit aux redevances tréfoncières sera annihilé au regard de la mine dès qu'il aura été racheté.

Art. 138. — Les redevances tréfoncières à payer en nature ou en argent, tant qu'elles n'auront pas été rachetées, seront soumises à un impôt de 3 % sur la valeur brute des redevances effectivement payées; l'exploitant en retiendra le montant lors de ses livraisons ou payements au redevancier, pour le verser au Trésor dans le délai d'un mois.

Art. 139. — Sont confirmées les indemnités d'inventeur ou d'explorateur qui pourraient être encore dues en vertu des articles 16 et 46 de la loi du 21 avril 1810. Elles seront considérées comme formant des charges réelles de la mine.

Art. 140. — Sont confirmées et continueront à être exécutées les dispositions des actes de concession ou des cahiers des charges qui astreignent certaines concessions à livrer, dans des conditions déterminées, une partie de leurs produits à des prix particuliers.

Art. 141. — Sont confirmés, conformément à la législation qui les régissait, en tout ce qui n'est pas contraire aux dispositions du présent titre, les droits définitivement acquis entre particuliers.

SECTION II

Des anciennes minières.

Art. 142. — Le propriétaire d'une minière comprise dans le périmètre d'une ancienne concession de mines de même nature ou dans celui d'une mine nouvelle de même nature instituée en conformité de la présente loi, pourra l'exploiter à ciel ouvert, sans travaux d'art, jusqu'à ce que le Préfet ait décidé que les travaux ne peuvent être continués sans inconvénient pour l'exploitation de la mine. L'exploitation de la minière devra être arrêtée en tout cas, dès que l'écoulement de l'eau ne s'opèrera plus d'une façon naturelle, permanente et par un travail à ciel ouvert.

Le propriétaire de la mine pourra toujours obtenir l'annexion de la minière établie sur les affleurements de ladite mine. Mais alors, il devra au propriétaire de la minière une indemnité pour l'estimation de laquelle il sera tenu compte du bénéfice net que celui-ci aurait pu retirer de l'exploitation de la minière, si elle avait été continuée jusqu'à la limite résultant de l'application du paragraphe précédent. Cette limite sera fixée par un arrêté du Préfet. L'indemnité sera réglée par les tribunaux.

Dans tous les cas, les exploitations de minières prévues au présent article sont soumises aux dispositions des articles 7 et 124.

SECTION III.

Dispositions spéciales.

Art. 143. — A partir de la promulgation de la présente loi, et jusqu'à sa mise en vigueur, il ne pourra être présenté aucune demande en permis de recherche, ni en concession de mine, en réduction, extension ou réunion de concessions.

Art. 144. — Il sera statué sur les demandes en permis de recherche, concession, réduction, extension ou réunion, encore pendantes lors de la promulgation de la présente loi, conformément à la législation actuellement en vigueur.

Art. 145. — Les permis de recherche délivrés par décrets et non encore périmés sont transformés de plein droit, à partir de la mise en vigueur de la présente loi, pour l'étendue des terrains stipulés auxdits décrets, en permis administratifs de 2 ans, soumis aux dispositions du titre II.

Les titulaires desdits permis auront pendant six mois, à dater de la mise en vigueur de la présente loi, un droit de préférence sur tous autres pour faire étendre, s'il y a lieu, le périmètre à eux attribué conformément aux dispositions de l'article 10.

Le permis étendu par application du paragraphe précédent ne pourra en aucun cas avoir une durée de plus de deux ans à partir de la promulgation de la présente loi.

Art. 146. — Les explorateurs autorisés à disposer du produit de leurs recherches auront pendant six mois, à dater de la mise en vigueur de la présente loi, un droit de préférence pour obtenir un permis administratif conformément aux dispositions du titre II.

Art. 147. — Les propriétaires du sol ou leurs ayants-droit non munis actuellement le permis de vente des produits de recherches, auront pendant six mois, à dater de la mise en vigueur de la présente loi, un droit de préférence pour obtenir dans leurs terrains un permis administratif soumis aux dispositions du titre II.

Art. 148. — En cas de concurrence entre les trois catégories de demandeurs prévues aux articles 145, § 2, 146 et 147, le préfet répartira entre eux les terrains qui feraient l'objet de demandes simultanées.

TITRE XIV

Dispositions générales.

Art. 149. — La présente loi sera applicable en Algérie avec réserve de la modification suivante à l'article 10 :

Le demandeur en permis de recherche est dispensé de toute signification aux propriétaires du sol intéressés.

La demande doit être publiée et affichée, aux frais du demandeur, pendant quinze jours aux chefs-lieux des communes sur lesquelles porte le périmètre demandé.

Art. 150. — La présente loi entrera en vigueur à la date du 1er janvier 188 ,

Les règlements d'administration publique qui sont prévus aux articles 33, 88 et 118 de la présente loi devront être rendus avant cette date.

Des règlements d'administration publique détermineront les détails d'application de toutes les parties de la présente loi.

Art. 151. — A partir de la mise en vigueur de la présente loi, seront abrogés :

1° La loi du 21 avril 1810 avec les modifications qui y ont été introduites par les lois des 9 mai 1866 et 27 juillet 1880 ;

2° La loi du 27 avril 1838 ;

3° Les articles 1 à 4 de la loi du 17 juin 1840 ;

4° Les décrets des 18 novembre 1810, 6 mai 1811 et 3 janvier 1813 ;

5° Les ordonnances du 7 mars 1841 sur le sel ; du 23 mai 1841 pour l'exécution de la loi du 27 avril 1838 ; du 18 avril 1842 ; du 26 mars 1843 ;

6° Le décret du 23 octobre 1852 ;

7° Le décret du 11 février 1874 sur les redevances ;

8° Le décret du 25 septembre 1882 ;

Et généralement toutes les disposition des lois, décrets et ordonnances contraires à celles de la présente loi.

Fait à Paris, le 25 mai 1886.

Le Président de la République française,

Signé : JULES GRÉVY.

Par le Président de la République,

Le Ministre des Travaux publics,

Signé : CH. BAIHAUT.

Paris. — Maison QUANTIN, imprimerie de la Chambre des Députés, 7, rue Saint-Benoît.